JN043713

Before/After
民法・不動産登記法改正

潮見佳男 　Yoshio Shiomi

木村貴裕 　Takahiro Kimura

水津太郎 　Taro Suizu

高須順一 　Junichi Takasu

赫　高規 　Kouki Terashi

中込一洋 　Kazuhiro Nakagomi

松岡久和 　Hisakazu Matsuoka

編著

弘文堂

はしがき

　このシリーズの最初の1冊である『Before/After 民法改正』という題名は、ご存知の方も多いと思うが、住宅を大改造する人気のテレビ番組の名前にヒントを得て、半ば冗談含みのノリで付けたものであった。内容は、改正前と改正後の法律関係を具体的な **Case** を素材に対比して見開き2頁で解説する、という日本ではこれまで類のない試みであった。

　企画の段階から自信をもって臨んではいた。ただ、分担執筆者の皆さんに基本的な趣旨を共有したうえ、**Case** 作りや字数の限られた中での解説において創意と工夫をしていただいたお陰で、出来上がった本は、期待した以上の面白いものとなり、広範な読者の支持を得られた。改正を的確に理解するための有効なものとして、相続法改正および会社法改正にもこのシリーズが広がり、債権法改正については第2版を出すことができたのは、とても喜ばしい。

　本書で扱う令和3年法律第24号による民法・不動産登記法等の改正および第25号による相続した土地の所有権を国庫に帰属させる手続を定めた法律の新設は、所有者不明土地関連法とよばれる。ただ、この改正は、所有者不明土地の発生の防止のみならず、土地の適正な利用および相続による権利承継の一層の円滑化を図るため、広範な規定の整備を行っている。これまで必ずしも十分な判例や研究の蓄積がなかった問題を扱うことも多く、さまざまな意見を受けて、法制審議会における議論も少なからず紆余曲折を経ている。そのため、まさにBefore/Afterシリーズの方式での簡潔で具体的な **Case** に即した解説が適合的なものとして強く求められていると感じた。ただ、制度の新設された項目も多く、執筆者の皆さんには、短期間で困難な課題を克服するために、これまでのシリーズ以上にご苦労をおかけした。この場を借りて編者一同、心よりお礼を申し上げる。

　本書は、シリーズの企画者である潮見佳男教授が、これまでのシリーズの編者と改正に精通する専門家に編者としての協力を依頼し、コロナ禍のZoomを用いた数度の編集会議において基本方針・編集の分担・項目概要・執筆担当者等を決めた。編集会議での活発な議論がたいへん楽しかったが、執筆依頼後の2022年8月に潮見教授が急逝された。企画の柱を失った我々編者の衝撃と悲しみは大きかったが、今回も、弘文堂の北川陽子さんは、我々を励まし、粘り強く困難な作業を支えてくださった。そのお陰で、皆で支え合って本書の刊行に漕ぎ着けるこ

とができた。北川さんとともに、本書を潮見教授の墓前に捧げたい。

2023 年 3 月

編者を代表して
松岡久和

編者
潮見佳男・木村貴裕・水津太郎・高須順一
赫　高槻・中込一洋・松岡久和

●編者紹介

潮見佳男（しおみ・よしお）

1959 年生まれ。2022 年逝去。京都大学法学部卒。元京都大学大学院法学研究科教授。

主著：『新債権総論Ⅰ・Ⅱ』（信山社・2017）、『基本講義債権各論Ⅰ契約・事務管理・不当利得［第 3 版］』（新世社・2017）、『新契約各論Ⅰ・Ⅱ』（信山社・2021）、『民法（全）［第 3 版］』（有斐閣・2022）、『詳解相続法［第 2 版］』（弘文堂・2022）

木村貴裕（きむら・たかひろ）

1966 年生まれ。関西大学法学部卒。現在、司法書士（谷﨑・木村合同事務所）・大阪司法書士会登記委員会委員。

主著：『もしもに備えるペットとわたしのエンディングノート』（監修、清文社・2023）

水津太郎（すいづ・たろう）

1977 年生まれ。慶應義塾大学法学部卒。現在、東京大学大学院法学政治学研究科教授。

主著：『物権法［第 3 版］』（共著、日本評論社・2022）、『Before/After 民法改正：2017 年債権法改正［第 2 版］』（分担執筆、弘文堂・2021）

高須順一（たかす・じゅんいち）

1959 年生まれ。法政大学法学部卒。現在、弁護士（法律事務所虎ノ門法学舎）・法政大学大学院法務研究科教授。

主著：『判例にみる詐害行為取消権・否認権』（編著、新日本法規・2015）、『詐害行為取消権の行使方法とその効果』（商事法務・2020）、『行為類型別 詐害行為取消訴訟の実務』（日本加除出版・2021）、『新・マルシェ債権総論［第 2 版］』（共著、嵯峨野書院・2023）

赫　高規（てらし・こうき）

1969 年生まれ。京都大学法学部卒。現在、弁護士（弁護士法人関西法律特許事務所）。

主著：日本弁護士連合会編『実務解説改正債権法［第 2 版］』（分担執筆、弘文堂・2020）、高須順一編著『Ｑ＆Ａポイント整理改正債権法』（共著、弘文堂・2017）

中込一洋（なかごみ・かずひろ）

1965 年生まれ。法政大学法学部卒。現在、弁護士（司綜合法律事務所）。

主著：『実務解説改正債権法附則』（弘文堂・2020）、『実務解説改正相続法』（弘文堂・2019）、『実務解説改正物権法』（弘文堂・2022）

松岡久和（まつおか・ひさかず）

1956 年生まれ。京都大学法学部卒。現在、立命館大学大学院法務研究科教授。

主著：『物権法』（成文堂・2017）、『担保物権法』（日本評論社・2017）、松岡久和＝潮見佳男＝山本敬三『民法総合・事例演習［第 2 版］』（共著、有斐閣・2009）

●執筆者一覧 （五十音順）　＊印：編著者

青竹　美佳	（あおたけ・みか）	大阪大学大学院高等司法研究科教授
秋山　靖浩	（あきやま・やすひろ）	早稲田大学大学院法務研究科教授
安部　将規	（あべ・まさき）	弁護士（アイマン総合法律事務所）
荒木　理江	（あらき・まさえ）	弁護士（飯塚総合法律事務所）
石田　　剛	（いしだ・たけし）	一橋大学大学院法学研究科教授
伊藤　栄寿	（いとう・ひでとし）	上智大学法学部教授
稲村　晃伸	（いなむら・てるのぶ）	弁護士（北多摩いちょう法律事務所）
岩田真由美	（いわた・まゆみ）	弁護士（水津正臣法律事務所）
岩谷　幸祐	（いわたに・こうすけ）	司法書士（JAZZ総合法務事務所）
植木　克明	（うえき・かつあき）	司法書士（貝塚司法書士事務所）
上田　　純	（うえだ・じゅん）	弁護士（久保井総合法律事務所）
木村　貴裕*	（きむら・たかひろ）	司法書士（谷﨑・木村合同事務所）
小林　知子	（こばやし・ともこ）	弁護士
阪上　武仁	（さかうえ・たけひと）	弁護士（北浜南法律事務所）
水津　太郎*	（すいづ・たろう）	東京大学大学院法学政治学研究科教授
髙須　順一*	（たかす・じゅんいち）	弁護士（法律事務所虎ノ門法学舎）
常岡　史子	（つねおか・ふみこ）	横浜国立大学国際社会科学研究院教授
赫　　高規*	（てらし・こうき）	弁護士（弁護士法人関西法律特許事務所）
中込　一洋*	（なかごみ・かずひろ）	弁護士（司綜合法律事務所）
林　　邦彦	（はやし・くにひこ）	弁護士（林邦彦法律事務所）
稗田さやか	（ひえだ・さやか）	弁護士（表参道総合法律事務所）
平井　信二	（ひらい・しんじ）	弁護士（アクト大阪法律事務所）
藤巻　　梓	（ふじまき・あずさ）	国士舘大学法学部教授
堀野　桂子	（ほりの・けいこ）	弁護士（北浜法律事務所・外国法共同事業）
松尾　　弘	（まつお・ひろし）	慶應義塾大学大学院法務研究科教授
松岡　久和*	（まつおか・ひさかず）	立命館大学大学院法務研究科教授
矢吹　徹雄	（やぶき・てつお）	弁護士（弁護士法人矢吹法律事務所）
吉永　一行	（よしなが・かずゆき）	東北大学大学院法学研究科教授
吉原　知志	（よしはら・さとし）	大阪公立大学大学院法学研究科准教授

contents

第1章　所有権の限界　　　　2

I　隣地の使用………………2

II　継続的給付用設備の設置権等……………10

III　竹木の枝の切除……………22

第2章　共　有　　　　　26

第3章　所有者不明土地・建物管理制度　　70

第4章　管理不全土地・建物管理制度等　　94

第5章　相　続　　106

Ⅳ （不動産登記法）その他の改正事項⋯⋯⋯⋯⋯172

第7章　相続土地国庫帰属制度　　182

Ⅰ　総　論⋯⋯⋯⋯182

Ⅱ　土地所有権の国庫への帰属の承認に関する要件⋯⋯⋯⋯⋯186

凡　例

1　本書は、107 の設例（**Case**）について、各設例を見開き 2 頁で、「旧法での処理はどうだったか」（【Before】）、「新法での処理はどうなるか」（【After】）の順序で解説を行っている。

2　法令は、2023 年 3 月 1 日現在による。

3　判例の引用については、大方の慣例に従った。引用中の〔　〕は、項目担当執筆者が補った注記である。判例集等を略語で引用する場合には、以下の例によるほか、慣例に従った。

民録　　大審院民事判決録
民集　　最高裁判所民事判例集
集民　　最高裁判所裁判集民事
下民集　下級裁判所民事裁判例集
訟月　　訟務月報
家月　　家庭裁判月報
新聞　　法律新聞
判時　　判例時報
判タ　　判例タイムズ

4　法令の表記についての略語は、以下の例によるほか、慣例に従った。

改正法　　　民法等の一部を改正する法律（令和 3 年法律第 24 号）

旧法　　　改正法による改正前の民法（明治 29 年法律第 89 号）その他の法律の総称

新法　　　改正法による改正後の民法その他の法律および相続土地国庫帰属法等の総称

相続土地国庫帰属法〔国庫〕　　相続等により取得した土地所有権の国庫への帰属に関する法律（令和 3 年法律第 25 号）

相続土地国庫帰属令〔国庫令〕　　相続等により取得した土地所有権の国庫への帰属に関する法律施行令（令和 4 年政令第 316 号）

相続土地国庫帰属規則〔国庫則〕　　相続等により取得した土地所有権の国庫への帰属に関する法律施行規則（令和 5 年法務省令第 1 号）

民法〔民〕　改正による改正のない民法の規定および改正に関係なく規定を示す場合

改正前民法〔民旧〕　　改正法による改正前の民法

改正後民法〔民新〕　　改正法による改正後の民法

不登法〔不登〕　改正法による改正のない不動産登記法（平成 16 年法律第 123 号）の規定および改正に関係なく規定を示す場合

改正前不登法〔不登旧〕　　改正法による改正前の不動産登記法

改正後不登法〔不登新〕　　改正法による改正後の不動産登記法

不動産登記令〔不登令〕　　不動産登記令（平成 16 年政令第 379 号）

不動産登記規則〔不登則〕　　不動産登記規則（平成 17 年法務省令第 18 号）

非訟法〔非訟〕　　改正による改正のない非訟事件手続法（平成 23 年法律第 51 号）および改正に関係なく規定を示す場合

改正前非訟法〔非訟旧〕　　改正法による改正前の非訟事件手続法

改正後非訟法〔非訟新〕　　改正法による改正後の非訟事件手続法

家事法〔家事〕　　改正法による改正のない家事事件手続法（平成 23 年法律第 52 号）および改正に関係なく規定を示す場合

改正前家事法〔家事旧〕　　改正法による改正前の家事事件手続法

改正後家事法〔家事新〕　　改正法による改正後の家事事件手続法

借借法〔借借〕　　借地借家法（平成 3 年法律第 90 号）

区分所有法　　建物の区分所有等に関する法律（昭和 37 年法律第 69 号）

民訴法〔民訴〕　　民事訴訟法（平成 8 年法律第 109 号）

民執法〔民執〕　　民事執行法（昭和 54 年法律第 4 号）

破産法〔破〕　　破産法（平成 16 年法律第 75 号）

破産規則〔破規〕　　破産規則（平成 16 年最高裁判所規則第 14 号）

会社法〔会〕　　会社法（平成 17 年法律第 86 号）

所有者不明土地特措法　　所有者不明土地の利用の円滑化等に関する特別措置法（平成 30 年法律第 49 号）

表題部所有者不明土地法　　表題部所有者不明土地の登記及び管理の適正化に関する法律（令和元年法律第 15 号）

5　以下の文献引用については、略称を用いた。

衆議院法務委員会会議録　　第 204 回国会衆議院法務委員会会議録

参議院法務委員会会議録　　第 204 回国会参議院法務委員会会議録

要綱　　民法・不動産登記法（所有者不明土地関係）等の改正に関する要綱（令和 3 年 2 月 10 日）

部会資料 1 〜 62−1　　法制審議会民法・不動産登記法部会資料 1 から 62−1 まで（いずれも法務省のウェブサイトにて公開）

部会第 1 回〜第 26 回会議議事録　　法制審議会民法・不動産登記法部会第 1 回から第 26 回までの議事録（いずれも法務省のウェブサイトにて公開）

中間試案　　民法・不動産登記法（所有者不明土地関係）等の改正に関する中間試案（令和元年 12 月 3 日）

中間試案補足説明　　民法・不動産登記法（所有者不明土地関係）等の改正に関する中間試案の補足説明（令和 2 年 1 月）

研究会報告書	登記制度・土地所有権の在り方等に関する研究会『登記制度・土地所有権の在り方等に関する研究報告書——所有者不明土地問題の解決に向けて』（平成 31 年 2 月）
研究会資料	登記制度・土地所有権の在り方等に関する研究会・研究会資料
荒井	荒井達也『Q&A 令和 3 年民法・不動産登記法——改正の要点と実務への影響』（日本加除出版・2021）
解説	日本弁護士連合会所有者不明土地問題等に関するワーキンググループ編『新しい土地所有法制の解説——所有者不明土地関係の民法等改正と実務対応』（有斐閣・2021）
Q&A	村松秀樹＝大谷太編著『Q&A 令和 3 年改正民法・改正不登法・相続土地国庫帰属法』（きんざい・2022）
新注釈	『新注釈民法(1)・(5)〜(8)・(14)〜(17)・(19)』（有斐閣・2017〜2022）

I……隣地の使用❶

1
隣地使用目的の拡張と隣地使用方法等に関する規律の新設

Case

　Aは、Bが所有している甲土地を無償で借りて建てている乙建物を取り壊して、甲をBに返還したい。乙の取壊しには、隣の丙土地の駐車スペースに重機を入れさせてもらって工事を行うことが効率的であるが、丙の所有者Cは、甲と丙の境界線をめぐってBと対立している。Aはどうすればよいか。

【Before】

　改正前民法209条1項本文の規律には解釈上不明な点が多かった。第1に、権利主体が問題であった。Bが権利主体になることは明らかであり、準用規定のある地上権者（民267条本文）のほか、賃借人に類推適用されるとするのが通説であったが、判例はない（新注釈(5)376頁〔秋山靖浩〕）。使用借人も権利主体とする裁判例はあるが（東京高判平18・2・15判タ1226-157）、Aに権利が認められるかは不確実であった。

　第2に、土地の使用目的については、例示列挙と解して類推適用を肯定する裁判例（収去につき広島地尾道支判平10・9・2訟月45-5-979）があり、多数説が支持するが（川島武宜＝川井健編『新版注釈民法(7)』（有斐閣・2007）332頁〔野村好弘＝小賀野晶一〕）、建物収去のための隣地使用が認められるかはやはり不確実であった。

　第3に、「必要な範囲内で」の使用かどうかは、土地所有者側の事情（築造等の必要性・緊急性・代替手段の有無等）と隣地所有者側の事情（範囲・期間・使用態様・不利益等）の総合的衡量により判断された（新注釈(5)375～376頁〔秋山〕）。ただ、「他の土地のために損害が最も少ないもの」（民211条1項）に相当する制限はなかったので、土地への資材の一時仮置き等は可能としても、重機の乗入れまで可能かは不明確であった。

　第4に、承諾請求権とした旧規定では、隣地所有者等（→ Case 3）の承諾を原則として必要とし、その請求に合理的な理由があるのに隣地所有者等が承諾しないときには、承諾に代わる判決（民執177条）を要した（新注釈(5)373頁〔秋山〕）。それゆえ、AやBが丙を使用するためには、Cの承諾を得る必要があり、Cから承諾を得られない場合には、承諾を求める訴訟を起こす必要があった（条件を提示して承諾を求める民事調停の申立ては可能）。また、承諾なしに使用の認容を求める仮処分が使えるとする裁判例（津地伊勢支決昭48・6・20判時714-216）はあったが、承諾請求が認められる可能性が高い場

合に限られたであろう。

　以上のような状況から、**Case** でもＡやＢが丙を使用できるか否か不明確であり、判断のリスクや手間が甲の効率的な利用を妨げる要因の１つになっていた。

【After】

　第１の権利主体については、解釈に争いがあり、相隣関係規定全般への影響が大きいことから、解釈に委ねられた。もっとも、工事従業者などの土地所有者の補助者も隣地の使用ができるとする考え方を変更する趣旨ではないとされた（部会資料 32・3 頁）。**Case** では、建物収去はＢが行うべきこととしてＡが権利主張をしない場合が少なくないため、使用借人も権利主体と認める必要がある。

　第２の使用目的については、「建物その他の工作物」と対象を拡げ、さらに「収去」が追加された（民新 209 条 1 項 1 号）ため、**Case** の場合にも適用される。これらは例示列挙と理解できる。また、改正後民法は、「境界標の調査又は境界に関する測量」（同項 2 号）を追加したので、Ｂはこの目的でも権利を行使できる（→ **Case 3**）。さらに、隣地から侵入してきた木の枝を自ら切り取ることができる場合において、切取りのために隣地の使用が必要なとき（同項 3 号→ **Case 11**）も追加された。

　第３に、使用の日時、場所および方法として、隣地所有者等（→ **Case 3**）のために損害が最も少ないものを選ばなければならないとの制約が加わった（民新 209 条 2 項）。重機を利用せずに足場を組めば足りるときには、「損害が最も少ないもの」は、足場のための利用にとどまるだろう。また、個別事案における地理的状況や隣地所有者等の使用状況も考慮する必要があり、たとえば、**Case** において、Ｃに特定の利用が必要な予定日があれば、それを避けて使用日程を調整する必要がある（Q&A27 頁注 3）。

　第４点は、承諾請求権構成から隣地使用権構成に変わり、隣地所有者等に「あらかじめ、その［＝使用の］目的、日時、場所及び方法」を通知すれば、承諾やそれに代わる判決を要せずに隣地を使用できることになった（民新 209 条 3 項本文）。もっとも、事前通知が必要な場合には、承諾請求の場合と同様（方法等が通知に含まれるのでそれ以上に）丁寧な説明を行い、土地所有者等の都合も聞きながら使用態様を修正して了解を得ることが紛争を無用に拡大しないために必要である。使用が拒絶されたにもかかわらず住居敷地に立ち入ると違法な自力救済となって責任を負うリスクがある。使用が妨害される場合には、妨害差止め・妨害排除請求の訴え提起と強制執行を要するし、妨害はされなくても、拒絶の意思が明確に示されている場合には、隣地使用権の確認の訴えを提起するなどの法的措置をとることが適切であるケースが多い（Q&A32 頁）。こうしてみると、隣地使用権構成への変更は、事前通知が困難な場合（→ **Case 2**）に大きな効果を生じるが、**Case** の場合には、それほど大きな違いをもたらさない（部会資料 51・1 〜 2 頁も参照）。

［松岡久和］

2
隣地使用権の行使方法① ── 事前通知が不要な場合

Case

　A所有の甲土地とB名義で登記されている隣の乙土地の間には2mの段差があるところ、甲が乙に崩落し、甲地上の建物にも乙地上のBの建物にも被害が生じそうである。Aは早急に乙に足場を設け、建築業者Cに依頼して甲の崩落防止工事をしたいが、次の場合にはそのために何をする必要があるか。
　(1)　乙は無住の土地で、Bの所在や生死が不明である場合
　(2)　乙の住人である所有者Bが留守で連絡方法がわからない場合

【Before】
　第1に、権利の行使主体については、改正前民法209条1項においても、AのみならずAから依頼された工事業者Cも隣地の使用を求めることができた（→ Case 1 。CがAの代理人として権利を行使する構成もありうる）。

　第2に、Case の甲乙間の2mの段差が改正前民法209条1項の「障壁」に該当したとすると、甲の崩落防止の工事は障壁の修繕に該当した。使用できる「必要な範囲」は、隣地使用を請求する者の主観的な使用の必要性、規模、社会的必要性（価値）、緊急性等と、隣地所有者等の利用状況、その受けるであろう不利益等を相関的に考慮して総合的に判断された（新注釈(5)375〜376頁〔秋山靖浩〕）。緊急工事のための足場の設置は一時的なものであり、それが不可欠であれば、Bに与える損害も大きくなく、むしろBにとっても有益であるから、必要な範囲内の隣地使用と認められた可能性が高い。

　しかし、第3に、隣地の使用にはその所有者Bの承諾を要したところ、AやCは、Case (1)の場合には、承諾を求める前提としてBの生死を確認し、Bが生存している場合にはその住所、Bが死亡している場合にはその相続人とその住所を調査して、承諾適格を有する乙の所有者を確定しなければならなかった。調査をしてもBが不在であれば、不在者の財産管理人（民25条以下）の選任を申し立てて、選任された管理人に承諾を求めるくらいしか方法がなかった。Case (2)の場合には、Bの帰宅を待つほかなかった。いずれにしても、Bの建物の損害防止のためであるという理由が成り立つ場合（民697条以下の事務管理）を除いて、AやCは、Bの承諾なしに乙に立ち入って工事をすれば、違法な所有権侵害としての責任をBに対して負うことになったであろう。

【After】

　第1の権利主体については改正がされず、解釈に委ねられたが、従来の解釈が維持され、Cも権利を行使することができる（Q&A25頁）。なお、新設された所有者不明土地管理命令も利用できるが（→ Case 35〜42）、簡便な隣地使用権が選択されるであろう。

　第2の使用目的は、改正により修繕の対象が「その他の工作物」に拡げられ（民新209条1項1号）、障壁は例示列挙の1つと考えられる。もっとも、「使用の日時、場所及び方法」として隣地所有者等（→ Case 3）のために「損害が最も少ないものを選ばなければならない」との制約が加わった（同条2項）。これをふまえても、**Case** では、改正前よりも、必要な範囲内の隣地使用と認められやすくなった。

　第3の所有者Bの承諾は、承諾請求権構成から隣地使用権構成に変わり、不可欠の要件ではなくなった。その権利行使の手続として、使用の目的、日時、場所および方法をある程度特定して、隣地所有者等に「あらかじめ」通知しなければならないのが原則である（同条3項本文）。この事前通知により、隣地所有者等は、その使用の内容が要件をみたすか否かを判断する機会が保障される。場合によっては、別の日時・場所・方法を提案して使用を受け入れることもできる。「あらかじめ」というのは、そのような準備をするに足る合理的な期間を置くことを意味し、使用する内容次第で期間は異なる（Q&A29〜30頁。境界測量や枝の切取りなど隣地所有者等の負担が比較的小さい場合には2週間程度としている）。

　事前通知が、原則として、隣地使用権の適法な行使要件となり、通知できるのに通知をせずに隣地を使用するのは違法な権利行使と評価されうる。例外として、事前通知が困難なときは、使用開始後、遅滞なく事後通知をすれば足りる（同条3項ただし書）。現地調査および不動産登記簿や住民票や戸籍などの公的記録を確認する調査をしても隣地所有者等が特定できなかったり、その所在が不明である場合が、「困難なとき」の典型例であり、**Case** (1)はこの場合に該当しうる。その場合には事前通知は必要ない。具体的な事案において求められる調査の程度は、隣地の使用状況等の個別事情をふまえて判断される。早急な手当てが必要な急迫の事情がある場合には、簡略な調査で足りよう。なお、所在不明の場合に公示による意思表示（民98条）による通知も可能であるが、不可欠ではない（Q&A30頁・31頁注1・2）。

　Case (1)でBが死亡していて乙が共同相続人の共有となっている場合において、共有者の一部の所在が公的記録を調査しても不明なときは、知りうる範囲の共有者に通知をすれば足りる（Q&A30頁）。**Case** (2)では、急迫の場合において調査しても連絡方法がわからないときは、事前通知は不要であるが、隣地の使用開始後、Bに連絡がつけば帰宅を待たず、遅滞なく使用を通知しなければならない。　　　　　　　　　　　［松岡久和］

3
隣地使用権の行使方法②——所有者以外が住家の住民である場合

Case

　Aは、その所有する甲土地とBの所有する隣の乙土地の境界を確認して甲を正確に測量したい。Bから乙を借りたCが、乙地上に丙建物を建てて居住している。次の場合、Aは誰にどのように対応すればよいか。
　⑴　境界確認のために、乙に立ち入り、その地表面を削る必要がある場合
　⑵　丙には境界に面した窓があり、その窓からしか境界が計測できない場合
　⑶　丙には境界に面した窓がなく、丙の屋上からしか計測ができない場合

【Before】

　改正前民法209条1項には、Case に関しても不明確なところが多かった。

　第1に、同項本文は障壁・建物の築造・修繕に必要な範囲内と定めており、境界確認や測量目的でも隣地使用を請求できるのかどうか不明確であった（→ Case 1）。

　第2に、同項を例示列挙と解し、合理的に必要な隣地利用に広範な類推適用を許容する見解（川島武宜＝川井健編『新版注釈民法(7)』（有斐閣・2007）332頁〔野村好弘＝小賀野晶一〕）は、少数説だったと思われる（新注釈(5)376頁〔秋山靖浩〕は同書と横浜地判昭38・3・25下民集14-3-444を肯定的に引用するが、基本的立場が異なるし、この裁判例も形状変更を認めたものではない）。

　第3に、同条3項ただし書は土地の使用にも住家の立入りにも「隣人」の承諾を要するとしていたが、「隣人」が所有者Bか建物居住者Cのいずれかまたはその両方を意味するのかは不明確であった。通説は、隣地立入りについては「現に隣地を使用している土地所有者・地上権者・賃借人等」の承諾を要するが、住家立入りについては「現に居住しているその住家の所有者または賃借人」の承諾を要すると分けて解していた（新注釈(5)375頁・377頁〔秋山〕）。通説に沿って、隣地の所有者であっても他に賃貸していて現に占有していない賃貸人には隣地立入りについての承諾適格がないとする裁判例があった（高松高判昭49・11・28判時771-53）。

　第4に、旧規定は承諾請求権構成をとっており（→ Case 1）、かつ、住家に立ち入る場合には、平穏な生活やプライバシー等の人格的利益の保護の観点から、隣地使用権の場合と異なって、判決により承諾に代えることはできないとされた（新注釈(5)377

頁〔秋山〕)。もっとも、屋上や非常階段への立入りは、人格的利益を侵害しないので承諾に代わる判決が可能である、とする裁判例があった（東京地判平11・1・28判タ1046-167)。

　Case においては、乙への立入りはBおよびCの承諾があれば可能であるものの、(1)の地表面を削る行為までは許容されない可能性が高かった。(3)の屋上の使用はCのプライバシー等を侵害しない限り、BおよびCの承諾に代わる判決を得ればできたが、窓から計測をする(2)は、室内への立入りにCの承諾が不可欠で、Cが拒めばできなかった。

【After】

　第1の使用目的には、とりわけ土地家屋調査士など実務からの強い要望を受け、「境界標の調査又は境界に関する測量」が追加された（民新209条1項2号)。

　第2の調査のために合理的に必要な限りで表土を削る行為も同意がなくても許容される（Q&A26頁)。ただし、建物基礎部分の土地を無断で削る行為は、同意がなければ「隣地とは別の不動産である建物の所有権を侵害する行為であるため、『隣地の使用』の範囲を超え、基本的に許されない」（Q&A27頁注2)。

　第3に、隣地使用一般については、「隣人」から「隣地の所有者及び隣地を現に使用している者」に変わった（同条2項)。法文は隣地を現に使用している者を「隣地使用者」と略している（以下、所有者を含めて「隣地所有者等」という)。隣地所有者等を調査して事前通知をするには手間がかかることもある（→Case 2)。そのため実務からは所有者を外してほしいとの希望が出されていたが、隣地使用権はそもそも隣接する所有権の調整を目的にしており、使用により隣地所有権が害される場合と居住者が害される場合の両方がありうるので（→Case 4)、両方に事前通知を行うべきものとなった。

　住家への立入りについては、居住の平穏を保護する目的から、「隣人」を「居住者」に改めたが、改正前と同様、立入りには居住者の承諾が必要であり、判決で承諾に代えることはできない。なお、居住実態のない建物は「住家」ではない一方（Q&A24頁)、事務所や店舗は「住家」に含まれる（衆議院法務委員会会議録8号14頁〔小出邦夫法務省民事局長〕)。

　住家への立入りを含めた隣地使用は、必要な範囲内に限られ、隣地所有者等のために損害が最も少ない「使用の日時、場所及び方法」を選び、原則として事前通知をする必要がある（同条2項・3項本文→Case 2)。隣地使用に立ち会うことは隣地所有者等の権利保全に資するので、日程調整が困難でないのに立ち会うことができない日時を指定するのは、最も損害の少ない使用の日時・方法でない（Q&A27頁)。

　以上によれば、Case において、AはBおよびCに立入り等の目的・使用の日時・場所および方法をあらかじめ通知すれば、必要最小限の範囲で、(1)では乙へ立ち入って調査ができ、(3)の屋上への立入りもCの平穏な生活を害しない限り、Cの承諾なく可能であるが、(2)の室内への立入りはCの承諾がなければできない。

〔松岡久和〕

4
償金請求権

Case

　Case1〜3において、Aが隣地や住家に立ち入ることができる場合において、誰にどのような内容の償金を支払う必要があるか。償金の請求と損害の賠償請求はどういう関係に立つか。

【Before】

　改正前民法209条2項は、承諾を得て住家を含む隣地の使用が認められる場合において、「隣人が損害を受けたときは、その償金を請求することができる」と定めていた。この償金の性質については、適法な隣地使用の結果生じた「損害」に対する損失補償の性質をもち、不法行為に基づく損害賠償請求とは異なり、隣地使用者に故意も過失も必要としないから、使用による損害の発生のみを証明すれば足りるとするのが、通説だと思われた（新注釈(5)376〜377頁〔秋山靖浩〕）。これに対して、不法行為も不当利得も成立せず、損害賠償的なものと不当利得返還的なものを併せた法定的な請求権であるとする理解もあった（末弘巌太郎『民法雑記帳』（日本評論社・1940）227頁）。償金請求権は10年の消滅時効（民旧167条1項）に服するところ、損失填補以上に填補の必要が大きい損害賠償請求権が最短3年で行使できなくなる（民旧724条前段）のは妥当でないとして、損失填補に合算して損害賠償を請求することを妨げないとの見解もあった（山野目章夫『物権法〔第5版〕』（日本評論社・2012）147〜148頁）。

　償金の例示として、土地所有者の隣地使用によって現実に発生した損害（隣地上の樹木の損傷による損害など）の補償や土地所有者が隣地使用によって得た利得（使用料相当額）の償還が挙げられていたが、住家立入りの場合の償金請求を問題にした裁判例は見当たらず、注釈書における例示もない（新注釈(5)377〜378頁〔秋山〕）。

　以上の議論状況をふまえると、それぞれのCaseの償金につき断定的なことは言いにくいので、以下は筆者の見解にすぎないことをお断りする。Case1では、重機の乗入れによって駐車スペースのコンクリート舗装が割れたりすれば、その補修または舗装のやり直しにかかる費用は原状回復的な償金である。重機を使用する間に隣地所有者等がタイムパーキング等に駐車してかかった料金は損害賠償的な償金である。そのような損害が生じなくても、使用期間と使用面積に応じた隣地使用料相当額の利得返還請求的な

償金は生じたであろう。

　Case 2 では、足場の設置自体によって不在のＢの所有地乙に損害が生じることは考えにくいが、崩落防止工事の際の過失によりＢの建物や庭木などに損害が生じれば、そのような拡大損害は損害賠償として請求できたであろう。また、足場の使用期間と使用面積に応じた隣地使用料相当額の償金も生じる。

　Case 3 では、(1)〜(3)の計測による立入りそのものはきわめて短時間であり、また(1)のように地表面を削っても、ＢやＣに具体的な損害が発生することは考えにくい。せいぜい、立ち入った者がその際の不注意によりＢやＣの財産等に損害を加えた場合の賠償責任が問題になる程度であっただろう（「隣人」による立入りの承諾が直ちにこの損害についても「被害者の承諾」となるものではない）。

【After】

　償金請求権に関する規定は、「隣人」を「隣地の所有者又は隣地使用者」に変えて、改正後民法 209 条 4 項に移動した（その理由と経緯は→ Case 3）。隣地所有者が土地に受ける可能性のある財産的な損害と（この点で、民新 209 条 2 項の損害を「人」の損害に着目するものであるとする Q&A28 頁注 4 の説明は疑問である）、隣地使用者が隣地使用により受ける居住の平穏の侵害による損害は、両方同時に生じる可能性のある異質なものである。改正時の議論を通じて、このような償金の理解が明らかになり、それとの関係でも、事前通知を必要とする相手方が隣地所有者および隣地使用者の双方であることが確認された。

　隣地使用に承諾を要しないことになったことから、承諾を得ずに行われる隣地使用については、その使用態様が必要な範囲内に入らず、損害が最も少ないものではなかったとして、隣地所有者等から損害賠償が請求される紛争が生じやすくなることが想像される（それゆえ、弁護士会には、最終段階まで隣地使用権構成に反対が少なくなかった）。紛争を避けるためにも、事前通知と併せて丁寧な説明を行い、隣地所有者等との意思疎通を図る努力が、実務上は引き続き必要である。

　事前通知の手続や住家への立入りの承諾が適切に行われ、隣地使用・住家立入りが必要最少限の範囲内の適法なものである場合も、使用の制限や居住の平穏を害する損害が発生すれば、償金支払義務が生じる。

　改正後の教科書で、改正前の上記見解を維持しているものがある（山野目章夫『民法概論 2　物権法』（有斐閣・2022）188 頁）。しかし、損失補償である償金請求と損害賠償は性質が異なって訴訟物も別であり、償金請求権の消滅時効の短い方が 5 年（民新 166 条 1 項 1 号）に短縮され、他方、生命・身体侵害以外の不法行為に基づく損害賠償請求権の 3 年または 20 年の消滅時効（民新 724 条）との落差が縮小したため、償金請求権の中に損害賠償請求権を含める必要性は乏しくなった。　　　　　　　　［松岡久和］

5
要件および内容

Case

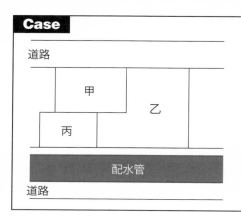

道路

甲

乙

丙

配水管

道路

　甲土地を購入したAは、隣接する乙土地と丙土地の南側の道路下に設置されている水道の配水管から水道水の供給を受けたいと考えている。Aは、乙土地または丙土地に給水管を設置することができるか。仮に設置が許される場合に、乙土地または丙土地のどの場所に設置することができるか。

【Before】

　今日では、土地を利用するにあたり、電気・ガス・上下水道等のライフラインの供給を受けることが必要不可欠である。ところが、改正前民法は、他の土地に導管等を設置しなければライフラインの供給を受けることができない土地の所有者が、その供給を受けるために他の土地に導管等を設置することができるかについて、わずかな規律しか設けていなかった（一定の排水のために低地の通水を認める民220条。下水道に関しては、下水道法11条が、公共下水道の排水区域内の土地所有者等は他人の土地に排水設備を設置することができる旨を規定している）。

　そこで、上述の状況にある土地の所有者は、相隣関係の規定（民旧209条〜民212条・民220条等）および下水道法11条の類推適用を根拠として、①ライフラインとの接続のため、他の土地に導管等を設置することができる、②導管等の設置場所・方法は、導管等を設置する土地所有者のために必要であり、他の土地にとって最も損害が少ないものでなければならない、③導管等の設置によって他の土地に損害が生じているときは、他の土地の所有者に対して償金を支払わなければならない、と解されていた（新注釈（5）390〜391頁〔秋山靖浩〕参照。最判平5・9・24民集47-4-5035は、明言はしていないものの、①を前提にしていると理解されていた）。

　もっとも、類推適用される改正前民法の規定は裁判例や学説によって様々であるなど、

他の土地に設備を設置する権利の要件・内容等に関する解釈は必ずしも定まっていなかった。その結果、他の土地の所有者が設備の設置を拒んでいる場合や所在等不明である場合などに、土地所有者が設備を設置することが実際上困難になる事態が生じていた。また、解釈が不明確であるために、土地所有者が他の土地の所有者から不当な承諾料を要求されるなどして、土地の円滑な利用が阻害されていた（Q&A 33〜34頁）。

　以上の問題状況は、他人が所有する導管等を使用しなければライフラインの供給を受けることができない土地についても、基本的に同様であった（→ Case 7）。

【After】

　改正後民法213条の2第1項は、改正前民法下の解釈をふまえつつ、明文の規定を設けた。すなわち、他の土地に設備を設置しまたは他人が所有する設備を使用しなければ、電気・ガス・水道水の供給その他これらに類する継続的給付を受けることができない土地の所有者は、継続的給付を受けるため必要な範囲内で、他の土地に設備を設置する権利（設備設置権）または他人が所有する設備を使用する権利（設備使用権）を有すると規定した。あわせて、関連する規定も整備された（→ Case 6 〜10）。

　Aは、他の土地に給水管を設置しなければ水道水の供給を受けることができない状況にあるとみられる（甲土地が道路に接していて他の土地に囲まれていない場合であっても、他の土地に設備を設置しなければ継続的給付を受けることができない状況であれば要件を充たす）。したがって、Aは、水道水の供給を受けるため必要な範囲内であれば、他の土地に給水管を設置することができる（民新213条の2第1項）。給水管の設置場所・方法は、他の土地のために損害が最も少ないものを選ばなければならない（同条2項）。乙土地または丙土地のどの場所に給水管を設置すべきかは、土地利用の相互調整という相隣関係の趣旨に照らし、個別の事案ごとに、給水管設置の必要性と乙土地・丙土地に生じる損害とを総合的に勘案し、地理的状況や乙土地・丙土地の使用状況等をふまえて判断される（Q&A38頁。通常は、乙土地または丙土地の端の部分で、甲土地と配水管との距離が最も短い場所に設置することになろう）。

　以上の設備設置権・設備使用権は、要件を充たせば当然に成立する。したがって、これらの権利に基づいて設備を設置しまたは設備を使用する者は、他の土地または他人が所有する設備の所有者の承諾を得る必要はないし、承諾料を支払う必要もない。ただし、これらの権利を行使するにあたり、事前通知の手続を経なければならない（民新213条の2第3項→ Case 6）。また、償金の支払については→ Case 9。　　　　　［秋山靖浩］

6
行使方法①——事前通知

Case

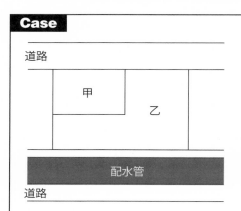

甲土地を購入したＡは、隣接する乙土地の南側の道路下に設置されている水道の配水管から水道水の供給を受けるために、乙土地に給水管を設置したいと考えている。次の(1)(2)の場合に、Ａは、乙土地に給水管を設置するにあたり、どのような手続をとる必要があるか。

(1) 乙土地はＢの所有であり、ＣがＢから乙土地を賃借して駐車場として使用している場合
(2) 乙土地はＤの所有であるが、Ｄの所在が不明である場合

【Before】

　他の土地に導管等を設置しなければライフラインの供給を受けることができない土地の所有者は、相隣関係の規定（民旧209条～民212条・民220条等）および下水道法11条の類推適用により、ライフラインとの接続のため、他の土地に導管等を設置することができると解されていた（→ Case 5）。Ａは、乙土地に給水管を設置しなければ水道水の供給を受けることができないとみられるから、乙土地に給水管を設置する権利を有する。

　もっとも、Ａが乙土地の所有者Ｂや乙土地を現に使用しているＣに何らの連絡もしないまま権利を行使することができるか、また、乙土地の所有者Ｄの所在が不明であるときはどうかなど、権利を行使するに際してどのような手続をとる必要があるかは明らかでなかった。以上にみられるように、他人の土地に設備を設置する権利の要件・内容等に関する解釈は必ずしも定まっておらず、その結果、設備の設置に困難が生じ、土地の円滑な利用が妨げられる事態が生じていると指摘されていた（→ Case 5）。

【After】

　改正後民法は、継続的給付を受けるための設備設置権・設備使用権を明文化した（民新213条の2第1項→Case5）。Aは、この設備設置権に基づき、水道水の供給を受けるため必要な範囲内で、乙土地に給水管を設置することができる。

　もっとも、土地所有者は、設備設置権・設備使用権に基づいて設備を設置・使用するに際して、あらかじめ、その目的・場所・方法を他の土地等（他の土地または他人が所有する設備）の所有者および他の土地を現に使用している者（以下「他の土地等の所有者等」という）に通知しなければならない（事前通知〔同条3項〕）。事前通知が設けられたのは、他の土地等の所有者等に対し、当該設備の設置・使用の内容が設備設置権・設備使用権の要件を充足するか否かを判断し、事案によっては別の場所・方法をとるように提案する機会を与えるとともに、当該設備の設置・使用を受け入れる準備をする機会を与えるためである。また、「あらかじめ」とは、他の土地等の所有者等が上述の判断・準備をするのに足りる合理的な期間を置いてという意味であり、基本的には2週間から1か月程度の期間を置く必要があるとされる（Q&A39頁）。

　(1)　以上によると、Aは、乙土地に給水管を設置するに際して、あらかじめ、その目的・場所・方法をBおよびCに通知しなければならない。①通知を受けたBCは、Aの通知した目的等が適切でないと考える場合には、代案を示すなどして当該設置を拒絶する旨の回答をすればよい。回答を受けたAは、代案の内容に従って給水管を設置するか、あるいは、当初通知した目的等に従って設置したいのであれば、訴えの提起等の手続をとる必要がある（→Case8）。②BCが回答しなかった場合には、黙示の同意をしたと認められる特段の事情がない限り、当該設置を拒絶したものと推認される。この場合も、Aが設備を設置するには訴え提起等の手続が必要である。

　事前通知は、設備設置権・設備使用権を適法に行使するための手続として位置付けられている。したがって、Aが事前通知をせずに乙土地に給水管を設置する行為は違法であると評価され、BCは、Aに対し、設置行為の差止めや不法行為による損害賠償を請求することができると解される。

　(2)　Dの所在が不明の場合であっても、Aは事前通知をしなければならない。隣地使用権では、隣地所有者等が不明または所在不明の場合など、「あらかじめ通知することが困難なとき」には事後の通知で足りる旨の例外が設けられているが（民新209条3項ただし書→Case2）、継続的給付を受けるための設備設置権・設備使用権では、そのような例外は設けられていない。設備の設置・使用は継続的に他の土地等の所有者等の権利を制約する以上、手続保障の見地から事前通知が必須になっている。この場合のAは、民法98条1項の類推適用を根拠として、公示による意思表示の方法で事前通知をすることができる（Q&A40頁）。　　　　　　　　　　　　　　　　　　［秋山靖浩］

7
行使方法② ── 設置・使用工事のための一時的な土地使用

Case

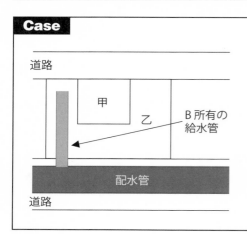

道路

甲
乙

B所有の
給水管

配水管

道路

甲土地を購入したAは、(1)水道水の供給を受けるために、乙土地の所有者Bが乙土地に所有する給水管に自己の給水管を接続させ、B所有の給水管を使用したい、また、(2)この接続の工事をするために、乙土地の一部を一時的に使用したい、と考えている。これらは認められるか。

【Before】

　(1)　改正前民法は、他人が所有する導管等を使用しなければライフラインの供給を受けることができない土地の所有者が、その供給を受けるために他人所有の導管等を使用することができるかについて、わずかな規律しか設けていなかった（通水用工作物の使用を認める民221条。下水道に関しては、下水道法11条が、公共下水道の排水区域内の土地所有者等は他人が設置した排水設備を使用することができる旨を規定している）。

　このような状況のなかで、判例は、他の土地を経由しなければ、水道事業者の敷設した配水管から給水を受けることができず、あるいは、下水を下水道等に排出することができない土地の所有者は、他人が設置した給排水設備をその給排水のために使用することが他の方法に比べて合理的であるときは、その使用により当該給排水設備に予定される効用を著しく害するなどの特段の事情のない限り、民法220条・221条の類推適用により、当該給排水設備を使用することができると解していた（最判平14・10・15民集56-8-1791）。

　もっとも、他人の設置した導管等を使用する権利の要件・内容等に関する解釈は定まっておらず、そのために、設備の使用が実際上困難になったり、設備の所有者から不当な承諾料の請求を受けるなどの事態が生じていた（Q&A 33～34頁→ Case 5）。

（2）　他の土地に設備を設置し、あるいは、他人の所有する設備を使用する際には、その工事を行うために、他の土地や他人所有設備のある土地を一時的に使用することが必要になる。このような土地使用のための法的根拠として改正前民法209条が挙げられていたが、同条に基づく使用は限定された目的のために認められると規定されており、設備の設置・使用工事のために認められるかは明らかでなかった（→ Case 1）。

【After】

Case 5で紹介したように、改正後民法213条の2第1項は、他の土地に設備を設置しまたは他人が所有する設備を使用しなければ、電気・ガス・水道水の供給その他これらに類する継続的給付を受けることができない土地の所有者は、継続的給付を受けるため必要な範囲内で、設備設置権・設備使用権を有することを明文化した。

（1）　Aは、B所有の給水管を使用しなければ水道水の供給を受けることができない状況にあるとみられるから、水道水の供給を受けるため必要な範囲内で、自己の給水管をB所有の給水管に接続させてこれを使用することができる（設備使用権〔民新213条の2第1項〕）。B所有の給水管の使用場所・方法は、給水管のために損害が最も少ないものを選ばなければならない（同条2項）。また、Aは、あらかじめ、使用の目的・場所・方法をBに通知しなければならない（同条3項→ Case 6）。

なお、Aは、甲土地からB所有の給水管に接続させる箇所まで、設備設置権に基づいて乙土地に自己の給水管を設置することができる（民新213条の2第1項。同条2項・3項が適用されることも同様である）。

（2）　設備設置権・設備使用権を有する土地所有者は、他の土地に設備を設置するために、または、他人が所有する設備を使用するために、当該他の土地または当該他人所有設備のある土地を使用することができる（民新213条の2第4項前段）。設備を設置・使用する際には、その工事を行うためにこれらの土地を一時的に使用することが必要になるからである。これにより、Aは、自己の給水管を設置しB所有の給水管に接続させる工事を行うために、乙土地を使用することができる。

以上の使用については、隣地使用権（民新209条→ Case 1 ～ 4）の規律が準用される。すなわち、Aによる乙土地の使用は、B（および乙土地を現に使用している者。以下も同じ）のために損害が最も少ないものを選ばなければならない。また、Aは、原則としてあらかじめ、使用の目的・日時・場所・方法をBに通知しなければならない（民新213条の2第4項後段・209条2項・3項）。この通知は、(1)で述べた設備設置権・設備使用権を行使する際の事前通知（民新213条の2第3項）とは別に必要であるが、両者の通知を併せてすることはできると解されている（Q&A41頁）。　　　　　　　　　［秋山靖浩］

8
行使方法③── 自力救済の禁止

Case

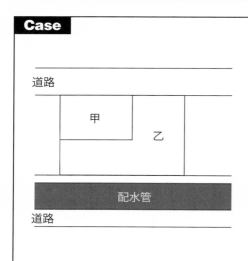

道路

甲

乙

配水管

道路

甲土地を購入したAは、隣接する乙土地（B所有）の南側の道路下に設置されている水道の配水管から水道水の供給を受けるために、乙土地に給水管を設置したいと考えている。そこで、Aは、設置に先立ち、設置の目的・場所・方法をBに通知したところ、Bは、設置を拒絶する旨をAに回答した。Aは、給水管を設置するために、どうすればよいか。

【Before】

　改正前民法下の裁判例および学説によると、Aは、乙土地に給水管を設置しなければ水道水の供給を受けることができないとみられることから、相隣関係の規定（民旧209条～民212条・民220条等）および下水道法11条の類推適用を根拠として、乙土地に給水管を設置する権利を有すると解されていた（→ Case 5）。

　もっとも、土地所有者がそのような権利を有するとしても、それを行使するために具体的にどうすればよいかは必ずしも明らかではなかった。裁判例では、Aは、Bの承諾が得られない場合には、承諾を求める訴えを提起して承諾に代わる判決を得なければならないと構成するものが多かったが、Bの承諾を問題とせず、Bには設置を受忍すべき義務があるからAによる設置工事を妨害することは許されないとして、AのBに対する妨害禁止請求を認めるものや、承諾請求と妨害禁止請求の両方を認めるものもあった（大阪高判昭56・7・22判時1024-65、福岡高判平3・1・30判時1399-57等）。

　改正法の審議過程では、他の土地の所有者の権利を保護する観点から、土地所有者は、他の土地の所有者に対し、設備の設置について承諾を求めることができる（承諾を得ら

れない場合には承諾を求める訴えを提起して承諾に代わる判決を得なければならない）という構成が提案されていた。この構成によると、土地所有者が他の土地の所有者の承諾または承諾に代わる判決を得ないまま設備を設置すれば、それは当然に違法と評価されるので、他の土地の所有者は、土地所有者に対し、設備の設置の差止めや不法行為による損害賠償を請求することができるとされた。

【After】

改正後民法213条の2第1項は、他の土地に設備を設置しなければ、電気・ガス・水道水の供給その他これらに類する継続的給付を受けることができない土地の所有者は、継続的給付を受けるため必要な範囲内で、設備設置権を有すると構成した（→Case5）。つまり、土地所有者は、要件を充たしてさえいれば、他の土地の所有者の承諾または承諾に代わる判決を得ることなく、他の土地に設備を設置することができる（設備使用権についても同様である）。

もっとも、土地所有者は、設備設置権を有するからといって好き勝手にこれを行使できるわけではなく、一定の手続に従う必要がある。

まず、①土地所有者は、設備設置権を適法に行使するための手続として、他の土地の所有者および他の土地を現に使用している者（以下「他の土地の所有者等」という）に事前通知をしなければならない（同条3項→Case6）。Aはこの事前通知をしている。

その上で、②事前通知を受けた他の土地の所有者等が設備の設置を拒絶しているにもかかわらず、土地所有者がこれを排除して設備を設置するためには、妨害排除・差止めの請求の訴えを提起する等の手続を経て、債務名義に基づいて強制執行の手続をとらなければならない。③土地所有者がこのような手続を経ずに設備を設置すれば、事案によっては、違法な自力救済に当たるおそれがあると解されている（Q&A42頁）。

以上によると、Aは、②の手続に従って乙土地で給水管の設置を進める必要がある。

仮にAが②の手続に従わずに乙土地で給水管の設置を進めた場合には、③の違法な自力救済に当たる可能性がある。たとえば、Bが乙土地を住居の敷地として使用しているところ、AがBに無断で門扉を開けるなどして乙土地に侵入し給水管を設置することは、Bの平穏な使用を害するものとして、違法な自力救済に当たると考えられる（Q&A42頁）。Bは、Aに対し、設置工事の停止や不法行為による損害賠償などを請求することができると解される。これに対して、乙土地が空き地である場合において、乙土地を現実に使用している者がおらず、給水管の設置を妨害しようとする者もいないときは、Aが②の手続に従わずに給水管を設置しても、違法な自力救済には当たらないとされる（ただし、Aの事前通知に対してBが拒絶の回答をしている以上、後日の紛争を回避する観点から、Aは設備設置権の確認の訴えを提起するなどの法的措置をとることが適切な場合が多いとされる。Q&A42〜43頁）。

［秋山靖浩］

9
権利者の償金支払・費用負担義務

Case

　Aは甲土地を所有している。甲土地は、乙土地（B所有）に給水管を設置するか、または、Cが所有する給水管を使用しなければ、水道水の供給を受けることができない状況である。

　⑴　Aが給水管を設置する場所（乙土地の一部分）はBが駐車場として利用しているところ、Aが設置工事のためにその場所を使用する間、Bはやむなく別の駐車場を賃借して自動車を駐車した。Bは、Aに対し、別の駐車場の賃料相当額を支払うよう請求することができるか。

　⑵　AがC所有の給水管を使用する場合に、Cは、Aに対し、給水管のメンテナンス費用を分担するよう請求することができるか。

【Before】

　他の土地に導管等を設置しなければライフラインの供給を受けることができない土地の所有者は、相隣関係の規定（民旧209条〜民212条・民220条等）および下水道法11条の類推適用により、ライフラインとの接続のため、他の土地に導管等を設置することができるが、導管等の設置によって他の土地に損害が生じているときは、他の土地の所有者に償金を支払わなければならないと解されていた（→ Case 5）。また、他人が所有する導管等を使用しなければライフラインの供給を受けることができない土地の所有者は、民法220条・221条の類推適用により、他人の設置した給排水設備を使用することができるが、その際には、設置・保存の費用を土地所有者と設備設置者で分担するものと解されていた（最判平14・10・15民集56-8-1791 → Case 7）。

　以上によると、⑴のAは、乙土地に給水管を設置することができるが、別の駐車場の賃料相当額について、Bに償金を支払わなければならないと解されていた。もっとも、他の土地に設備を設置する権利の要件・内容等に関する解釈は必ずしも定まっておらず、償金についても、どのような損害が償金の対象になるかは明確でなかった。また、⑵では、AはC所有の給水管を使用することができるが、給水管のメンテナンス費用は設置・保存の費用に当たるから、その費用を分担しなければならないとされていた。

【After】

改正後民法213条の2第5項・6項は、継続的給付を受けるための設備設置権・設備使用権が認められる場合における償金の支払および費用の負担について、明文の規定を設けた（Q&A44〜45頁。以下では、Aが設備設置権・設備使用権を有するものとする）。

(1) 設備設置権では、次の2種類の損害が生じうることから、土地所有者はそれぞれの損害に対応した償金を支払わなければならない。①土地所有者が他の土地に設備を設置するのに伴い、他の土地の使用が制約されることによって継続的に生ずる損害（たとえば、設備設置部分の使用料相当額など）。土地所有者は1年ごとに償金を支払うことが可能である（民新213条の2第5項）。②土地所有者が、設備を設置するために同条4項前段に基づいて他の土地を使用する際に、他の土地の所有者や他の土地を現に使用している者に一時的に生じた損害（たとえば、設備を設置するために他の土地上の工作物や竹木を除去することによって生じた損害など）。こちらの償金は、土地所有者が一括して支払わなければならない（民新213条の2第4項後段・209条4項。民新213条の2第5項ただし書に対応する規定はない）。

別の駐車場の賃料相当額は②に当たると解されるので、Bは、②の規律に基づき、償金の支払をAに請求することができる。Bはさらに、①の償金の支払をAに請求することも考えられるが、給水管を乙土地の地下に設置したため地上の利用に特に支障がないような場合には、損害がないと評価されて償金支払請求は否定されるだろう。

(2) 設備使用権では、次の2種類の損害が生じうることから、土地所有者はそれぞれの損害に対応した償金を支払わなければならない。③土地所有者が他人所有設備の使用を開始するために生じた損害（たとえば、設備への接続工事をする際に、一時的に設備の使用を停止したことによって生じた損害など）。土地所有者は一括して償金を支払わなければならない（民新213条の2第6項）。これに対して、他人所有設備を使用することによって継続的に生ずる損害（設備設置権の①に対応するもの）は、償金の対象とされていない。設備使用権に基づいて設備が使用されたとしても、設備所有者はそのまま設備を使用して継続的給付を受けることができるので、継続的に生ずる損害はないとみられるからである。④土地所有者が、他人所有設備が存する土地を同条4項に基づいて使用する際に、当該土地の所有者や当該土地を現に使用している者に一時的に生じた損害（たとえば、設備への接続工事をする際に、当該土地の使用収益が一定期間妨げられたことによって生じた損害など）。(1)で述べた設備設置権の②と同様の規律が適用される。

さらに、設備使用権に基づいて他人所有設備を使用する土地所有者は、⑤その利益を受ける割合に応じて、設備の設置・改築・修繕・維持に要する費用を分担しなければならない（同条7項）。受益者負担の観点から、【Before】の判例の解釈を明文化したものである。Cは、この規律に基づいて、給水管のメンテナンス費用を分担するようAに請求することができる。

［秋山靖浩］

10
土地の分割等があった場合の特則

Case

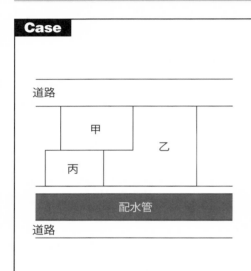

道路

甲

乙

丙

配水管

道路

　　ＡＢは土地を共有していたが、共有物の分割により、Ａが甲土地を、Ｂが乙土地をそれぞれ取得した。Ａは、甲土地に建物を建てて居住するにあたり、乙土地と丙土地の南側の道路下に設置されている水道の配水管から水道水の供給を受けたいと考えている。Ａは、乙土地または丙土地に給水管を設置することができるか。また、設置することができる場合に償金を支払う必要があるか。

【Before】

　他の土地に導管等を設置しなければライフラインの供給を受けることができない土地の所有者は、相隣関係の規定（民旧209条～民212条・民220条等）および下水道法11条の類推適用を根拠として、①ライフラインとの接続のため、他の土地に導管等を設置することができる、②導管等の設置場所・方法は、導管等を設置する土地所有者のために必要であり、他の土地にとって最も損害が少ないものでなければならない、③導管等の設置によって他の土地に損害が生じているときは、他の土地の所有者に対して償金を支払わなければならない、と解されていた（→ Case 5 ）。

　もっとも、土地の分割または一部譲渡によって上記のような土地が生じた場合に、①の設置権は認められるとしても、②③の点がどのように解されるかは必ずしも明らかではなかった（学説では、民213条を類推適用して、③の償金の支払は不要であると解する見解が有力であった。甲斐道太郎・判例評論287号（1983）191頁等。大阪高判昭56・7・22判時1024-65 も同様の見解に立つものと理解されていた）。

【After】

　改正後民法213条の2は継続的給付を受けるための設備設置権について規律を設けているところ（→ Case 5 〜 9）、改正後民法213条の3は、土地の分割・一部譲渡の場合における特則として次の2点を定めている（Q&A46頁）。

　第1に、土地の分割・一部譲渡によって他の土地に設備を設置しなければ継続的給付を受けることができない土地が生じた場合には、その土地の所有者は、継続的給付を受けるため、他の分割者の所有地または譲渡の相手方の所有地のみに設備を設置することができる（同条1項前段・2項）。分割・一部譲渡の当事者はこのような土地が生ずることを当然に予期できた以上、設備設置権の負担は分割・一部譲渡の当事者間で解決すべきであり、無関係の第三者を巻き込むべきではないからである。これによると、Aは、乙土地にのみ給水管を設置することができる（乙土地における給水管の設置場所・方法は、後述のように、民新213条の2第2項によって定まる）。

　第2に、第1の規律に基づいて設備を設置する者は、設備の設置に伴い他の土地の使用が制約されることによって継続的に生ずる損害（→ Case 9【After】(1)①）について、償金を支払うことを要しない（民新213条の3第1項後段・2項）。このような損害は、分割・一部譲渡の当事者が分割の仕方や譲渡対価の設定等を決める際に考慮したものとして取り扱うのが相当だからである。これによると、Aは、給水管の設置に伴い乙土地の使用が制約されることによってBに継続的に生ずる損害について、償金を支払う必要はない。これに対して、Aは、給水管設置工事などのために改正後民法213条の2第4項前段に基づいて乙土地を使用する際に、B（および乙土地を現に使用している者）に一時的に生じた損害（→ Case 9【After】(1)②）については、償金を支払わなければならない（同条4項後段・民新209条4項。民新213条の2第5項括弧書も参照）。

　以上の第1・第2以外の事項については、改正後民法213条の2が定める一般則（損害の最少性〔同条2項〕、事前通知〔同条3項〕、設備を設置する工事のための一時的な土地使用〔同条4項〕）が適用される。

　なお、継続的給付を受けるための設備使用権（→ Case 7）については、改正後民法213条の3のような特則は定められていない。土地の分割・一部譲渡がされたとしても、既存の設備の所有者が直ちに変更されるわけではないため、分割・一部譲渡によって他人が所有する設備を使用しなければ継続的給付を受けることができない土地が生ずるような事態は想定されないからである。もっとも、たとえば、土地の分割を契機として、既存の共有設備についても共有物分割が行われた結果、改正後民法213条の2の定める要件が充たされた場合には、同条に基づいて設備使用権の成立が認められることはありうる（Q&A46〜47頁の具体例を参照）。　　　　　　　　［秋山靖浩］

11
竹木所有者が枝の切除をしないときの規律①──切除請求権と切除権

Case

　甲地を所有するＡは、隣地乙から大きな柿の木の枝が伸びてきて、(1) 見晴らしが枝に遮られて邪魔になった、(2) 葉と実が甲地に落下した。そこで、いずれも乙地所有者Ｂに対処を求めたいが、Ｂの所在がわからない。

【Before】

　土地の所有者は、所有地上に竹木を栽植する自由を有する。したがって、Ｂは乙地上に柿の木を自由に栽植できる。他方で、土地の所有者は、土地の上下を支配するので（民207条）、Ａは甲地上に勝手に枝や根が侵入されない地位を有する。そのため、Ｂの栽植した柿の木の枝が甲地に侵入する場合、ＡＢそれぞれの土地所有権の内容が衝突する。改正前民法233条は、この場面での所有権相互の調整を行っていた。

　改正前民法233条によれば、Ａは、枝の切除はその竹木の所有者Ｂに請求する必要があるが（請求権構成〔同条1項〕）、根は自力で切除できた（切除権構成〔同条2項〕）。このように区別するのは、①根は自力で切除できるが、枝の切除は隣地への立入りが必要になり面倒である、②根は経済的に無価値だが枝は価値のあることも多いため、と説明されていた（梅謙次郎『民法要義巻之二〔訂正増補改版第31版〕』（有斐閣・1911）149〜150頁）。

　したがって、Ａは、(1) 枝の切除のためには、改正前民法233条1項に基づきＢに対して邪魔な枝の切除行為を求めて給付訴訟を提起し（民414条1項）、請求認容判決を得て強制執行を行う必要があった。強制執行では、枝の切除は基本的に代替的作為債務に当たることから、代替執行（民執171条）と間接強制（民執172条）の方法を用いることができる。代替執行の場合、Ａは、執行裁判所の授権決定を得て、自身または指定された実施者が枝の切除を実施し、乙地への立入りも可能となる。かかった費用は執行債務者が負担するので（民執42条1項）、執行費用として取立てが行われる。Ａは費用の前払決定を受けることもでき（民執171条4項）、この決定は債務名義となる（民執22条3号）。間接強制の場合、切除行為が行われるまで間接強制金を支払うべき旨の間接強制決定を得ることになるが、Ｂが所在不明であれば実効性は乏しい。

　他方で、(2) 竹木から生じて隣地に落下した葉や果実の扱いは、落下した先の土地所有者に帰属すると定めるドイツ民法911条のような規定がないため、元物である竹木の

所有者に帰属すると解される。そのため、落下した葉や実はＢに受領を求めることになるが、Ｂの所在が不明の場合、Ａが保管しつつＢに引取りと切除・保管の費用償還を請求することになる。葉や実に経済的価値があれば留置権の行使（松尾弘『所有者不明土地の発生予防・利用管理・解消促進からみる改正民法・不動産登記法』（ぎょうせい・2021）131頁）、さらに長期保管の負担軽減のための留置権に基づく自助売却権（民執195条。最決平18・10・27民集60-8-3234参照）を行使して処分することが考えられる。

【After】

枝の切除に逐一裁判手続を要求することが土地の円滑な管理を妨げること、枝と根で扱いを分ける合理性が乏しいことから、枝の切除も一定の場合に自力でできるよう改正された。根の規律は民法233条2項から4項に繰り下がったが、内容に修正はない。

改正後民法233条1項は、請求権構成の原則を維持しており、【Before】の説明はなお妥当する。しかし、新設の3項1号～3号で、①Ｂが催告に応じない場合、②特定不能か所在不明の場合、または、③急迫の事情がある場合には、Ａは自ら枝を切除できるとされた。Ａは切除に必要な範囲で隣地の立入権を得る（民新209条1項3号）。

枝の切除に要した費用と、切除した枝や実の扱いについては、特段の規定は置かれなかった。費用については、本来Ｂがすべき枝の切除をＡが行いＢが自らの切除義務を免れることによるモラルハザードを防ぐ趣旨で、費用請求の規定を置くことが検討された。しかし、森林所有や林業の場面では従来話し合いにより円満な解決が図られており、規定を置くことはかえってその妨げとなること、甲地が山林を開発して宅地化した土地だった場合には、枝は自然に伸びるという性質を考慮すると枝の越境にＡの帰責性も考えられること（部会資料32・14頁）など、個別の場面の適合性の観点から規定は置かないこととされた。そのため、Ａは、枝の切除は本来Ｂが行うべき事務だったとする事務管理、切除費用の出費の節約による不当利得、枝の越境による所有権侵害に基づく不法行為損害賠償などを根拠に請求することになる（衆議院法務委員会会議録6号14頁〔小出邦夫法務省民事局長〕）。その際、Ａの帰責性を考慮した過失相殺や、実質的な利得範囲の限定などを根拠に、請求できる範囲を限定することも考えられるだろう。

切除した枝や実の扱いについては、切除した枝を、切除した土地所有者が処分できるとする提案がされたが（中間試案20頁）、切除できることと切除した物の処分権とは別に考えるべきであると指摘された（部会第9回会議議事録58頁〔水津太郎〕）。また、越境した枝から落下した果実は、その土地の所有者が処分することができるとする提案もされたが（部会資料32・15頁）、越境した枝から落下した事実のみでこれを正当化することはできないと指摘された（部会第14回会議議事録48～49頁〔水津太郎〕）。結局、土地所有者が葉や実の処分権を取得する根拠が明らかでないことから、規定を置くことは断念された。そのため、【Before】で述べた対処法は改正後も妥当する。　　　〔吉原知志〕

12
竹木所有者が枝の切除をしないときの規律②——共有竹木の切除義務者の特則

Case

　Aの所有地甲に隣地乙から大きな柿の木の枝が伸びて、通行の邪魔となった。乙地と柿の木はBCDの共有だったので、AはBに苦情を言った。
　(1)　Bは対処のためCDに相談しようとしたが、Dの所在がわからなかった。Bは単独で切除できるか。
　(2)　Bが対処しない場合、Aはどうしたらよいか。

【Before】

　竹木が共有されている場合、その枝の切除は、変更行為（民旧251条）に当たり全員の同意が必要となるか、あるいは管理行為（民旧252条）に当たり持分の過半数の同意があればできるか、従来明確でなかった。物理的変更であることを重視すれば前者に当たり、隣地に枝が侵入しないよう適宜切除することは管理の一部と考えれば後者となる。実務では慎重を期し、前者と解して全員の同意が求められていた（Q&A52頁）。

　改正前民法233条1項は、土地所有者Aは、越境した枝を切除するよう竹木所有者に請求できるとしていた。この請求に対し、竹木を共有するBCDは切除義務を負うが、建物の共有者が建物収去土地明渡義務を負う場合の判例（最判昭43・3・15民集22-3-607）を参考にすると、Bらはこれを不可分債務として負うと解される（部会資料7・4頁）。したがって、AはBらのいずれを訴えても、無条件の給付判決を得ることができた。

　Aが、Bのみを相手方とした勝訴判決を債務名義として強制執行を行う場合には、たとえばCが乙地に居住しているなど執行機関から見ても共有関係の明らかな者があれば、Cの同意書やCを相手方とする債務名義が併せて必要となる。これに対し、Dのように存否が明らかでない者の場合は、その者を無視して強制執行は可能であり、Dは不当執行として第三者異議の訴え（民執38条1項）で争うことになる。

【After】

　Bが竹木共有者の全員を探索しなければ枝の切除をできないとすると、相当の時間と労力がかかり、竹木の適正な管理を阻害する。そこで、改正後民法233条2項は各共有者の切除権限を規定した。

同項は、当初の審議では、持分価格の過半数による承諾を得ることで隣地所有者Aが切除権を得るとの構成で提案されていた（部会資料32・11頁）。越境した枝の切除はどの共有者にも義務の履行に当たり、竹木の改良行為ともなるとされたためである。しかし、枝の切除は元来義務の履行として行われる一種の保存行為であって、1人でもできるとすべきではないかと一方で主張され（部会第14回会議議事録46頁〔佐久間毅〕）、他方で、その場合はAの行う切除に対する承諾の問題ではなく、直截に共有者の権限の問題として考えるべきと主張された（同53頁〔沖野眞已〕）。その結果、各共有者の切除権限を認める規定に修正された。ただし、このような切除行為の性質を保存行為（民新252条5項）と解することには否定的な見方も強く（部会第18回会議議事録39頁〔道垣内弘人〕）、規定も立場を明確にしていないこと（同33頁〔小田智典〕）に注意が必要である。したがって、改正後民法233条2項から、たとえば、共有物に関する義務の履行は広く保存行為に該当するとの解釈を引き出すことには慎重であるべきである。

　共有者Bには単独で切除を行う権限が当然に備わることから、Aは、Bのみを相手方として訴訟を提起し、Bのみを表示する債務名義を得て当然に強制執行まで行うことができる。CDも共有者とされながら、Bのみを表示する債務名義で強制執行を遂行できるのは、一般的な手続の原則に対する例外となるが、改正後民法233条2項の特別の効力と位置付けられる（部会第18回会議議事録40頁〔畑瑞穂〕参照）。したがって、同条1項・2項の要件を満たす限り、CDの同意書や債務名義は不要となり、CDは当然にはAによる強制執行を排除することができない。しかし、Bに対する訴訟の判決の既判力は当然にはCDに及ばないため（Q&A53頁。保存行為とされない限り既判力拡張の根拠がない）、実際は越境が深刻でない、Bが共有者ではない、など上記の要件充足はないとCDが考えるのであれば、第三者異議の訴えを提起して争い、執行行為の排除を求めることができる。さらに、B敗訴後、下記のようにAが自ら切除を行う場合（同条3項）も、CDは、竹木の共有持分に基づく妨害予防請求訴訟を提起して、その中でAの切除権限を争うことができる（Q&A53頁参照）。以上の方法が間に合わず切除が完了した場合にも、CDは、不当執行として損害賠償請求訴訟を提起して争うことが考えられる。

　改正後民法は、Aに切除請求権だけでなく自力による切除権限も認めたので（民新233条3項）、竹木が共有に属する場合のAの切除権限の行使方法も問題となる。同項1号の催告制度の趣旨は竹木所有者に切除の機会を与えることにあるので、1号の催告は共有者全員に行う必要がある。ただし、共有者の一部に特定不能、所在不明の事情がある場合には、同項2号が適用されてその者に対しては催告が不要となり（Q&A52頁）、知れている共有者のみに催告をすれば足りる（部会資料59・4頁）。したがって、**Case**では、Aは、判明しているBCにのみ枝の切除を行う旨の催告を行い、Bらが応じなければ自ら枝を切除することができる。

〔吉原知志〕

I……共有物の使用

13
共有物の使用

Case

　ＡＢおよびＣは各３分の１の持分割合で甲建物を共有しているが、Ａが甲を単独で使用している。この場合に、

　(1)　Ａが、ＢおよびＣとの間で特段の合意をせずに甲建物を使用しているときは、ＢおよびＣは、Ａに対して、使用料に相当する額の支払を求めることができるか。また、ＡおよびＢの間で、Ａが甲建物を無償で単独使用することができる旨の取決めをしていたときはどうか。

　(2)　Ａが甲建物を使用する際に誤ってその一部を損傷させたとき、Ａは、ＢおよびＣに対してどのような責任を負うか。

【Before】

　改正前においては、共有者の１人が、共有者間の合意を経ずに単独で共有物を使用している場合に、当該共有者が他の共有者に対してどのような義務を負うかなど、共有物を使用する共有者と他の共有者との関係についての規律が置かれていなかった。

　Case (1)前段において、Ａは、ＢおよびＣの同意を得ずに単独で甲を使用している。この場合に、ＢおよびＣがＡに対して甲の明渡請求をすることの可否について、判例は、共有物の持分の価格が過半数を超える共有者であっても、共有物を単独で占有する他の共有者に対し、当然には、その占有する共有物の明渡しを請求することができないとして、これを否定している（最判昭 41・5・19 民集 20-5-947）。

　他方で、判例は、共有者の一部の者が共有物を単独で占有している場合には、これにより、他の共有者は自己の持分に応じた使用が妨げられているから、当該他の共有者は、当該占有者に対し、不当利得返還請求ないし損害賠償請求をすることができるとしている（最判平 12・4・7 判時 1713-50）。したがって、Case (1)前段において、ＢおよびＣは、Ａに対して使用料に相当する額の支払を請求できると考えられる。もっとも、Case (1)後段のように、共有者間で共有物の使用につき持分の価格の過半数による定めをしていた場合にも同様のことがいえるかは明らかではなかった。

　さらに、Case (2)のように、共有物を使用する共有者が共有物を滅失・損傷させた場合に当該共有者が負う責任の内容も不明瞭であった。

【After】

　改正後民法249条は、1項において、各共有者が共有物の全部についてその持分に応じた使用をすることができるという原則を維持した上で、さらに2項において、共有者の1人が、共有物を自己の持分を超えて使用している場合には、共有者間において、当該使用を無償とするなどの別段の合意がない限り、自己の持分を超える使用の対価を償還する義務を負うとした。したがって、**Case**(1)前段において、Aは、持分の過半数による特段の定めなく単独で甲建物を使用していることから、BおよびCに対して、その使用料相当額を償還する義務を負う。なお、ここでいう「別段の合意」があるときとは、特段、共有者間に明示の合意がされていなくても、共有者間の暗黙の了解で共有者の1人に共有物の使用を認めているような場合も含まれると解される（部会第21回会議議事録22頁）。

　そして、改正後民法249条2項は、共有物の使用に関する定めの有無にかかわらず、原則として、共有物を使用する者は、使用が妨げられた他の共有者に対し、自己の持分を超える使用の対価の償還義務を負わせたものと理解されるから（解説90頁）、一部の共有者において「特段の合意」があるときは、合意をしていない他の共有者については、なお改正後民法249条2項の適用があると考えられる（部会資料27・13頁）。したがって、**Case**(1)後段において、AおよびBが、持分の価格の過半数の決定をもって、甲を無償でAに使用させるとの取決めをした場合には、AおよびBが甲を利用していることと実質的には同じであり（中間試案補足説明15頁）、AおよびBがCに対して使用料相当額を支払うこととなると考えられる。

　さらに、改正後民法249条3項は、共有者が共有物の使用について善管注意義務を負うことを明らかにした。共有物を使用している者は、他の共有者の持分との関係においては、他人の物を管理していると考えられるからである（中間試案補足説明16頁）。それゆえ、共有者の1人が共有物を使用していたところ、その者が過失により共有物を滅失・損傷させた場合には、当該共有者は、他の共有者に対し、善管注意義務の不履行（または共有持分権の侵害による不法行為）に基づく損害賠償責任を負うことになる（Q&A57頁）。したがって、**Case**(2)において、Aは、BおよびCに対して、善管注意義務違反（または不法行為）を理由に損害賠償責任を負う。

　なお、改正後民法249条以下の共有の規定は、遺産共有の場合にも原則として適用されるが、改正後民法249条3項の規律は、相続の承認または放棄をするまでのいわゆる熟慮期間中は、相続財産における共同相続人間の関係について適用されない（Q&A57頁以下）。改正後民法918条が、熟慮期間中は、相続人はその固有の財産におけるのと同一の注意をもって相続財産を管理すれば足りるとしており、この規律は通常の共有に関する規律の特則と位置付けられる。

［藤巻　梓］

14
変更の意義

Case

　ＡＢおよびＣは、各３分の１の持分割合により、甲建物を共有している。甲建物に経年劣化による著しい損傷が生じたため、ＡおよびＢは、甲建物の外壁塗装および屋根の防水工事の実施を検討しているが、当該修繕工事を実施することについてＣの同意が得られない。この場合に、ＡおよびＢは当該修繕工事の実施をすることができないか。

【Before】

　改正前民法は、①共有物に「変更」を加えるには共有者全員の同意を要するものとし（民旧251条）、②①の場合を除く「管理に関する事項」は、共有者が持分の価格に従ってその過半数で決するものとするが（民旧252条本文）、③保存行為については、各共有者が単独でこれをすることができるとしている（同条ただし書）。

　もっとも、具体的にどのような行為が共有者全員の同意を要する「変更」に当たるかは法文上明らかではない。判例が共有物の変更に当たるとした事案として、共有山林の立木を伐採する行為（大判昭2・6・6新聞2719-10）、共有農地を造成して宅地にする行為（最判平10・3・24判時1641-80）があるものの、共有物の物理的変更について、その範囲を画定するための具体的な基準を示した最高裁の判断も見当たらない。

　共有物の実際の管理の場面においても、①共有物の変更に当たる行為と、②持分の価格の過半数で決定できる管理行為との区別が曖昧であって、問題となる行為が変更・処分に該当するのかについて議論が分かれているため、慎重を期すために共有者全員の同意を取らざるを得ず、また、共有者の一部に反対する者がおり、または共有者の一部に所在等が不明な者がいて全員の同意を得ることができない場合には、当該行為を実施することを断念せざるを得ないという事態が生じていることが指摘されていた。

　さらに、改正前の解釈論においては一般的に変更行為に該当すると解されているものであっても、その中には、共有者全員の同意を要求せず、持分価格の過半数で定めることとすべきものもあるのではないかと考えられた（以上、改正前の「変更」の意義の問題につき、中間試案補足説明3頁）。

　Caseにおいて問題とされているのは、いわゆる大規模修繕に当たる措置である。改

正前民法によれば、共有物に物理的変更を加える行為は、その程度にかかわらず共有者全員の同意が必要とされていた。したがって、Cの同意が得られない以上、当該措置を実施することを断念せざるを得ないことになる。

【After】

改正後民法においては、【Before】①～③の原則を維持した上で、共有物に変更を加える行為であっても、その形状または効用の著しい変更を伴わないもの（いわゆる「軽微変更」）については、共有者全員の同意を要する変更から除外し、各共有者の持分の価格の過半数で決することができることとされた（民新251条1項かっこ書）。

ここでいう共有物の「形状の変更」とは、その外観、構造等を変更することをいい、「効用の変更」とは、その機能や用途を変更することをいうと説明される（Q&A59頁）。何が軽微変更に当たるかについては、変更を加える箇所および範囲、変更行為の態様および程度等を総合的に考慮して判断される。軽微変更の具体例としては、**Case**に挙げたようないわゆる大規模修繕工事のほか、共有私道である砂利道をアスファルト舗装する行為が挙げられている（Q&A59頁）。

法制審議会の審議の過程においては、当初、共有物の物理的変更であっても、「改良を目的とし」、かつ「多額の費用を要しない」ものについては、持分価格の過半数で決することができるとすることが提案されていた（部会資料40・1頁）。しかし、「改良を目的とし」という要件に対しては、客観的に価値を高めるものでない行為についても過半数により決定できるようにすべきであり、また、「著しく多額の費用を要しない」という要件に関しては、その内容が不明確であり、費用という切り口による限定はすべきでないとの反対意見が出された。結局、変更の目的や費用の多寡にかかわらず、客観的に共有者に与える影響が軽微であると考えられる場合には、持分の価格の過半数により決定できるものとすべきと考えられたのである（部会資料51・6頁参照）。

なお、共有物の処分行為が改正前民法251条の「変更」に含まれるかどうかについては従前から見解が分かれているところ、本改正において、何らかの規律を設けることも検討された。しかし、処分に全員の同意が必要とされるのは、それが変更に該当するというよりは、他の共有者の持分権の処分に当たるからで当然であるとも指摘されており（我妻榮『新訂物権法（民法講義Ⅱ）』（岩波書店・1983）323頁、川島武宜＝川井健編『新版注釈民法(7)』（有斐閣・2007）452頁〔川井〕参照）、明文の規定をもって規律する必要性が乏しいという理由から、新たな規律を設けず、引き続き解釈に委ねるものとされた（部会資料40・1頁）。

[藤巻　梓]

15
裁判による変更の手続

Case

　甲土地（林地）は、登記簿上、ＡＢおよびＣが各３分の１の持分割合で共有しているものとされているが、Ｃはすでに死亡しており、相続登記もされていない。Ａは、甲土地の立木を伐採し宅地として造成したいと考えており、これについてＢの同意を得たが、Ｃの相続人の氏名が判明せず、その同意を得ることができない。この場合に、Ａは、甲土地を宅地として造成するためにどのような手段をとることができるか。

【Before】

　共有山林の立木を伐採し宅地化することは、共有物に物理的な変更を加える行為であり、共有物の変更（民旧251条）に当たる（→ Case 14）。したがって、Ａは、甲を宅地化するには、他の共有者（共有者全員）の同意を得なければならない。しかし、Ａが他の共有者（Ｃの相続人）の氏名や名称を知ることができず、またはその所在を知ることができない場合（このような共有者を「所在等不明共有者」という）には、共有物の変更に必要な同意を得ることができず、共有物の変更をすることができない。

　実務上は、共有者の氏名等は判明しているがその所在が不明である場合には、共有物の変更を希望する共有者が、裁判所に対して不在者財産管理人の選任を請求し、選任された不在者財産管理人の同意を得ることにより変更行為を行うことが可能である。しかし、不在者財産管理人の報酬は、事実上、選任を求めた共有者が負担しなければならず、また、そもそも他の共有者を知ることができない場合には、不在者財産管理制度を利用することができないといった問題が指摘されていた（Q&A67頁以下）。

　所在等不明共有者は、一般的に、当該共有物を利用しておらず、その利用行為の当否については、利害や関心等を有していないため、当該行為の当否の判断を他の共有者の判断に委ねることとしても、その共有者の合理的な意思に直ちに反することもないと考えられる（中間試案補足説明12頁）。そこで、共有者の所在等が不明であるため共有者に変更行為についての賛否を問うことができない場合に、共有物の利用が阻害されることを防止するため、所在等不明共有者の利益を保護しつつ、変更行為を行うことができる仕組みを設けることが検討された。

【After】

　改正後民法では、共有物の変更について、共有者が他の共有者を知ることができず、またはその所在を知ることができない場合に、裁判所は、共有者の請求により、当該所在等不明共有者以外の他の共有者全員の同意を得て、共有物に変更を加えることができる旨の裁判（以下「当該裁判」という）をすることができる旨の規定（民新251条2項）が置かれるとともに、当該裁判の手続について、新たに非訟法85条が置かれた。

　共有者が「他の共有者を知ることができず、又はその所在を知ることができない」ときとは、公的な記録を確認するなど必要な調査を尽くしてもなお他の共有者を知ることができず、またはその所在を知ることができない場合のみ認められる。実際に問題となるのは共有物が不動産であるケースが多いと思われるが、その場合には、不動産登記簿の調査に加え、住民票（共有者が法人である場合には、商業・法人登記簿や代表者の住民票）等の公的記録の調査も必要となるほか、共有物の利用状況を確認したり、他に連絡等を取ることができる共有者がいればその者に確認したりする調査も必要となると説明される（Q&A70頁以下）。

　改正後民法252条2項の裁判の対象となる行為は、共有物に変更を加える行為であり、土地の形質変更などの物理的変更のほか、借地権、長期の賃借権の設定がここに含まれる（解説125頁）。これに対して、共有者が持分それ自体を失うこととなる行為（売買契約や贈与契約のほか、抵当権設定契約など、権利の実行により最終的に共有持分を喪失する可能性がある担保権の設定契約も含まれる）は、同裁判の対象とならない（Q&A73頁）。

　改正後非訟法85条によれば、所在等不明共有者以外の共有者の同意で共有物の変更をしようとする共有者は、当該共有物（または準共有財産）の所在地を管轄する地方裁判所に対して、当該裁判を求める申立てを行う。申立てを受けた裁判所は、①当該共有物に当該裁判の申立てがあったこと、②裁判所が当該裁判をすることに異議があるときは、一定の期間内（この期間は1か月を下ってはならない）にその旨の届出をすべきこと、③②の届出がないときは、当該裁判がされることを公告しなければならない（同条2項1号～3号）。そして、所在等不明共有者から、②の期間内に異議の届出がないときは、裁判所は、当該裁判をすることができる。なお、この裁判は、所在等不明共有者に告知することを要しない（同条6項）。

　当該裁判がされた場合には、所在等不明共有者以外の共有者全員の同意により共有物に変更を加えることができるようになる。もっとも、実際に共有物に変更を加えるには、別途、所在等不明共有者以外の共有者全員の同意を得る必要がある。

　Case において、Aは、改正後民法251条2項に基づき、裁判所に対して、所在等不明共有者以外の共有者による変更の裁判の申立てを行い、当該裁判がされると、Bの同意を得て、実際に当該変更を行うことができる。　　　　　　　　　　　　［藤巻　梓］

16
管理の意義

Case

　ＡＢＣは等しい割合で甲土地を共有している。

　(1)　ＡＢは甲土地の管理を第三者Ｄに依頼しようと考えているが、Ｃがこれに反対している。ＡＢはＤを管理者に選任することができるか。

　(2)　甲土地はＡが使用している。ＢＣはＡの同意なく、甲土地の使用者をＣに変更することとした。ＣはＡに甲土地の明渡しを請求できるか。

【Before】

　(1)　各共有者は、共有物に変更を加える場合は他の共有者の同意を得ることが必要である（民旧251条）。変更を除き、共有物の管理に関する事項は、持分価格に従い過半数で決することができる（民旧252条本文）。ある事項が、共有物の管理と変更のいずれに当たるかについて、どのように判断すべきであろうか。一般的に、共有物の外形や性質の変更の有無が基準になるとされてきたが、この基準は明確ではない。そこで、実際には、全員の同意が必要なものが変更とされ、持分価格の過半数により決定してもよいものが管理とされているとの指摘がなされていた。

　Case(1)のように、管理者を選任することそれ自体は可能であると考えられる。しかし、管理者の選任要件およびその権限等は明確ではない。有力な見解は、選任要件について、共有者全員の同意が必要であると解していた。管理者がした管理行為は共有者全員に効力が及ぶことになるため、持分価格の過半数では足りず、共有者全員の同意が必要であると考えられるからである。この有力説によれば、ＡＢはＣの同意を得る必要があるところ、Ｃが反対している以上、ＡＢはＤを管理者に選任することはできない。

　(2)　多数持分権者は、共有物を現に占有する少数持分権者に対し、その明渡しを請求できるか。最判昭41・5・19民集20-5-947は、当然にその明渡しを請求することができるものではないとする。その理由は、①少数持分権者は自己の持分によって、共有物を使用収益する権限を有し、これに基づいて共有物を占有するものと認められることに求められている。この場合、②多数持分権者が少数持分権者に対して共有物の明渡しを求めることができるためには、その明渡しを求める理由を主張し立証しなければならないとも判示されている。この判決の理解は分かれており、①を重視し、共有者間の明渡請

求には、共有者全員の同意が必要であることから、多数持分権者といえども少数持分権者に対して明渡請求はできないと理解する見解、②を重視し、共有者間において管理（民旧252条）としての利用方法の定めがない以上、共有持分権者は持分に応じて共有物の全部を使用することができる（占有権原がある）ことから、少数持分権者に対する明渡請求が認められなかったと理解する見解が存在していた。

　Case(2)については、①を重視する見解によれば、Aの同意がない以上、CのAに対する明渡請求は認められないことになる。②を重視する見解による場合、BCの賛成により使用者をCと決定したのであれば、明渡しを求める理由があることになり、CのAに対する明渡請求は認められることになる。

【After】

　(1)　改正後民法は、共有者の持分価格の過半数で決定できる管理事項の範囲（全員の同意が必要となる変更との区別）を明確化した。その結果、共有物の形状または効用の著しい変更を伴わないもの（軽微変更）は、管理事項に含まれることとされた（民新252条1項前段）。また、管理者の選任・解任も、共有物の管理に関する事項に含まれるとし、各共有者の持分価格の過半数で決定することができるとされた（同項前段）。管理者の選任に全共有者の同意が必要であるとすると、たとえば、所在等不明共有者がいる場合、管理者を選任できないという不都合が生じるからである。

　なお、共有物の管理として過半数決定をするためには、原則として、共有者全員による協議を経る必要がある。多数持分権者のみによる決定は、全員による過半数決定とはいえないからである。

　Case(1)について、ABはCとの協議を経て、過半数決定により、Dを管理者に選任することができる。

　(2)　改正後民法は、共有物を使用する共有者がいる場合であっても、持分価格の過半数により共有物の管理に関する事項を決定すること、すなわち、使用する共有者を別の共有者に変更することもできると定めた（民新252条1項後段）。この規定と、前述の判例との関係が問題となる。立案担当者は、判例変更をする意図はなく、改正後民法252条1項後段に基づいて、現在使用している共有者とは別の共有者が使用者として決定された場合、明渡しを求める理由があることになる、と説明する（Q&A64頁）。すなわち、【Before】(2)②を重視する見解を採用したことになる。これに対して、①を重視する見解からすると、改正後民法は判例変更を行ったと評価することになる（荒井62頁）。

　Case(2)において、Aが共有物を使用しているが、別の共有者Cを使用者と定めることも可能である。共有者全員での協議を経て、過半数決定がなされれば、CはAに甲土地の明渡しを請求することができる。

[伊藤栄寿]

17
共有者不明の場合等

Case

　ＡＢＣＤＥの５人の兄弟は、それぞれ持分５分の１で甲土地を共同所有していたが、Ｄは、数年前からその行方が不明で、現在もその生死すら不明である。Ｅの所在はわかっているが、ＡＢＣが連絡をとっても音沙汰がない。その後、Ａが死亡し、Ａの配偶者Ｆがその持分を相続した。Ａは、他の兄弟と異なって、大学卒業後も親元に残り、親の面倒を見ていたので、Ａが甲土地を無償で駐車場として使用することで全員が合意していたが、Ａが死亡した後、Ｂが他の者に断りなく駐車場を無償で使い始めた。Ｆは、生前のＡから、甲土地を有効活用したいと聞いていたので、Ａの死後、同駐車場を第三者に５年間契約で賃貸し、賃料を分配することにし、Ｃに相談したところ、ＣはＦの意見に同意した。Ｆは、所在のわからないＤに連絡をとることはできなかったが、所在がわかっているＥにも相談しようと連絡したにもかかわらず、何か月経っても何ら返事がこなかった。

【Before】

　Case では、Ｆは、Ｂによる駐車場の使用を中止させ、第三者に貸すことによって賃料収益をあげたいと考えている。Ｆが希望している甲土地を５年間の期間を定めて第三者に貸す行為（短期賃貸借契約）は「管理行為」となり（民602条参照）、改正前民法では、各共有者の持分の価格に従い、その過半数で決するものとされてきた（民旧252条本文）。Case では、Ａが死亡した後、ＦとＣのみでは甲土地の短期賃貸借契約を締結することができないということになる。そこで、Ｆは、家庭裁判所に対して、何年間も生死のわからないＤの不在者財産管理人の選任の申立てをし、選任された不在者財産管理人の間で甲土地の利用について同意を得て、５年間の賃貸借契約を締結することになる。また、Ｂは事実上、甲土地の使用を開始しているので、Ｂの同意を得なければ、賃貸借契約を締結することができないとも考えられていた。

【After】

1　これに対して、改正後民法では、共有物の管理に関する事項は、「各共有者の持分

の価格に従い、その過半数で決する」ものとされ、これは「共有物を使用する共有者があるときも、同様である」とされた（民新252条1項参照）。したがって、**Case**では、反対している他の共有者がいても、持分価格の過半数があれば、Bの駐車場の使用を中止するよう利用方法の変更を協議決定し、短期賃貸借を第三者と締結することができることになる。

2　Dは、数年前から、その生死すら不明の状態が継続しているためDと連絡を取る術すらないため同意を求めることができず、また、Eは、連絡をしても音沙汰がなく同意を得ることも困難である。そこで、改正後民法では、法律の定める一定の場合において、裁判所は、共有者の請求により、「共有者の持分の価格に従い、その過半数で共有物の管理に関する事項を決することができる旨の裁判をすることができる」ものとした（民新252条2項柱書）。この裁判は、非訟事件手続によって行うこととされた（非訟新85条）。

　このような裁判が認められる事由として、改正後民法252条2項各号は、①共有者が他の共有者を知ることができず、またはその所在を知ることができない場合、②共有者が他の共有者に対し相当の期間を定めて共有物の管理に関する事項を決することについて賛否を明らかにすべき旨を催告した場合において、当該他の共有者がその期間内に賛否を明らかにしないとき、としている。**Case**では、Dは、上記①に、Eは上記②に該当すると言える。

3　そこで、Fは、甲土地の所在する地方裁判所に対して、管理行為の許可を求める裁判の申立てを行い（非訟新85条）、裁判所は、Dについて、①管理行為許可の申立てがあったこと、②申立てについて異議があるときにはその旨を届け出ること、③一定の期間内（1か月を下ってはならない）に届出がないときには、持分価格の過半数で決することの裁判を行うことを公告しなければならない（同条2項）。Eについて裁判所は、①管理行為許可の申立てがあったことを、②一定の期間内（1か月を下ってはならない）に賛否を明らかにすること、③賛否を明らかにする回答がなかった場合には、改正後非訟法85条1項2号の裁判を行うことを通知しなければならない（同条3項）。

4　上記裁判を経て、Dから異議の届出がなく、Eが裁判所の定める期間内に賛否を明らかにする回答をしなかった場合、裁判所は、持分価格の過半数でもって管理行為の決定をする裁判をすることになり、確定によってその効力が生ずる（非訟新85条5項）。裁判所は、その裁判について、他の共有者、たとえば、BやCに通知する必要はない（同条6項）。

5　上記裁判が確定した後、共有者のうち、BCFの3名で甲土地の利用方法を協議決定することができることとなり、CがFに同意していれば、過半数の賛成があることになるので、Fは、第三者に甲土地を期間5年で使用する賃貸借契約を締結することができる。

［岩田真由美］

18
特別の影響

Case

ＡＢＣが等しい割合で甲土地を共有している。ＡＢＣの間で、Ａが甲土地上に建物を建築して甲土地を使用することが定められた。ところが、Ａが建物を建築し居住を始めてから、ＢＣの賛成によって、甲土地の使用者がＣに変更された。ＣはＡに対して、建物収去土地明渡しを請求できるか。

【Before】

　共有者の１人が共有物を使用している場合に、持分価格の過半数決定により使用者が変更されたとき、新しく使用者に決定された共有者は、現に共有物を使用する共有者に対して共有物の明渡しを請求できるか。この点、最判昭41・5・19民集20-5-947が、多数持分権者といえども、共有物を現に占有する少数持分権者に対し、当然にその明渡しを請求することができないとしている。この判例をどのように理解するかにより結論が異なってくる。

　判例は、少数持分権者は自己の持分によって、共有物を使用収益する権限を有し、これに基づいて共有物を占有するものと認められると判示していることから、共有者に対する明渡請求には全員の同意が必要とする見解がある。この見解によれば、明渡請求が認められないのは当然のこととされる。Case について、ＣはＡに建物収去土地明渡しを請求できないと解することになる。

　他方、判例が、明渡しを求める理由を主張し立証しなければならないと判示していることから、この理由がある場合には明渡請求が認められるとする見解がある。この見解は、明渡しを求める理由の有無が重要な要素となると考える。Case について、Ａが共有物の使用者と決定されていることから、明渡しを求める理由があると考えられるので、ＣはＡに建物収去土地明渡しを請求できることになろう。ただ、Ａが使用者と決定された以上、ＢＣの賛成だけでは決定を覆せないと考えるのであれば、ＣはＡに建物収去土地明渡しを請求できないことになる。

【After】

　改正後民法においては、共有者間において共有物の利用方法に関する特段の定めがな

いにもかかわらず、共有物を使用する共有者がいる場合、他の共有者が持分価格の過半数を有していれば、協議の機会を設け、過半数で決定することにより、明渡請求をすることが原則として可能である（民新252条1項前段）。共有物の利用方法の硬直化を防ぐ必要があるからである。

　Case のように、共有物の利用方法に定めがある場合、すなわち、共有物を使用する共有者がいる場合でも、他の共有者が持分の過半数を有していれば、協議・決定により、明渡請求をすることが可能である（民新252条1項後段）。利用方法を定めることも変更することも過半数でできるのが合理的であるとの考え方に基づく。

　しかし、改正後民法252条3項は、「共有者間の決定に基づいて共有物を使用する共有者に特別の影響を及ぼすべきときは、その承諾を得なければならない」とする。いったん協議を経た過半数での決定により共有物の使用を正当化された共有者は、使用継続の利益を有しているからである。

　この「特別の影響」は、対象共有物の性質に照らし、決定の変更等を行う必要性と、その変更等によって共有物を使用する共有者に生じる不利益とを比較して、使用者に受忍限度を超えて不利益を生じさせることをいうと解されている。たとえば、共有物を使用する共有者が、その共有物を住居や農地などの生計の手段としているといった事情がある場合、共有者に生じる不利益として考慮されることになる。これに対して、駐車場として現に使用しているというだけでは、受忍限度を超える不利益は生じない。

　Case では、Cを使用者と決定することは、共有者間の決定に基づき甲土地を使用するAに特別の影響を及ぼすと考えられる。なぜなら、Cを使用者とする必要性が明らかにはされていないところ、Aは甲土地の上に建物を建築し居住しており、受忍限度を超えて不利益が生じると考えられるからである。

　「特別の影響」を及ぼすべきときについて、Case のような使用者を変更する事例のほか、①共有者の1人が共有土地を相当長期間（たとえば30年間）使用することが定められた後、他の共有者の賛成によって、その期間が短期間（5年間）に変更されるというように、使用条件を変更する事例、②共有者の1人が共有建物を店舗営業のために使用することが定められ、実際に店舗営業をしているときに、他の共有者の賛成によって、建物の使用目的が住居専用に変更されるというように、使用目的を変更する事例などがあるといわれている（Q&A65頁以下）。　　　　　　　　　　　　　　　［伊藤栄寿］

19
賃借権等の設定期間

Case

　ABCは等しい割合で甲土地を共有している。甲土地の近くにショッピングモールができることになり、その運営会社Dは、甲土地を駐車場用地として5年間賃借することを希望した。ABはDに甲土地を駐車場として5年間賃貸することとし、引渡しをした。賃貸に反対であったCはDに対して、甲土地の明渡しを請求できるか。

【Before】

　共有物に対して賃借権を設定することは、基本的には共有物の管理に関する事項に当たると解される。したがって、共有者の持分価格の過半数により決定することができる（民旧252条本文）。しかしながら、長期間にわたる賃借権の設定は、共有者に与える影響が大きく、実質的に処分と同視することができるため、変更として全員の同意が必要である（民旧251条）と考えられる。ただ、両者の区別基準は明確とは言いがたい。

　Case において、甲土地の賃貸借契約が5年に及ぶことについて、これを長期とみる見解によれば、Cの同意がない以上、Dは有効な賃借権を取得することはできず、甲土地を無権原で占有していることになるから、CはDに対して甲土地の明渡しを請求できることになる。他方、甲土地の賃貸借契約が5年間とされたことについて、管理に関する事項の範囲として許されるとみる見解によれば、CはDに対して甲土地の明渡しを請求できない。

【After】

　改正前民法下では、賃借権等の設定を持分価格の過半数で決定できるのか、全員の同意が必要なのかが明確に区別できないため、実務では、比較的短期間の賃借権の設定であっても、慎重に共有者全員の同意を求めることがなされており、共有物の利用が阻害されているとの指摘がなされていた（荒井66頁）。

　そこで、改正後民法は、共有物について一定の期間を超えない短期の賃借権その他の使用および収益を目的とする権利（賃借権等）の設定については、共有物の管理に関する事項として持分価格の過半数決定により行えることを明確にした（民新252条4項）。

賃借権以外の権利として、地上権、地役権が含まれ、永小作権は存続期間が20年以上となることから含まれない。「短期」とは、樹木の栽植または伐採を目的とする山林の賃借権等については10年（同項1号）、その他の土地の賃借権等は5年（同項2号）、建物の賃借権等は3年（同項3号）、動産の賃借権等は6か月（同項4号）を超えないものである。この期間は、民法602条に定められている短期賃貸借の期間と同様である。

　建物所有目的の土地賃借権・地上権、すなわち、借借法が適用される借地権について、共有者の全員の同意なく設定することはできるか。建物所有目的の土地賃借権・地上権は、契約によって期間を5年以内と定めても、借借法が適用される結果、その存続期間は、30年となる（借借3条）。共有地に借地権を設定することは、改正後民法252条4項2号の期間を超えることになり、長期間の使用（用途）が制限され共有者に大きな影響を与えることから、基本的に、効用の著しい変更を伴うものとして、共有者全員の同意が必要となる（民新251条1項）。

　一時使用目的の借地権については、借借法3条が適用されないことから（借借25条）、5年以内の契約であれば、共有者の持分価格の過半数決定により設定が可能である。

　借借法が適用される建物賃借権は、契約によって期間を3年以内と定めても、建物賃貸人は正当の事由があると認められる場合でなければ、契約の更新をしない旨の通知をすることができない（借借28条）。したがって、共有建物に賃借権を設定することは、改正後民法252条4項3号の期間を超えることになり、共有者に影響を与えることになるから、効用の著しい変更を伴うものとして、共有者全員の同意が必要となる。

　定期建物賃貸借（借借38条1項）、取壊し予定の建物賃貸借（借借39条1項）、一時使用目的の建物賃貸借（借借40条）については、契約の更新がないことを定めることができるので、その存続期間が3年以内とされる場合には、改正後民法252条4項3号に基づき、共有者の持分価格の過半数決定により設定が可能である。

　Case において、甲土地の賃貸借契約は5年とされていることから、改正後民法252条4項2号に基づき、ＡＢの賛成により、Ｄに賃借権の設定をすることができる。したがって、ＣはＤに対して甲土地の明渡しを請求することはできない。　　　　　　　［伊藤栄寿］

20
権限、管理者による裁判

Case

　ＡＢＣ３名は、各３分の１の持分割合により、甲建物を共有している。Ａは、Ｂの賛成を得て、Ｄとの間でＤを甲の管理者に選任する委任契約を締結した。Ｃは、この契約締結に反対していた。

　Ｄは、Ｐとの間で甲の賃貸借契約を締結しようと思っている。Ｄが期間を３年間とする定期建物賃貸借を提案するのに対して、Ｐは、期間を３年間とする通常の建物賃貸借を希望している。Ｄは、Ｐの希望にそった賃貸借契約を締結することができるか。Ｃがその後所在不明となっている場合はどうか。

【Before】

　改正前民法には共有物の管理者に関する規定はなかったが、実務上は、共有物を管理する者を選ぶことも少なくなかったようである。しかし、そうした管理者の選任・解任が、共有者の全員の同意によるのか、持分の価格の過半数の決定によるのかといった要件も、選任された管理者の権限も明らかではなく、法的な安定性を欠いていた。

【After】

1(1)　改正後民法は、新たに共有物の管理者に関する明文規定を設けた。それによると、共有物の管理者の選任・解任は、共有物の管理に関する事項として、各共有者の持分の価格に従い、その過半数で決する（民新252条1項前段）。共有物の管理者には、共有者でない者を選任してもよい。なお、判例によれば民法249条以下の規定は基本的に遺産共有にも適用されるので、共有物の管理者に関する規定も、遺産共有に適用されると考えられている（Q&A106頁）。

　共有物の管理者は、共有物の管理に関する行為をすることができる（民新252条の2第1項本文）。ただし、共有物の形状または効用の著しい変更を伴う行為をするには、共有者全員の同意が必要である（同項ただし書）。

(2)　**Case** では、Ｄは、ＡＢの賛成により、共有物である甲の管理者になっており、甲の管理に関する行為をすることができる。期間3年間の定期建物賃貸借は、改正後民法252条4項3号により管理行為に含まれると解される（→ Case 19）。このため、Ｄ

がＰとの間で定期建物賃貸借を締結した場合には、ＡＢはもちろんＤの選任に反対したＣも、Ｐが賃借人であることを否定できなくなる。

2(1)　ここで、Ｄとの委任契約の当事者を誰とみるかが問題となる。立案担当者は、選任に反対した共有者（Ｃ）は当事者とならず、選任に賛成した共有者（ＡＢ）の全部または一部（賛成した共有者の協議で決まる）が当事者になるとする（Q&A103頁）。このとき、Ｄのした行為の効力をＣも否定できないことについて、委任契約とは異なる法律関係（部会の議論で「管理者選任関係」と呼ぶもの）を想定することとなる。

(2)　またＤが法律行為をする際に、誰の名で行うべきかについても規定が置かれていない。民法670条の2（組合の代理）のような規定がないことから、管理者は、自己の名で行為することが予定されているといえよう（部会資料41・13〜14頁）。

(3)　ＡＢ（またはＡのみ）の委任を受けたＤが自己の名でＰと賃貸借契約を締結したとの構成をとる場合に、Ｐの占有権原（Ｃからの明渡請求に対する抗弁の原因）をどのように説明するかについては部会でも理論的な検討がない。後にＤが解任された場合などを想定すると、問題は複雑である。

3　ＤＰ間の定期建物賃貸借に係る損益は、次のように共有者に転嫁される。①Ｄが収取した賃料は、収取果実引渡義務（民646条1項後段）の履行として委任者（ここではＡＢとする）に対して引き渡される。収益の分配についてＡＢＣ間に契約関係が存在しない場合、ＣのＡＢに対する収益分配の請求根拠としては改正後民法249条2項が考えられる（同項にいう「使用」に「収益」の意味を含めることになる→ Case 13）。②Ｄの負担する費用は、委任者ＡＢに対して前払または償還を請求することができる（民649条・650条1項）。この場合、ＡＢＣ間に費用負担に関する契約関係が存在しなければ、ＡＢは、Ｃに対して、民法253条1項によって、費用の負担を求めることができる。

4(1)　以上と異なり、Ｐの希望するような通常の建物賃貸借の締結には、共有者全員の同意が必要であると解される。借借法の適用により、3年の期間が経過したときに賃貸借が終了することを確保できないため、共有物の効用に著しい変更を伴うものと考えられるからである。

　共有者全員の同意を得る必要がある場合において、共有物の管理者が共有者を知ることができず、またはその所在を知ることができないときは、裁判所は、共有物の管理者の請求により、当該共有者以外の共有者の同意を得て共有物に変更を加えることができる旨の裁判をすることができる（民新252条の2第2項）。この裁判については、裁判所が、①当該共有物について裁判の申立てがあったこと、②裁判をすることに異議があるときは、当該共有者は一定の期間内（1か月を下ることはできない）にその旨の届出をすべきこと、③届出がないときは裁判がされることを公告する（非訟新85条2項）。

(2)　Case において、Ｄは、こうした手続を経ることで、Ｐとの間の通常の建物賃貸借契約を締結することができる。

[吉永一行]

21
管理に関する事項

Case

　ＡＢＣ３名は、各３分の１の持分割合により、甲建物を共有している。Ａ
ＢＣは、全員の合意で、Ａが甲に居住することを認めるとともに、Ａを甲の
管理者として、甲の管理に当たらせることとした。その際、ＢＣはさらに、
甲を第三者に賃貸することはできない旨を決していた。

　ところが、Ａは、この決定に反して、Ｐとの間で、期間を３年間とする定
期建物賃貸借を締結し、甲をＰに引き渡した。これを知ったＢおよびＣが、
この定期建物賃貸借は、管理に関する事項に違反して行われたものであって
効力を生じないとして、Ｐに甲の明渡しを求めている。Ｐは、これに応じて、
甲を明け渡さなければならないか。

【Before】

　Case 20 で述べたように、改正前民法には、共有物の管理者に関する規定はなく、
管理者の権限の内容も、また管理者が権限違反の行為をした場合の当該行為の効力（と
りわけ行為の相手方の保護）についても、明らかではなかった。また、そうした管理者を
置いた場合に、共有者自身が共有物の管理権を失うことになるのか否かについても規定
はなかった。

【After】

1 (1)　改正後民法は、共有物の管理者を選任した場合でも、共有者自身で共有物の管
理に関する事項（形状または効用に著しい変更を伴ういわゆる変更行為を含む）を決するこ
とができることを前提としている。つまり、共有者の管理権は失われない。

　(2)　そして、そのような決定があったときには、管理者は、当該決定に従ってその職
務を行わなければならない（民新252条の２第３項）。管理者がこれに違反して行為をし
た場合、その行為は、共有者に対してその効力を生じない（同条４項本文）。

　ただし、当該行為の相手方など第三者が、管理者が共有者の決定に違反して行為をし
ていることについて善意であれば、共有者は、管理者の行為が共有者に対して効力を生
じないことを当該第三者に対抗することができない（民新252条の２第４項ただし書）。

2(1)　**Case** では、管理者としてＡが選任されている。しかし、これによって共有者の管理権が失われるわけではない。管理に関する事項のうち、共有物の形状または効用の著しい変更を伴わないものであれば、Ａも含めた共有者全員の持分の価格の過半数で決することができる。

　そして、持分の価格の過半数を占めるＢＣが、甲を第三者に賃貸することはできないと決したのだから、管理者Ａは、これに従って職務を行わなければならない。

　(2)　しかし、Ａは、これに反して、第三者Ｐとの間で、期間を３年間とする甲の定期建物賃貸借を締結している。このため、この賃貸借は、ＢＣに対して効力を生じないのが原則である。すなわち、ＢまたはＣは、この賃貸借契約が存在しないものと扱うことができ、Ｐに対して甲の明渡しを求めることができるのが原則である。

　ただし、Ａの行為が共有者の決定に違反したものであることについてＰが善意であれば、ＢＣは、本件賃貸借契約がＢＣに対して効力を生じないことをＰに対抗できない。結果として、ＢＣは、Ｐに甲の明渡しを求めることができない。

3(1)　ここでの第三者保護要件は、善意・無過失ではなく、「善意」のみで足りると定められている。共有物の管理に関する事項の決定は、管理者の基本的な権限を制限する共有者間内部の取決めであり、第三者の保護のために無過失まで求めると、取引の安全を害することになるためである（Q&A99頁）。

　ある者の権限に制約が加えられていることを知らなかった第三者を、その過失を問わずに「善意」のみを要件として保護する例としては、法人の理事の権限を制限した場合の第三者保護に関する規定をあげることができる（一般社団法人及び一般財団法人に関する法律77条5項など）。そこでは、一般に、理事が包括的代表権をもつことや、その権限に加えられた制約を知ることが容易ではないことから、過失を問わず「善意」のみで足りると説明されている。

　(2)　共有物の管理者についてみると、一方で、管理者は、特に制約が定められない限り、管理に関する行為について包括的な権限をもつといえるし、共有者の決定によりそこに制約が課されたとしても第三者がそれを知ることは容易ではない。この点では、法人の理事のケースとの類似性は確かにある。また、政策的には、管理者と取引をしようとする第三者が、結局、共有者に確認をとらなければならないとすると、共有物の管理者の制度を設けて共有物の有効な利用を促進しようとする改正の目的を達することができなくなるという懸念もあろう。

　他方で、共有物の管理者は、法人の理事のように必置機関ではない。さらに、前述したとおり、管理者が選任されていても、これとは別に共有者自身も管理・変更に関する行為を行うことができる。部会における議論では、法人の場合と同様の第三者保護規定を置くことに対する疑問ないし問題提起も出されている（部会第13回会議議事録21頁〔道垣内弘人〕・22〜23頁〔蓑毛良和〕）。

[吉永一行]

Case

　甲土地は、ＡＢＣ３名の共有に属する土地である。以下の場合、Ａは裁判所に対して共有物分割の訴えを提起することができるか。

　(1)　ＡがＢＣとの間で甲土地の分割方法について協議したが、３者間で分割方法に関する合意を得ることができなかった場合

　(2)　ＡとＢは甲土地の分割方法について協議し、一定の合意ができたが、Ｃは分割協議に応じる意思がなく、ＡもＢもＣとの間で甲土地の分割に関して全く話をすることができなかった場合

　(3)　Ａは甲土地を分割しようと考え、まずＣに連絡を取り協議したが、Ｃは分割に応じなかった。そこでＡは裁判所に分割を請求することを決意し、Ｂに対しては全く分割に関する協議をもちかけなかった場合

【Before】

　共有物分割は共有者間の協議によってなされるのが原則であるが（民256条1項）、共有物の分割について共有者間に協議が調わないときは、その分割を裁判所に請求することができると規定されていた（民旧258条1項）。

　そこで、**Case(1)**については、「協議が調わないとき」に当たり、Ａが望めば、自らを原告とし、ＢＣを被告として甲土地に関する共有物分割の訴えを提起することができる。

　これに対し、**Case(2)**は、ＡＢ間では協議ができているものの、Ｃとの間では協議そのものがなされていない。このような場合について判例（最判昭46・6・18民集25-4-550）は、改正前民法258条1項の協議が調わないときには、共有者間の一部に共有物分割の協議に応ずる意思がないため共有者全員において協議をすることができない場合を含むとしている。よって、**Case(2)**においても、Ａは（あるいはＢも）、共有物分割の訴えを提起することができる。

　Case(3)で問題になるのは、Ｃとの関係では協議による分割は困難であるとしても、Ｂとの関係では全く協議をしていないため、Ｂに協議の意思があった場合には未だ「協議が調わないとき」に当たらないと解釈されるのではないかという点である。しかし、Ｃとの間で協議による分割が困難である以上、Ｂと協議しても結局、協議による分割は

実現できない。そうであれば、AがBとの間で協議の機会を設けていないとしても裁判所に対する分割請求を否定する理由にはならないと解される。古い判例だが、大判昭13・4・30大審院判決全集5-10-12も、同様の事案において裁判所に対する分割請求は可能としている。

【After】

　改正後民法は、258条1項に「協議をすることができないとき」という文言を新たに挿入している。これは前記昭和46年判決の結論を明文化したものである（Q&A110頁）。そこで、分割協議がなされたが協議が調わなかった場合に限らず、一部の共有者が分割協議に応じる意思がなく協議ができなかったときも裁判所に対する分割請求（共有物分割の訴え）が可能であることが条文上も明確にされたことになる。

　よって、改正後民法の下では、**Case**(1)については258条1項の「共有者間に協議が調わないとき」に該当し、また、**Case**(2)については同項の「協議をすることができないとき」に該当し、いずれの場合もAは共有物分割の訴えを提起できる。

　Case(3)についても、改正後の民法でも裁判所に分割を請求することを否定する理由はなく、改正前の扱いと同様にAはBCを被告として共有物分割の訴えを提起することができると解される。

　なお、共有物分割の訴えは共有者全員が訴訟当事者になることが必要である。したがって、共有者が3人以上の場合には原告または被告が複数となり、かつ、民訴法40条の合一確定の必要のある固有必要的共同訴訟となる。仮にAがBあるいはCのいずれか1人のみを被告として共有物分割の訴えを提起しても、その訴えは不適法として却下されることになる。これらの点は改正前からの確定的な理解であり、改正後民法の下でもその扱いを異にするものではない。

　　　　　　　　　　　　　　　　　　　　　　　　　　　　　　　　　　　［高須順一］

23
全面的価格賠償

Case

甲土地は兄Ａが３分の２、弟Ｂが３分の１の持分割合で共有する不動産である。甲土地はもとは父親Ｃの所有であったが、亡Ｃの遺言によってＢＣが上記の持分割合で相続したものであった。甲土地は宅地で面積が $120m^2$ であり、甲土地の上にはＡが所有する乙建物が存在し、Ａが家族と共に暮らしている。Ｃも生前はＡ家族と共にこの乙建物に居住していた。

相続後、２年ほどして、Ｂは甲土地を $80m^2$ と $40m^2$ に分割し、それぞれが単独で所有することをＡに提案し協議したが、Ａはこれを拒否し協議は決裂した。ＢはＡを被告として共有物分割の訴えを提起した。

ＡはＢの持分に相当する金銭をＢに支払うことで解決したいと考えている。裁判所はＡの希望に基づき現物分割をせずにＡに適正な金額を支払う債務を負担させることでＢの持分全部をＡに取得させることを命じることは可能か。また、このとき競売による分割を命じることは可能か。

【Before】

共同相続に伴う遺産分割については、民法906条が一切の事情を考慮して行うと規定しており、その分割方法についても、①遺産現物を分割する現物分割、②遺産を売却して代金を分割する換価分割、③相続人の１人が代償金の支払等の自己の資産を提供することにより相続財産を取得する代償分割といった各種の方法が認められる。

これに対し、民法256条以下の共有物分割手続においては改正前民法258条2項が現物分割を原則とし、現物分割ができないとき、あるいは価格を著しく減少させるおそれがあるときに例外的に競売による分割が認められると規定している。そこで、規定上は現物分割ができなければ競売分割となるが、遺産分割において認められる代償分割が共有分割では認められないのは均衡を欠き、妥当性を欠くと批判されてきたところである。

そこで、判例は、順次、改正前民法258条2項には規定されてない金銭を支払うことにより他の共有者が有する持分を取得する分割方法、いわゆる価格賠償による分割を認めるようになった。まず、最大判昭62・4・22民集41-3-408が、現物分割の一態様として、持分の価額以上の現物を取得する共有者がその過不足を調整するために部分的な価

格賠償の方法をとることを許容した。その上で、最判平 8・10・31 民集 50-9-2563（以下「平成 8 年判決」という）が、現物分割を伴わない全面的な価格賠償についても、「当該共有物を共有者のうちの特定の者に取得させるのが相当であると認められ、かつ、その価格が適正に評価され、当該共有物を取得する者に支払能力があって、他の共有者にはその持分の価格を取得させることとしても共有者間の実質的公平を害しないと認められる特段の事情」がある場合には、全面的価格賠償も許容されると判示した。

そこで、**Case** においても、平成 8 年判決以降は特段の事情が認められれば全面的価格賠償方式による分割を認めることが可能となっていた。なお、競売による分割との関係についても平成 8 年判決と同日に言い渡された別事件の判決（最判平 8・10・31 判時 1592-59）が、全面的価格賠償の方法によることが許容される特段の事情の存否を判断することなく、直ちに競売による分割を命じることは許されないと判示していた。

【After】

改正後民法は、258 条 2 項を新設し、裁判所が行う原則的な共有物の分割方法として、①共有物の現物を分割する方法、②共有者に債務を負担させて、他の共有者の持分の全部または一部を取得させる方法を規定した。現物分割に加え、価格賠償による分割（全面的価格賠償を含む）を明文で認めたのである。これは平成 8 年判決を明文化するものであり（Q&A108 頁）、価格賠償の根拠が規定に設けられたことになる。

もっとも、全面的価格賠償を許容すべき特段の事情として平成 8 年判決が指摘した内容は改正法の下でも合理性を有すると解される。同判決はその場合の判断要素に関して、①共有物の性質および形状、②共有関係の発生原因、③共有者の数および持分の割合、④共有物の利用状況、⑤分割された場合の経済的価値、⑥分割方法についての共有者の希望およびその合理性の有無等の事情を掲げ、これらを総合的に判断すべきと判示している。これらの考慮要素は、引き続き重要な視点になるというべきである。

Case においては、甲土地が宅地であり、その土地上にＡが所有・居住する乙建物が存在していること、面積が 120m^2 であり現物で分割するには狭小な土地であること、Ａが全面的価格賠償を希望しており、また、そのことに合理性が認められることなどの事情があり、価格を適正に評価した上で、その価格に見合う支払能力がＡにあれば、全面的価格賠償を認めてよい事案と解される。

なお、改正後民法 258 条 3 項が現物返還のみならず、全面的価格賠償が可能な場合であれば競売による分割は行わないことを明確にしている。裁判所は現物分割あるいは全面的価額賠償が可能な場合には競売による分割を命じることは許されず、この点も改正前の判例が明文化されたことになる。 ［高須順一］

24
給付命令

Case

　甲土地は兄Aが3分の2、弟Bが3分の1の持分割合で共有する不動産であり、その旨の共有登記もなされている。AB間で協議が調わず、BがAを被告として裁判所に対し、甲土地の現物分割を求める共有物分割の訴えを提起した。この訴訟において、Aは全面的価格賠償による分割を希望し、裁判官もAに1,000万円を支払わせることにより、甲土地は全部、Aに取得させることが妥当と考えている。

　(1)　このとき、裁判所は判決によってAに1,000万円の支払を命じ、Bに持分3分の1に関する移転登記手続を命じることはできるか。

　(2)　さらに判決によってAの1,000万円の支払とBの持分の移転登記手続を引換えとする引換給付判決をすることは可能か。

【Before】

　改正前民法258条2項は共有物の現物分割を原則とし、例外的な分割方法として競売による分割を規定するのみであった。しかし、いわゆる価格賠償方式による分割の必要性、とりわけ全面的価格賠償を認めるべきことが学説等において指摘されており、判例（最判平8・10・31民集50-9-2563）もこれを認めるところとなり、以後、実務上、定着している。この点は、Case23に指摘したとおりである。

　そこで、具体的に全面的価格賠償による場合の判決内容であるが、価格賠償による共有物の取得を希望する共有者に対しては金銭の支払を命じるべきことになる。また、相手方については持分登記がなされている場合にはその移転登記手続を命じるべきである。ただ、原告であるBが現物分割を求めて訴えを提起したにもかかわらず、判決において全面的価格賠償を命じることが許されるか否かに関しては疑問の余地があるが、共有物分割の訴えがいわゆる形式的形成訴訟の一種とされており、その本質が非訟事件であることを根拠にこれを認めるというのが裁判例である。同じ非訟事件である遺産分割事件においては家事法196条が給付命令の規定を設けていることも参考にされていた。

　したがって、**Case**(1)に関しては、明確な根拠規定は存在していないものの、実務上、これを認めることができると解されていた。

さらに、判決によって金銭の支払および持分移転登記手続を命じることが許容されるとしても、その後の履行の確保の観点からの検討が必要となる。すなわち、移転登記手続を命じる判決に関しては民執法177条によって当該登記手続に関する被告の意思表示が擬制され、価格賠償を求める共有者が単独で登記手続を求めることができる。比較的容易に権利を実現できるのである。これに対し、賠償金の支払に関して強制執行（金銭執行）をする場合には現実の執行行為が必要となり、一定の困難が伴うことになる。金銭支払を命じられた共有者が財産を費消したり、隠匿すると支払を得ることができない事態も想定される。価格賠償を求める共有者とこれに応じざるを得ない共有者とでは、強制執行を念頭に置いた場合、リスク負担に差異が生じているのである。

　そこで、金銭の支払と持分登記の移転登記手続を判決によって命じる場合に、その履行を確実なものとし共有者間のリスクの公平化を図るために、金銭の支払と移転登記手続に関して引換給付判決とし、同時履行とすることが工夫される。裁判例（広島高判平3・6・20民集50-9-2586等）においても引換給付判決とする扱いが認められていた。

　Case(2)に関しても引換給付判決は可能と解される。

【After】

　改正後民法は、258条4項を新設し、共有物分割の裁判においても、「金銭の支払、物の引渡し、登記義務の履行その他の給付を命ずることができる」と規定した。遺産分割に関する家事法196条の給付命令の規定と同様の規定を設けることで、すでに認められていた実務上の取扱いを明文化したのである。

　したがって、改正法の下では、Case(1)に関して裁判所は、改正後民法258条4項に基づき金銭の支払や登記義務の履行を求める給付命令（給付判決）を発することができる。

　これに対し、Case(2)に指摘する引換給付判決の可否については、改正法にも規定はない。しかし、全面的価格賠償に基づき持分の移転登記手続を命じられた共有者について、対価となる賠償金の支払を確実なものとし共有者間のリスクの公平化を図る必要があることは改正後も何ら変わりはない。引き続き引換給付判決を認めることが妥当である。法制審議会民法・不動産登記法部会においても、引き続き引換給付判決が実務上、なされることを許容する趣旨であるとの説明がなされている（部会第21回会議議事録26頁〔脇村真治〕、Q&A110頁）。

　よって、Case(2)に指摘する引換給付判決は、改正後民法でも認められると解される。

［高須順一］

25
遺産分割との関係

Case

　Aが死亡し、子のBCDがAを相続した。Aの遺産は、甲土地とその上にある乙建物のほかに、預金等があった。なお、Cは、Aの生前、Aを献身的に介護しており、寄与分が認められる可能性がある。また、Dは、Aから自宅の建設資金の贈与を受けていた。

　Aの死亡後、Cは甲土地上にある乙建物に居住するようになり、BおよびDの要求にもかかわらず、乙建物から退去しないため、Aの遺産分割も長期間行われていない。

　資金が必要となったBが、CおよびDを被告として提起した甲土地および乙建物の共有物分割訴訟は適法か。

【Before】

1　相続が開始されてから遺産分割が終了するまでの間、相続財産は数人の共同相続人の「共有」(民旧898条)となる。これを「遺産共有」という(→ Case 56)。

　判例によれば、「相続財産の共有……は、民法改正の前後を通じ、民法249条以下に規定する『共有』とその性質を異にするものではない」(最判昭30・5・31民集9-6-793)。そこで、相続財産が相続人の共有状態にあるとき、この遺産共有状態を解消するには、共有物分割と遺産分割のいずれの手続によるべきかが問題となる。

2　共有物分割と遺産分割は、以下の点で異なる。①分割の対象は、共有物分割では個々の財産を分割することが念頭に置かれているが、遺産分割では被相続人名義の遺産の全部(もちろん一部分割[民旧907条1項]もありうる)である。②分割の裁判の種類としては、共有物分割の裁判は地方裁判所または簡易裁判所の訴訟手続で行われるが、遺産分割の裁判は家庭裁判所の審判手続で行われる(家事191条〜200条・244条・別表第2・12)。③分割の基準として、共有物分割では、原則として持分どおりに分割することが期待されるのに対して、遺産分割では「遺産に属する物又は権利の種類及び性質、各相続人の年齢、職業、心身の状態及び生活の状況その他一切の事情を考慮」(民906条)しつつ、民法900条〜902条が定める法定相続分または指定相続分に加え、各相続人が受けていた特別受益(民903条)を控除するとともに相続人がした寄与を考慮する寄与

分（民904条の2）を控除して定める具体的相続分に従って分割される。④遺産分割では裁判官が適切と判断する分割方法を適宜選択することとなるが、共有物分割訴訟では明文の定めが存在した（民旧258条2項）。

3　判例は、共同相続人の1人から相続財産を構成する特定の不動産の共有持分を譲り受けた第三者が共有物分割訴訟を提起した事例において、遺産共有持分と通常の共有持分の解消については共有物分割手続によることができるが、分割された遺産共有持分の分割については遺産分割によらなければならないとしている（最判昭50・11・7民集29-10-1525）。共同相続人間の遺産共有については、改正前民法258条による共有物分割請求手続は適用されず、民法907条1項の協議または同条2項の家庭裁判所に対する審判手続によるとする判例もある（最判昭62・9・4家月40-1-161）。

　このように、遺産共有持分の解消が共有物分割手続ではなく遺産分割手続によらなければならないのは、両者に上述した違いがあるからであるが、中でも③共同相続人には、遺産の総体について民法906条の基準に基づき、かつ、法定相続分または指定相続分を基礎に特別受益（民903条）や寄与分（民904条の2）を考慮して定まる具体的相続分に従って遺産分割を受ける利益（前掲昭和50年判決は、この利益を「遺産分割上の権利」と呼ぶ）があるからである。

4　**Case** では、甲土地および乙建物がAの遺産となっており、共同相続人BCD以外の第三者が共有持分を有することもない。また、Aには甲土地および乙建物以外の遺産も存在するだけでなく、Cには寄与分が、Dには特別受益が認められる可能性があるから、共同相続人は、遺産分割を求める利益がある。したがって、甲土地および乙建物については遺産分割手続で分割すべきであり、Bが提起した訴訟は適法ではない。

【After】

　改正後民法は、遺産共有にも原則として民法249条以下の物権法上の共有の規定が適用されることを前提に（民新898条2項→Case56）、改正後民法258条の2第1項が「共有物の全部又はその持分が相続財産に属する場合において、共同相続人間で当該共有物の全部又はその持分について遺産の分割をすべきときは、当該共有物又はその持分について前条の規定による分割をすることができない」という規律を置き、従来の判例の立場を明文化した。共同相続人の「遺産分割上の権利」に配慮したものである。

　Case は、遺産共有のみの分割を求めるものであり、「共有物の全部」「が相続財産に属する場合」（民新258条の2第1項）に該当する。そこで、改正後民法258条による共有物分割訴訟を求めることはできず、この点はAの相続開始後、10年が経過しても変わらない。これに対し、遺産共有持分と遺産共有持分以外の共有持分が併存する共有物に関しては、相続開始後10年を経過するときには共有物分割訴訟も認められることになる（→Case26）。

[稲村晃伸]

26
相続開始10年経過の特則

Case

　　甲土地は、AとBによる持分2分の1ずつの共有になっていたところ、Aが10年前に死亡した。Aの相続人は、Aの妻Cと子のDEだったが、現在まで遺産分割協議はされていない。Aの遺産は、甲土地の共有持分のほかに、Aと同居してきたCが現在も住んでいる乙建物と敷地の丙土地と預金がある。なお、Cは、Aの生前、Aを献身的に介護しており、寄与分が認められる可能性がある。また、Dは、Aから自宅の建設資金の贈与を受けていた。

　　Bは、CDEを被告として甲土地の共有物分割訴訟を管轄の地方裁判所に提起することで、Cらの持分を取得できるか。また、BがCらに支払う甲土地の持分の代償金は、どのような手続でCらに分配されるか。

【Before】

1　遺産共有状態にある共有物を分割するには、遺産分割手続によらなければならないのが原則だが、甲土地に遺産共有持分と通常の共有持分が併存している場合、通常の共有持分を有するBが共有物分割訴訟（民旧258条）を提起することも可能である（最判昭50・11・7民集29-10-1525）。共有物分割手続によって共同相続人に分与された部分は別途遺産分割が可能であり、共同相続人の「遺産分割上の権利」が害されることはないからである（→Case 25）。

　　もっとも、Bが共有物分割訴訟において全面的価格賠償の方法（最判平8・10・31民集50-9-2563）で他の共有者の持分を取得する場合、Aの相続人であるCDEには、遺産の総体について遺産分割を受ける権利があるから、共有物分割訴訟が提起された地方裁判所で、CDEが取得する代償金の取得割合を確定させるのは相当でない。そこで、判例は、各相続人は全面的価格賠償による分割を求めた共有者から支払われた代償金を保管し、後に遺産分割協議や家庭裁判所での調停で分割を行うべきだと判示した（最判平25・11・29民集67-8-1736）。したがって、Bは、CDEを被告として甲土地の共有物分割訴訟を提起すればよい。

2　Bから支払われた代償金は、Cらの遺産分割上の権利を保障する見地から、他の遺産とともに遺産分割協議または家庭裁判所における遺産分割調停・審判（民旧907条）

で分割することになる。その際には、Cの配偶者居住権（民1028条以下）や寄与分、Dの特別受益も考慮されることになる。

【After】
1　相続が開始してから長期間が経過すると、特別受益や寄与分を確定するための資料や証拠が散逸し、その認定が困難になる。そこで、相続が開始してから10年が経過した場合には、改正後民法は、遺産分割において特別受益や寄与分に関する規定は適用されないとした（民新904条の3→Case 57）。それを受けて共有物分割訴訟においても、「共有物の持分が相続財産に属する場合」すなわち、遺産共有と通常の共有が併存している場合について、相続開始から10年を経過したときは、その後に提起した共有物分割訴訟によって遺産共有持分を含む共有物について分割することができるとし（民新258条の2第2項本文）、一回的手続による遺産共有の解消も可能とした。ここでは、被相続人に他の遺産があっても対象となった共有物のみが分割され、遺産共有持分を有する各相続人の特別受益や寄与分は考慮されない。その結果、全面的価格賠償による分割を求めた共有者が支払う代償金は、法定相続分または指定相続分によって分割される（民新898条2項）。
　　したがって、Bは、CDEを被告として甲土地の共有物分割訴訟を提起すればよい。この場合、CDEが取得する代償金の額は共有物分割訴訟において確定する。
2　もっとも、相続開始から10年を経過しても遺産分割調停等を家庭裁判所に申し立てることはできるから、具体的相続分による分割はできなくても（なお、民新904条の3第2号）共同相続人の遺産分割を受ける利益を確保する必要がある。そこで、改正後民法は、相続開始から10年を経過した場合であっても、共有物のうち遺産共有持分について家庭裁判所に遺産分割の請求をし、かつ、共同相続人が共有物分割訴訟によって分割することについて異議を申し立てたときは、共有物分割訴訟での分割はできなくなるとした（民新258条の2第2項ただし書）。この異議は、共同相続人が、共有物分割訴訟が係属する裁判所から通知を受けた日から2か月以内に申し出なければならない（同条3項）。
　　Caseでは、Aの相続開始から10年が経過しているので、Aの遺産分割手続において、Cの寄与分やDの特別受益を考慮することはできない（なお、民新904条の3第2号）。しかし、Cが配偶者居住権を取得すれば、結果的にDやEが取得する代償金は法定相続分4分の1よりも増加する可能性がある。そこで、Cらは、Aの遺産分割調停を申し立てるとともに、共有物分割訴訟の訴状の受領後2か月以内に改正後民法258条の2第3項の異議を述べるべきであろう。

[稲村晃伸]

27
裁判手続

Case

　ＡＢＣの兄弟は、親から相続したＤ市にある甲土地を持分３分の１ずつ共有していたが、Ｃは３年前から行方不明で、その所在がわからなくなっている。Ａは資金が必要となり、甲土地を換金したいと考えている。
　Ａが甲土地を換金するには、どのような手続をとればよいか。

【Before】

　共有物を第三者に売却、すなわち、処分するには、「処分」が改正前民法251条の「変更」に当たることから、共有者全員の同意が必要である。したがって、甲土地につきＡらが第三者と売買契約を締結するには、Ｃを含めた共有者全員の同意が必要となる。しかし、共有者の１人の所在が不明であることから、Ｃの意向はわからない。

　そこで、Ａとしては、Ｃを被告として（Ｂを共同原告・共同被告のいずれにするかはＢの意向による）、甲土地の共有物分割訴訟（民旧258条）を提起することになる。所在のわからないＣについては、公示送達（民訴110条１項１号）を利用することが可能だが、競売による分割となるため、一般に甲土地の価額は減価され、Ａとしては十分な資金が得られない可能性がある。また、**Case**と異なり、数次相続等により甲土地の共有者が特定できない場合には、公示送達が利用できなくなる。

　さらに、Ａが甲土地を任意売却によって換金しようとすれば、Ｃについて不在者財産管理人（民25条）の選任を申し立て、ＡＢおよびＣの不在者財産管理人が協力して第三者に甲土地を売却することになる。ただ、この場合、Ａらの手続的負担が大きくなるだけでなく、不在者財産管理人の報酬も必要となり、使い勝手は必ずしもよくなかった。

【After】

1　改正後民法は、共有者の一部が不特定または所在不明の場合に不動産の共有関係を円滑に解消する観点から、共有者の一部が申立人、所在等不明共有者を名宛人、それ以外の共有者を当事者とも名宛人ともしない裁判により、所在等不明共有者の不動産の持分を他の共有者が取得できることとした（民新262条の２。その具体的手続は、非訟新87条）。

2　要件や手続は、下記(1)〜(4)のとおりである。

(1)　「共有者が他の共有者を知ることができず、又はその所在を知ることができない」ことが必要である（民新262条の2第1項）。他の共有者の氏名・名称等が不明であり、特定できない共有者のことを「不特定共有者」、他の共有者の住所・居所等が不明のため、その所在がわからない共有者を「所在不明共有者」といい、両者を合わせて「所在等不明共有者」という（同項かっこ書）。

(2)　所在等不明共有者の持分に関する分割請求事件が他に係属している場合には、その分割請求事件において共有者全員の関与の下で適切な分割をすべきである。そこで、①持分取得の裁判の請求があった所在等不明共有者の持分に係る不動産について、改正後民法258条1項の規定による共有物分割の請求または遺産分割の請求があり、かつ、②所在等不明共有者以外の共有者が持分取得の裁判の請求を受けた裁判所にその裁判をすることについて異議がある旨の届出をしたときは、裁判所は、所在等不明共有者の持分の取得の裁判をすることはできないとされている（民新262条の2第2項）。

(3)　本制度は、もともと所有者不明土地問題を解決するための制度だから、裁判の対象は、不動産の共有持分のほか、不動産の使用または収益をする権利の共有持分である（民新262条の2第1項・5項）。

(4)　申立人である共有者が所在等不明共有者の持分を取得すると、所在等不明共有者は、その持分に代えて持分の時価相当額の支払請求権（実際には、供託金の還付請求権）を取得する（民新262条の2第4項）。そこで、申立人は、裁判所の定める額の金銭を供託所に供託しなければならない（非訟新87条5項）。

3　複数の共有者（**Case**のAとB）が持分取得の裁判を請求したときは、その持分割合に応じて対象となる不動産の共有持分を按分して取得する（民新262条の2第1項後段）。

また、対象財産が共有持分であると需要が限定されるので、その時価が当該財産の所有権全部が対象となる場合に比較して減価修正されることがある（共有減価）。所在等不明共有者の持分の取得の裁判における時価相当額の支払請求権の額を算定する際にも、共有減価がされることが一般であるが、持分取得の裁判を請求した共有者が単独所有権を取得するケースでは、共有減価をする理由はないと解される（Q&A135頁注4）。

4　Aが所在等不明共有者の持分取得の裁判を請求したときはAがCの共有持分の全部を、AおよびBが請求したときは各人がCの共有持分の2分の1ずつを取得し、その後、2人で甲土地を第三者に売却すれば、甲土地を換金することができる。　　　　［稲村晃伸］

28
相続財産の特例

Case

　Aが死亡し、ＢＣＤの３人がＡの所有していた甲土地を共同で相続した。Ｂは甲土地に建物を建てようとしたが、Ｄが所在不明だったので、Ｄの持分の取得を裁判所に申し立てた。

【Before】

　持分取得の裁判制度は改正前民法に存在しなかったので、このようなＢの申立ては当然に認められなかった。

【After】

　改正後民法では、持分取得の裁判制度が設けられ、Ｂは共有不動産の所在等不明共有者（「共有者が他の共有者を知ることができず、又はその所在を知ることができないとき」の当該他の共有者）の持分の取得を求める裁判を申し立てることができる（民新262条の2第1項前段）。この制度を通じて所在等不明共有者の地位を失わせて共有物分割の手続進行を円滑にし、共有関係の解消を促進することが期待されている（Q&A124頁）。

　以上の趣旨は共有関係の発生の全部または一部が相続に起因する場面でも妥当し、所在等不明共有者の持分が相続財産に属する場合であっても持分取得制度を利用できるとすることが考えられる。実際、改正審議の当初には、遺産共有関係においても持分取得制度を当然に利用できるとする方向で提案がされた（部会資料31・11頁）。しかし、それでは、遺産共有中に相続人が他の相続人から持分を取得した場合、たとえば、Ｄの持分をＢが取得した場合に、ＢＣ間に従前の遺産共有関係と、ＢのＤ持分取得による物権法上の共有関係が併存することになり、その分割を行う際、Ｂの持分取得の以前は遺産分割手続によるとされていたのに、取得後にはＢがＤから取得した持分については共有物分割手続を利用することとなり、Ｃが遺産分割手続を利用できる地位が不利益に変更される、との指摘がされた（部会第14回会議議事録26〜27頁〔蓑毛良和、佐久間毅〕）。

　Ｃの遺産分割手続を利用できる地位ないし利益は、次のように考えられる。遺産分割手続（民907条）は、物権法上の共有物分割手続（民新258条）と異なり、①特定財産である甲土地に限らずＡの包括財産を対象とし、②特別受益の持戻し（民903条）と寄

与分の控除・加算（民904条の2）を経て算定された具体的相続分が基準とされ、「遺産に属する物又は権利の種類及び性質、各相続人の年齢、職業、心身の状態及び生活の状況その他一切の事情」（民906条）の考慮を通じて、共同相続人間の公平が図られる。したがって、相続人の地位を有する者には、遺産分割手続を経ることに法的な利益があり、その機会が保障される必要がある（Q&A126頁）。相続人の同意なくそのような機会が失われないようにするためには、持分取得の裁判に所在等不明共有者を除く全共有者の同意を必要とすることも考えられるが（部会資料31・11頁参照）、それでは遺産分割手続をすること自体との区別がつかなくなり、制度の存在意義は乏しくなる。

　そこで、改正後民法は、具体的相続分による遺産分割の時的限界（民新904条の3）をふまえ、所在等不明共有者の持分が相続財産に属する場合には、相続開始時から10年を経過しない限り、持分取得の裁判はできないとした（民新262条の2第3項）。ただし、たとえば、ＢＣＤ間が通常の共有関係だったが、Ｄが死亡し、その単独相続人Ｅが所在不明等共有者であるときや、Ｄの相続人が不存在であるときは、形式的には「所在等不明共有者の持分が相続財産に属する」場合に当たるが、遺産分割手続に配慮する必要がなく「共同相続人間で遺産の分割をすべき場合」には当たらないので、10年を経過する前であっても持分取得制度の利用は妨げられない（同項かっこ書。部会資料51・14頁）。10年の経過後には持分取得制度の利用が可能となり、これにより遺産共有関係解消の促進が期待される（参議院法務委員会会議録9号15頁〔小出邦夫法務省民事局長〕）。

　なお、具体的相続分による遺産分割の時的限界と平仄を合わせるのであれば、相続開始から10年の期間満了前6か月以内に遺産分割を請求することがやむを得ない事由によってできず、期間満了後もなお具体的相続分による遺産分割を請求することができる場合（民新904条の3ただし書・2号）には、その期間はなお持分取得制度の利用もできないとすることが一貫する。しかし、改正審議では、持分取得の裁判の安定性を強調するなら、相続開始から10年の経過後に裁判が行われ、その後にやむを得ない事由のあったことが判明したとしても当該裁判の効力に影響させるべきでないと主張された（部会第17回会議議事録54頁〔佐久間毅〕）。そのように、遺産分割請求をできないことにやむを得ない事由のある共有者がいても裁判の効力に影響させない場合、具体的相続分による相続の機会が保障されないことに価額償還による調整を行うか否かが問題となる。これを考えるためには、具体的相続分の法的性質を明らかにすることが課題となる（同56頁〔山田誠一〕）。この点につき、改正後民法は、やむを得ない事由がある共有者がいる場合も、一律に持分取得制度の利用をできない期間が延長されるとは規定しなかった。そのような共有者は、持分取得制度が利用されることに不服があるなら、遺産分割請求を行いつつ、持分取得の裁判に異議の申出をすることで、持分取得の裁判を妨げることができる（民新262条の2第2項）（部会資料51・14頁）。したがって、具体的相続分の法的性質が明らかにされることを前提とした規定は置かれなかった。　　　　　［吉原知志］

29
支払請求権

Case

　ＡＢＣの３人が甲土地を共有していた。Ａは甲土地に建物を建てようとしたが、Ｃが所在不明だったので、Ｃの持分の取得を裁判所に申し立てたところ、100万円を供託する命令が発せられ、Ａが同額を供託したので、ＡにＣの持分を取得させる裁判がされた。その後、Ｃは帰還したが、Ｃは自己の持分は180万円が適正価格であると考え、Ａに対して同額の支払を請求した。

【Before】

　持分取得の裁判制度は改正前民法に存在しなかったので、Ａの申立て、Ｃの支払請求とも当然に認められなかった。

【After】

　Ａは、所在等不明共有者（「共有者が他の共有者を知ることができず、又はその所在を知ることができないとき」の当該他の共有者）であるＣの持分の取得を求める裁判を申し立てることができる（民新262条の２第１項前段）。この裁判がされると、その効力として、所在等不明共有者であるＣの持分を申立人であるＡが承継取得し、ＣはＡに対して当該持分の時価相当額の支払請求権を取得する（同条４項）。支払請求権は裁判発効によるＡの持分取得時点で発生することから、時価の基準時は当該持分取得時点である。

　持分取得の裁判がされたＡとＣの関係は、売買契約が締結されたのと同様の法律関係とは説明されていない（Q&A134頁。「持分の売渡請求権等」と称する部会資料17・17頁を対比参照）。なぜなら、ＡとＣの間に目的物の品質等に関する合意は認定できないため担保責任の有無・範囲を定める基準がなく、また、品質等に関わるリスクは取得を希望するＡ自身で負担すべきであるので（Q&A135頁注１）、売買の構成は適合しないからである。しかし、売買の構成が採用されないのは以上のように担保責任を排除する趣旨にとどまり、Ｃに保障されるのが売買代金の実質を有する金銭的利益であることに変わりはなく、「時価相当額」が市場価格を基準とすることは間違いない（土地収用法における売買的構成の過度的意義と保障価値の理解の変遷について対比参照、芝池義一「ドイツにおける公法学的公用収用法理論の確立(1)～(3・完)」法学論叢92巻1号62頁・93巻2号21頁・

同4号40頁（1972～73）、角松生史「『古典的収用』における『公共性』の法的構造(1)・(2)」社会科学研究46巻6号1頁・47巻5号97頁（1995））。そこで、「時価」をどう算定するか、さらに、Cにいかに時価相当額の受領機会を保障するか、が問題となる。

「時価」は、個別の事案ごとに不動産鑑定士の評価書、固定資産税評価証明書、不動産業者の査定書などを資料として決まる（Q&A155頁）。Aの提供額に対してCに不服があれば、最終的にはAに対する時価相当額支払請求訴訟において裁判所が判断することになる。その際、いわゆる「共有減価」が考慮されるかが問題となる。共有減価とは、対象財産が共有持分であることによって、共有不動産の維持管理面での拘束や分割が適正にされないリスクが生じ、需要が限定され、単体所有権の価額の持分割合に応じた単純な按分額よりも市場価格が減価されて評価されることをいう（黒澤泰『共有不動産の鑑定評価〔新版〕』（プログレス・2022）115頁参照）。共有減価は、市場価格を適正に反映するために基本的には考慮される必要があるが、個別の事案に即して判断される。そのため、持分取得により単独所有となり共有が解消されるような場合には、共有減価を考慮する必要はない（Q&A135頁注4、156頁）。

さらに、Cに時価相当額の受領機会を保障する仕組みとして、供託命令の制度が定められた。裁判所は、持分取得の裁判をするためには、申立人に対して一定の期間内に裁判所が定める額の金銭を供託することを命じなければならず（非訟新87条5項）、この命令を申立人が遵守しない限り申立てを却下しなければならないとされる（同条8項。ただし、金銭納付という供託内容の性質上、第三者による供託も可能である。Q&A130頁）。持分取得の裁判の確定（同条9項）により、Cは供託金還付請求権を取得する。

供託の期間は裁判所が適当な一定の期間を定めることになるが、必要に応じてその伸長・短縮が可能である（非訟34条4項の準用する民訴96条1項）。供託命令に関わる裁判は、終局決定以外の裁判であって即時抗告に特別の規定を要するが（非訟79条参照）、改正後非訟法87条7項がこれに該当する。

供託命令制度の趣旨は、所在等不明供給者の損失の塡補を実効的に行うことにあるので、供託金の額は、持分取得対価の支払請求権の額と同じく、持分の「時価相当額に相当する額」とされる（Q&A155頁）。ただし、供託命令制度の趣旨は申立人の支払を確保することにとどまり、供託命令は非訟手続により供託額を決定する手続にすぎないので、所在等不明共有者の支払請求権の額を終局的に確定するものではない。そのため、供託命令に定められた供託額が支払請求権の時価相当額に不足することが事後的に判明したとしても、供託の効力は左右されず、持分移転の効力も否定されない。所在等不明共有者Cは、供託額が時価相当額に不足すると考えるのであれば、供託額の還付を受けつつ、その額と時価相当額との差額を持分取得共有者Aに対して訴訟手続を通じて請求することができる（Q&A158頁）。　　　　　　　　　　　　　　　　　　　　　　　　［吉原知志］

30
使用収益権

Case

Aは所有する甲土地をBCDの3人に賃貸していた。Bらは甲土地上に乙建物を建てて共有していた。その後、Bは乙を建て替えたいと考えたが、Dが所在不明だった。そこで、Dの甲土地の借地権の準共有持分と乙建物の持分の取得を求める裁判を起こした。しかし、Aは、Dとの個人的関係で甲土地を賃貸した経緯があり、Dが契約関係から離れるのは困ると考えている。

【Before】

　持分取得の裁判制度は改正前民法に存在しなかったので、このようなBの申立ては当然に認められなかった。

【After】

　所在等不明共有者の持分取得制度を定める改正後民法262条の2は、基本的に不動産所有権が数人の共有に属する場合を対象とする。しかし、同条5項は、「不動産の使用又は収益をする権利」が準共有されている場合にも同条各項を準用するとしており、**Case**でBらが準共有する借地権にも準用がある。したがって、Bの準共有持分取得請求は同条1項の準用により認められる。

　持分取得制度の適用範囲につき、改正審議の当初は、共有一般とするか、それとも不動産の共有に限定するかが審議された。すなわち、共有物の利用の円滑化を図る必要は動産等についても考えられるとして、客体の種類を限定しないことも一案として示されていた（部会資料17・20頁）。これに対し、株式の準共有にも及ぶとすると、同族会社の支配権争いに大きな影響が生じ、不動産を前提にした従前の議論の想定が変わると指摘された（部会第9回会議議事録49頁〔中田裕康〕）。以上の議論をふまえ、改正後民法262条の2は不動産に限定しつつ、その使用（収益）権まで含める形で規定された。

　持分取得の裁判制度は、所在等不明共有者の持分を他の共有者が取得することで共有物分割を円滑化することを趣旨とする。使用権の準共有が問題となる場面でも、確かに民法256条以下の準用により共有物分割手続を行うことは考えられるものの、所在等不明共有者がいるとしても、それで管理不全状態が発生しているのであれば、当事者が使

用権設定契約を解除・更改して対処すればよいとも考えられる。しかし、所在等不明共有者D以外の共有者であるＢＣが、地代をDの分も含めてＡに支払を続けていて、従前の借地権を維持することに利益を有していることも考えられ、改正後民法262条の2第5項はそのような場面にも持分取得の裁判制度の利用を認めるものと理解できる。

　賃借権である借地権を例にとり持分取得の裁判が求められる状況の問題点を考えると、**Case** ではＢがDの持分を取得することにより借地契約の当事者に変更が生じ、民法612条1項の借地権譲渡に対する賃貸人の承諾が必要であるようにも見える。しかし、準共有持分の取得者が従前準共有関係になかった第三者である場合にはそのように解されるが、従前準共有関係にあったＢが取得する限り、Ｂは第三者には当たらず、同項の譲渡には当たらないものとも解される（澤野順彦編『実務解説 借地借家法〔第3版〕』（青林書院・2020）252頁〔荒木新五〕、最判昭29・10・7民集8-10-1816、最判平13・7・10民集55-5-955参照。ただし、最判はいずれも共同相続人間の持分譲渡の事例）。この解釈によれば、Ｂは持分取得の裁判に加えてＡの承諾までは要せずに持分を取得することができる。Ｂの取得後は、従前の借地条件の下でＢＣを借地権者とする借地契約が継続する。これに対し、Ｂらの準共有関係の人的構成にＡが利害関係を有する場合には、持分取得者が従前の準共有者Ｂであることから直ちにＡの承諾が不要とはならないとも考えられる。その場合、Ａの承諾が得られなければ、無断賃借権譲渡としてＡの解除権行使が問題となるが、その際には、ＢＣからＤが所在等不明共有者であって、準共有者間で持分が移転されたにすぎないなど、背信性が存在しない特段の事情（最判昭28・9・25民集7-9-979など）を主張立証して反論することが考えられる。

　なお、借地上の建物と借地権が併せて譲渡される場合には、借地権設定者の承諾に代わる許可の裁判の制度が用意されており（借借19条1項）、これを利用することも考えられる。ただし、その場合には、同項の裁判の申立権者として規定されている「借地権者」が借地権の譲渡人である従前の借地権者を指すと解されていること（稲本洋之助ほか編『コンメンタール借地借家法〔第4版〕』（日本評論社・2019）147頁〔鎌野邦樹〕）が問題となる。この解釈を前提にすると、**Case** では譲渡人に当たる所在等不明共有者Ｄが申立権者となるが、Ｄによる申立ては期待し難い。さらに、譲受人であるＢが債権者代位権（民423条1項）を行使して譲渡人であるＤを代位して申立てを行うことも考えられるが、これを許すと譲受人に一般的に申立権を認めたのと変わらなくなり、また、譲渡の許否のみならず財産上の給付も併せて判断する事件処理の見地から申立権者を限定した条文の趣旨を逸脱するとして、否定に解する立場が一般的である（東京高決昭42・9・11判時492-59、東京地決昭43・9・2判タ227-208）。しかし、ここでは従前借地契約の当事者であったＢが当該契約の継続のために申立てを行うのであり、「借地権者」を広く解して、持分の取得者である準共有者の申立てを認める解釈も可能と思われる。[吉原知志]

31
裁判手続

Case

　ＡＢＣの兄弟は、各持分３分の１で甲土地を共同所有していた。Ｃは、数年前からその行方が不明で、現在もその生死すら不明である。ＡとＢは、かねてより甲土地を第三者に売却したいと思っていたが、甲土地の近所に住み、自ら進んで甲土地の管理をしてきたＣに遠慮して、売却の希望を言い出せずにいた。しかし、Ｃが消息を絶ってしまい、ＡとＢでは甲土地の管理が困難であるため自分たちの持分だけでも売りたいと思ったが、所在不明のＣがいることから、買い手が見つからない状態が続いた。ＡとＢは、しばらくは管理を行ったが、甲土地から遠方に居住している２人だけで管理を継続することは、費用面でも困難になってきたことから、なんとか甲土地の売却をしたいと考えている。

【Before】

　Case のＡとＢは、甲土地の売却を検討しているが、共有物全体の売却は処分行為であり、全員の同意がなければ実現できない。Ｃの消息が知れない Case において、ＡとＢが甲土地の管理を行わずに済む方法としては、①ＡとＢが、それぞれの持分を第三者に譲渡して共有関係から離脱するか、②Ｃのために不在者財産管理人の選任の申立てを行い、選任された不在者財産管理人の同意を得ることで共有物の譲渡を実現するか、あるいは、③共有物分割請求訴訟を提起し、Ｃの持分をＡＢが取得することで売却への道を開く、などの方法しかなかった。しかし、いずれの手段も時間や費用がかかる、事実上の実現が困難であるなどの問題があった。

【After】

１　これに対して、改正後民法は、Case のような場合において、所在等不明共有者の持分譲渡権限付与の制度を新設し（民新262条の３第１項）、複数名の共有に属する不動産について、共有者の中に所在等不明の者がいる場合には、当該他の共有者の請求により、裁判所が、その共有者に所在等不明共有者の持分を譲渡する権限を付与する旨の裁判を行うことができるものとされた。Case では、ＡもしくはＢが、裁判所に対してＣ

の持分を譲渡する権限を付与する決定を求める裁判の申立てを行い、所在不明であるC
との協議ができないことにより共有物に関する権利関係を変更することができない不便
を回避することができるようになった。ただし、この裁判の効力は、所在等不明共有者
以外の共有者の持分の全部が特定の共有者に譲渡されることを停止条件として生じると
されている。

2　裁判手続は、非訟手続によって行うものとされ、非訟法の改正も行われた（非訟新
88条）。まず、所在等不明共有者の持分譲渡の権限付与の裁判は、当該不動産を管轄す
る地方の裁判所に申し立てることとされている（非訟新88条1項）。権限付与の裁判の
申立てを受けた裁判所は、改正後非訟法88条2項による所在等不明共有者の持分取得
に関する裁判手続に関する一部条項（非訟新87条2項1号・2号・4号および5項〜10項）
の準用により、①所在等不明共有者の持分譲渡権限付与の裁判の申立てがあったこと、
②所在等不明共有者において申立てに対して異議があるときは、一定の期間内（3か月
を下回らない期間）に異議を届け出ること、③異議の届出がないときは、所在等不明共
有者の持分の権限譲渡付与の裁判がなされること、の3つの事項を公告しなければなら
ない。公告がなされた後、所在等不明共有者が持分譲渡の権限付与の裁判の申立てにつ
いて異議を届け出なかったときには、裁判所は、持分譲渡の権限を付与することになる。

持分譲渡の権限付与の裁判では、裁判所は、申立人に対して、一定の期間内に、所在
等不明共有者のために、裁判所が定める額の金銭を裁判所の指定する供託所に供託し、
かつ、その旨を届け出るべきことを命じなければならないものとされている（非訟新88
条2項・87条5項）。申立人が、これに従わなかったときには、裁判所は、申立人の申
立てを却下しなければならない（非訟新88条2項・87条8項）。

3　なお、前述のとおり、裁判所が、所在等不明共有者の持分譲渡の権限付与の決定を
出した場合であっても、直ちに所在等不明共有者の持分譲渡の権限付与の効果が生じる
のではなく、他の共有者の持分も特定の共有者に譲渡されることを停止条件として決定
の効力が生じる。たとえば、**Case**では、Bが、Aに自分の持分を譲渡することを停止
条件として、所在等不明共有者であるCの持分譲渡の権限が付与されることになる。

本制度に基づく持分譲渡の権限付与の決定は、2か月、共有物の譲渡が実施されなけ
れば、その効力が失われるものとされている。ただし、この「2箇月」という期間は、
裁判所が伸長することができるとされている（非訟新88条3項）。

4　**Case**の場合、AとBとの間で、Cの持分譲渡の権限付与の申立てを行うことを決
めた場合、申立てをし、裁判所の命令する金額を供託し、持分譲渡の権限付与の裁判を
得ることになる。ただし、ＡＢが2か月経過しても譲渡手続をしなかった場合には、そ
の効力が失われる。　　　　　　　　　　　　　　　　　　　　　　　［岩田真由美］

32
相続財産の特例

Case

甲土地は、Aが所有する土地であったが、Aは令和5年10月1日に死亡し、Aの子であるBCDが甲土地を相続した。Dは長い間、音信不通状態にあり、Bが住民票や戸籍の調査を行ってもその所在を確かめることはできなかった。そのため、遺産分割手続も行われていないが、BCは甲土地をEに売却したいと考えている。以下の場合、BはDの持分について改正後民法262条の3第1項に基づく持分譲渡の裁判を裁判所に対して求めることができるか。

(1) Bが令和10年10月10日に申し立てようとした場合
(2) Bが令和15年10月10日に申し立てようとした場合
(3) 仮にCがEへの売却に反対であった場合には、CはBが申し立てた手続において異議を述べることができるか。

【Before】

遺産共有状態（民旧898条）にある不動産を第三者に譲渡する場合には、相続人全員で行う必要がある。そこで、Dが所在不明であり譲渡の協力を求めることができない場合には、BCは自らの持分権を譲渡することができるのみであり、不動産そのものを譲渡することはできない。改正後民法262条の3が新設される以前の段階ではDの持分譲渡の裁判を裁判所に求めることもできなかった。

そのため、Case(1)(2)(3)のいずれについても、Bが裁判所にDの持分をEに譲渡することに関する裁判を求める申立てをすることは認められなかった。

【After】

改正後民法は、共有不動産の持分権者に所在等が不明の者が含まれる場合にも共有関係の解消や第三者への譲渡を可能とするために、他の共有者による所在等不明共有者の持分の取得（民新262条の2第1項）や第三者への所在等不明共有者の持分の譲渡（民新262条の3第1項）に関する制度を新設した（→ Case 27・31）。そして、これらの規定は遺産共有の事案にも適用されるが、遺産共有の場合には遺産分割手続が予定されてい

ることから特別の規律を定めている。すなわち、遺産共有状態にある不動産に関しては、相続開始の時から10年を経過していないときは、裁判所は所在等不明共有者の持分を他の共有者に取得させる旨の裁判をすることができないし（民新262条の2第3項→Case 28）、所在等不明共有者の持分を第三者に譲渡する権限を他の共有者に付与する旨の裁判をすることもできない（民新262条の3第2項）。相続財産について、新設されたこれらの規定を適用すると所在等不明共有者の持分が遺産分割の対象から除外されてしまうので、遺産分割手続を妨げることのないように一定期間はこれらの規定の適用を排除することとしたのである（Q&A128頁・142頁）。そして、その期間については改正後民法904条の3を参考に10年と規定されている。また、あくまで遺産分割手続との関係で設けられた規律であるので、相続財産であっても遺産共有状態とならない単独相続の場合や相続人不存在の場合にはこれらの規定の適用はない（民新262条の2第3項・262条の3第2項が、それぞれかっこ書で「共同相続人間で遺産の分割をすべき場合に限る。」と規定している）。

　Case (1)は、Aの死亡（相続開始）から未だ10年を経過していないので、改正後民法262条の3第1項に基づく持分譲渡の裁判をすることはできない。

　Case (2)は、Aの死亡（相続開始）からすでに10年を経過している。この場合は改正後民法262条の3第2項の反対解釈がなされるべきであり、裁判所は所在等不明共有者の持分を第三者に譲渡する権限を他の共有者に付与する旨の裁判をすることができる。

　Case (3)は、所在等不明共有者および申立共有者以外に別の共有者がいる場合に、その共有者が、裁判所による所在等不明共有者の持分を第三者に譲渡する権限を申立共有者に付与する旨の裁判を阻止し得るかという問題である。所在等不明共有者の持分を他の共有者に取得させる旨の裁判に関しては、共有物分割あるいは遺産分割の請求があった場合において所在等不明共有者以外の共有者が異議の届出をしたときは裁判所は持分を取得させる裁判をすることができないと規定されている（民新262条の2第2項）。これに対し、改正後民法262条の3には同種の規定がなく異議制度は用意されていない。しかし、持分の譲渡権限付与に関する裁判については、所在等不明共有者以外の共有者の全員が特定の者に対してその有する持分の全部を譲渡することを停止条件とすることとされている（民新262条の3第1項）。そこで、仮に他の共有者が譲渡に反対であれば譲渡が強行されることはなく、あえて異議制度を設ける必要はなかったものである。仮にBへの譲渡権限付与に関する裁判がなされても、Cは自己の持分をEには譲渡しないことで、Eへの譲渡を阻止することができる。　　　　　　　　　　　　　［高須順一］

33
支払請求権

Case

甲土地は、ＡＢＣが３分の１ずつの持分を有する共有土地である。Ａは甲土地をＤへ売却することを希望し、Ｂも賛成である。ところが、Ｃとは音信不通状態にあり、Ａが調査してもその所在を確かめることはできなかった。そこで、Ａは、改正後民法262条の３第１項に基づく持分譲渡の裁判の申立てをした。この裁判において100万円を供託する命令が発され、Ａが同額を供託したので、裁判所はＢもその持分をＤへ譲渡することを停止条件として、Ｃの持分のＤに譲渡する権限をＡに付与する旨の裁判（決定）をした。その後、実際にＤへの譲渡が実現している。

Ｃは帰還したが、Ｃは自己の持分は180万円が適正価格であると考え、Ａに対して同額の支払を請求したい。これは可能か。

【Before】

改正後民法262条の３第１項に基づく持分譲渡の裁判の申立てに相当する制度は、改正前民法では存在しなかった。したがって、Case について、Ａが譲渡権限付与の裁判を求めることはできず、Ｃの同意の限りＣの持分をＡがＤに譲渡することは不可能であった。持分譲渡に関する適正価格がＡＣ間で問題となることもなかった。

【After】

改正後民法は、共有者の申立てに基づき裁判所が所在等不明共有者の持分を第三者に譲渡する権限を申立共有者に付与する旨の裁判をするという制度を新設した（民新262条の３第１項）。この裁判の具体的な手続は非訟法に規定されているが基本的に同種の制度である所在等不明共有者の持分を他の共有者に取得させる旨の裁判手続の規定が準用される（非訟新88条２項→ Case 31）。その結果、申立人は一定の期間内に所在等不明共有者のために、裁判所が定める額の金銭を裁判所の指定する供託所に供託し、これを裁判所に届け出ることが必要となる（非訟新88条２項による同87条５項の準用）。申立人がこれに従わないときは申立ては却下される（非訟新88条２項による同87条８項の準用）。

一方で、改正後民法262条の３第３項は、所在等不明共有者の持分が譲渡された場合、

所在等不明共有者は、不動産の時価相当額を所在等不明共有者の持分に応じて按分して得た額の支払を譲渡をした共有者に対し請求することができると規定する。持分の譲渡を強制された所在等不明共有者の損失を補填するための請求権である。申立人が供託した供託金はこの支払請求権に充当されることになる。供託を必要としたのは、この支払請求権を確保するためである。しかしながら、裁判所が命じた供託金額が必ずしも改正後民法262条の3第3項により不動産の時価相当額から導き出される支払請求権の金額と一致するとは限らない（非訟新88条2項が準用する同87条6項が、事情変更による供託金額の変更を規定していることも参考となる）。裁判所が命じた供託金額は所在等不明共有者が譲渡共有者に対し請求しうる支払請求額を拘束するものではないと理解される（Q&A158頁）。その結果、所在等不明共有者は供託金の還付を受けた上で、改正後民法262条の3第1項に基づく譲渡権付与の請求をした共有者に対し、同条3項に基づき時価相当額との差額金額を請求しうることになる。

　Case では、Cが時価相当額を180万円と考えるのであれば、100万円の供託金の還付を受けつつ、譲渡権付与を請求した共有者であるAに対し残額80万円を支払うように求める訴訟を提起しうる。この訴訟において適正金額が裁判所により判断されることになる。

　なお、Aが負担する支払義務については、所在等不明共有者の持分を他の共有者に取得させる制度である改正後民法262条の2第4項が、「当該共有者が取得した持分の時価相当額」と規定しているのに対し、所有者不明共有者の持分の譲渡権限の付与の制度においては、「不動産の時価相当額を所在等不明共有者の持分に応じて按分して得た額」と規定されている（民新262条の3第3項）。これは持分取得の場合には請求共有者以外にも他の共有者が存在するような事案では、請求共有者の持分取得後も引き続き共有状態が継続するため、いわゆる共有減価を考える余地がある（→ Case29）のに対し、譲渡権限の付与では、共有物全体が譲渡されるため、その代金については共有減価を考慮する必要がないとの理解に基づくものである（Q&A156頁）。

　また、支払請求に関する訴訟によって裁判所の命じた供託額が支払請求権の時価相当額に不足することが明らかになったとしても、供託の効力は否定されることなく、所在等不明共有者の持分譲渡は引き続き有効とされる（Q&A159頁）。　　　　　　　　［髙須順一］

34
使用収益権

Case

　ＡＢは、Ｃが所有する甲土地を共同で賃借し、太陽光発電装置一式（以下「ソーラーパネル」という）を共同で購入の上、甲土地上に設置し、発電事業を行っていた。ところが、Ｂが突然、行方不明となり、Ａの調査にもかかわらず、その所在が不明となってしまった。Ａは単独で事業を継続することができないため、Ｄに事業を継承させることを考え、Ｃとの間の賃貸借契約上の賃借人たる地位とソーラーパネルをＤに譲渡することを企図した。

　⑴　このとき、Ａが、Ｃに対する賃貸借契約上の権利をＡＢが準共有しているとして、Ｂの持分に関する改正後民法262条の3による裁判を求めることは可能か。

　⑵　さらにＡＢが共有の上、甲土地上で使用していた建設機械（重機）についても同様に、改正後民法262条の3による裁判を求めることは可能か。

【Before】

　改正後民法262条の3に基づく持分譲渡の裁判の制度は、改正法によって新設された制度である。したがって、改正前民法においては、所在等不明共有者の不動産共有持分について他の共有者が持分譲渡の権限を取得するために裁判所に申し立てることはできなかった。**Case**⑴のような所有権以外の不動産を使用・収益する権利や、**Case**⑵のような共有動産についても、明文の規定を欠き持分譲渡権限の付与を求めることは認められなかった。

【After】

　改正後民法は、不動産の共有持分に関して、所在等不明共有者がいる場合にも当該不動産の第三者への譲渡を可能とするために262条の3を新設し、所在等不明共有者の持分の譲渡権限を他の共有者に付与するための裁判制度を新設した（→ Case 31）。所有者不明土地問題を引き起こしている原因の1つに、一部の共有者の所在等が不明となっていて遺産分割や共有物分割が困難となっている場合がある。そこで、そのような困難な状態を解決するための方策として、他の共有者が裁判所に申し立て、所在等不明共有

者の不動産共有持分の譲渡に関する権限の付与を受ける裁判を得て、第三者への不動産譲渡を可能とするという制度が設けられたのである（民新262条の3第1項）。

　ところで、複数の者が共同で不動産を使用し、収益を得る法的形態は所有権の共同所有に限られるわけではない。土地に地上権や賃借権を設定し、これらの権利を複数の者が準共有する場合もある。そして、これらの権利の準共有に関しても、たとえば、借地権付建物を複数の者で共有するような場合において、一部の権利者の所在等が不明なためにその物件の有効活用が阻害されているケースが想定される。そこで、改正後民法262条の3第4項は、所有権を除く不動産の使用または収益をする権利についても同条1項〜3項の規定を準用すると規定し、所在等不明準共有者の準共有持分について他の準共有者が持分譲渡の権限を裁判所に申し立て、その権限を取得することを可能としたのである。なお、持分権の譲渡権限の付与と類似の制度として、他の共有者の申立てによる所在等不明共有者の持分取得の裁判があり（民新262条の2第1項）、この制度においても所有権を除く不動産の使用または収益をする権利に対する規定の準用が定められている（同条5項→ Case 27）。

　よって、**Case**(1)では、AがBの持分に関して改正後民法262条の3による裁判を求めることは可能となる。

　これに対し、**Case**(2)で問題となる権利は、動産に関する共有持分である。改正後民法262条の3第4項が準用を認めるのは、あくまで不動産の使用または収益をする権利であるから、動産の共有持分に関してはこの持分譲渡権限付与の裁判を求めることはできない。したがって、**Case**(2)に関しては、Aは同条による裁判を求めることはできない。Aが建設機械（重機）について共有関係の解消を望むのであれば、自己の持分のみを第三者に譲渡するか、Bのための不在者の財産管理人の選任を家庭裁判所に対し請求した上で財産管理人とともに建設機械（重機）を共同で譲渡するか、あるいは共有物分割請求の裁判を求めるなどの方法を別途、とらなければならないことになると思料される。

[高須順一]

35
制度の趣旨と他制度との関係

Case

　Aが居住する自宅の隣地であるB所有の甲土地は、長らく管理が全くなされておらず、崖崩れの危険がある。以下の各場合において、Aは甲土地についてその所有者に対し適正な管理を求めたいがどのようにすればよいか。

　⑴　Bはこの2年ほど全く姿を見せず、調査をしたものの所在が判明しない。

　⑵　Bは1年前に死亡したが、法定相続人が全員相続を放棄したため、相続人が不存在である。

　⑶　Bは10年以上前に死亡し、その相続人は配偶者Cおよび子Dであるが、遺産分割がなされないまま、Dも死亡し、Dの相続人はEおよびFである。ところがCおよびEはいずれも行方不明となっており、遺産分割がなされる目処は立っていない。

　⑷　Bは株式会社であるが、登記を確認するとBは数年前に解散し、当時唯一の取締役であったCも死亡していることが判明した。

　⑸　甲土地の登記記録上、表題部所有者欄の記載は「Bほか〇名」となっており、全くその所有者を特定することができない。

【Before】

　土地所有者が行方不明や相続人の存否が不明であるなどの場合、その土地や建物の管理・処分は困難である。そこで、当該土地の取得を希望する者や適正な管理を求める者は、所有者の属性に応じて、不在者財産管理人（民25条1項）、相続財産管理人（民旧952条1項）、清算人（会478条2項）等による管理制度を利用することになる。

　Case⑴では、Aは、家庭裁判所に対し、Bについて不在者財産管理人の選任を求めることができる。**Case**⑵では、Aは、家庭裁判所に対し、Bの相続財産について相続財産管理人の選任を求めることができる。**Case**⑶では、Aは、家庭裁判所に対し、CおよびEについてそれぞれ不在者財産管理人の選任を求めることができる。**Case**⑷では、Aは、地方裁判所に対し、Bの清算人の選任を求めることができる。裁判所により選任された不在者財産管理人、相続財産管理人、清算人は、それぞれ不在者、相続財産、株

式会社が有する甲土地以外の財産についても調査し、管理する義務を負う。

　Case(5)では、所有者を特定することが不可能であり、対応を求める相手方がいないため、Aがとりうる手続はない。なお、歴史的経緯により表題部に所有者またはその所在が不明である場合において、登記官が探索を行ってもなお所有者を特定することができなかったときは、所有者等特定不能土地として登記がなされる（表題部所有者不明土地法14条・15条）。この場合、裁判所は、必要があると認めるときは利害関係人の申立てにより特定不能土地等管理者を選任することが可能である（同法19条）。特定不能土地等管理者が選任されたときは、Aは同管理者に対し適当な管理を求めることができる。

　以上のとおり、既存の不在者財産管理制度・相続財産管理制度・清算人制度等による管理の場合、管理人等は、当該不動産だけでなく、不在者等が有する他の財産も調査管理する必要がある。このため、管理期間は長期化しがちであり、管理費用等に充てるための予納金も高額となることが多い。また、土地が共有であり、そのうちの複数名が所在不明等である場合には、その不明者等ごとに管理人を選任する必要が生じる。

　このように、これらの制度は対象者の財産全般を管理する「人」単位の制度であることから、管理・処分を必要とする土地が特定の土地である場合には非効率になりがちである。また、所有者を全く特定することができない土地については、既存の各制度を利用することも不可能である。

【After】

　改正後民法は、利害関係人の利益にも配慮しながら所有者不明土地の円滑かつ適正な管理を実現するための新たな財産管理制度（所有者不明土地管理制度）を創設した（民新264条の2）。

　所有者不明土地管理命令による財産管理の対象は、特定の土地のみであって、既存の「人」単位の財産管理制度と異なり、「物」単位に特化した財産管理制度である。

　Caseについては、Aは、いずれの場合も、地方裁判所に対し、甲土地について所有者不明土地管理人の選任を求めることができる。

　なお、不動産の所有者について、すでに不在者財産管理人（民25条1項）や相続財産管理人（民新897条の2第1項）、相続財産清算人（民新952条）、法人の清算人（会478条2項）等が選任されている場合、通常、所有者不明土地管理人による管理の必要性は認められず、管理命令は発令されない。

　仮に、不在者財産管理人等の選任に気付かず、所有者不明土地管理人が選任された場合、対象不動産の管理処分権は所有者不明土地管理人に専属するため（民新264条の3第1項）、不在者財産管理人等が有していた対象不動産の管理処分権は失われる（Q&A221頁注2）。　　　　　　　　　　　　　　　　　　　　　　　　　［安部将規］

36
所有者不明土地管理命令の発令要件

Case

　Ａは、以下の状況にあるＢ名義の甲土地について所有者不明土地管理命令の発令を求めることができるか。

　⑴　Ａは、土地区画整理事業の必要から、甲土地を買い取ることを計画しているが、Ｂは長年所在が不明である。

　⑵　Ａは、甲土地の一部について 10 年以上自分の土地であると考えて自宅の敷地の一部として占有しているが、先日、甲土地は所在不明となっているＢが所有することが判明したため、時効取得による所有権移転を希望している。

【Before】

　改正前民法では、所有者不明土地管理制度はない。

　Case⑴では、Ａは、Ｂについて不在者財産管理制度を利用することができる（民 25 条 1 項）。

　不在者財産管理制度は、「従来の住所又は居所を去った者」がその財産の管理人を置かなかったときに、利害関係人または検察官が申立権を有する。不在者は必ずしも行方不明や所在不明である必要はない。また、利害関係人とは、不在者の財産が散逸・荒廃・滅失することによって「その財産についての自己の権利を直接又は間接に害されることになる者」を指し、具体的には、推定相続人、親族、不在者の債権者、保証人、連帯債権者、不在者の債務者などであり、単なる友人、隣人は含まれないとされる（新注釈（1）590 頁〔岡孝〕）。公共事業のために不在者の所有する土地を取得しようとする国や地方公共団体は、土地収用の手続等によりいずれにせよ強制的にその取得をすることができるから、利害関係人に当たるが、特定の土地の買取りを希望する民間事業者については、個別の事案に応じて判断される。また、地方公共団体の長等は、土地の適切な管理のために特に必要があると認めるときも、申立てが可能である（旧所有者不明土地特措法 38 条）。不在者財産管理人の選任の申立てにあたっては、不在を証明する資料として、通常、不在者宛返送郵便物、捜索願受理証明書、不在者の親族による陳述書などが必要であるとされる（新注釈（1）589 頁〔岡孝〕）。

Case(2)では、Aは、Bに対し時効取得による所有権移転登記を求めて訴訟を提起し、公示送達（民訴110条）によりBに対し訴状を送達することが考えられる。

【After】

改正後民法の所有者不明土地管理命令は、①「所有者を知ることができず、又はその所在を知ることができない」場合において、②「必要があると認めるとき」に、③利害関係人の請求により、裁判所により発令される（民新264条の2第1項）。

①「所有者不明等要件」は、必要な調査を尽くしても所有者の特定ができない、または所有者の所在が不明であることである。要件該当性は、裁判所が個別の事案に応じて適切に判断する。**Case**(1)の場合、Bが自然人である場合には、登記簿、住民票上の住所、戸籍等の調査、Bが法人である場合には、法人登記簿上の主たる事務所の存否のほか、代表者の法人登記簿上・住民票上の住所等の調査が通常必要とされる（Q&A168頁）。

②「必要性」は、管理状況等に照らし、管理人による管理の必要かつ相当であることである。たとえば、所有者不明土地を誰も管理していないときが該当する（Q&A169頁）。

③「申立権者」は、所有者不明土地の管理について利害関係を有する者である。所有者不明土地を適切に管理するという制度趣旨に照らして判断されることから、不在者の財産全般を管理しうる不在者財産管理人選任の場合の申立権者とは、その範囲は必ずしも一致しない（部会資料43・3頁）。一般論としては、その土地が適切に管理されないために不利益を被るおそれのある隣接地所有者、土地の共有者の一部が不特定または所在不明である場合の他の共有者、その土地を取得してより適切な管理をしようとする公共事業の実施者、土地の所有権の移転登記を求める権利を有する者などが当たる。民間の購入希望者についても、その購入計画に具体性があり、土地の利用に利害があるケースなどは利害関係人に当たりうる（Q&A172頁）。

Case(1)では、Aは、公共事業の実施者である場合や具体的な計画の実施者である場合には、利害関係人に当たる。なお、民法上の利害関係人に当たらない場合であっても、地方公共団体の長等は、雑草が生い茂り近隣の土地に被害を及ぼすおそれがあり、その伐採が必要な場合など、その適切な管理のため特に必要があると認めるときは申立てが可能である（新所有者不明土地特措法42条2項）。

Case(2)では、Aは、時効取得が認められれば、甲土地の所有権の移転登記を求めることができ、これにより土地の所有者不明状態は解消される。また、所有者不明土地管理人は、土地所有者の管理処分権の行使として、土地所有権の移転登記を申請する権限も有する。したがって、Aは利害関係人に当たる。ただし、Bが所在不明であって所有者不明土地管理命令の要件を充たすときは、通常公示送達の要件も充たすと考えられることから、あえて予納金の負担等が必要となる所有者不明土地管理人の選任を求める必要性は低く、公示送達を前提にBに対し訴訟を提起すれば足りよう。　　　　　　［安部将規］

37
所有者不明土地管理人の権限等①──競合する譲渡の優先関係

Case

不在者Ａの有する甲土地につき、管理が必要となったことから、管理人Ｂが選任された。管理人Ｂは、裁判所の許可を得て、甲土地を第三者Ｃに売却したが、管理人Ｂ選任後に、不在者Ａが甲土地を第三者Ｄに売却していたことが判明した。ＡＤ間の売買契約は有効か。また、ＣとＤの優先関係はどうなるか。

【Before】

不在者の財産を管理する必要がある場合には、不在者財産管理人の選任が認められており（民25条1項）、不在者財産管理人は不在者の有する財産を管理する権限を有し、売却処分など、民法103条に規定する権限を超える行為を必要とするときは、家庭裁判所の許可を得て、その行為をすることができる（民28条）。

不在者財産管理人は、不在者の一種の法定代理人とされており、不在者本人の権利能力や行為能力が制限されることはないものと解されている（谷口知平＝石田喜久夫編『新版注釈民法(1)』（有斐閣・2002）449～450頁〔田山輝明〕）。そのため、不在者によって行われた売買契約は有効である。

したがって、不在者Ａの有する甲土地につき、不在者財産管理人Ｂが選任される前であればもちろん、後であっても、不在者Ａ本人が同土地を第三者Ｄに売却した場合には、ＡＤ間の同売買契約は有効である。

この場合、二重譲渡の状態が生じることから、ＣとＤとの優先関係は対抗要件である登記の先後で決せられることになる。

改正前には所有者不明土地管理人は存在しなかったので、甲土地のみの管理はできなかった。

【After】

不在者財産管理人に関する上記規律は、改正後も同様である。以下では、改正により新設された所有者不明土地管理人についてのみ説明する。

改正後民法では、新たな財産管理制度の1つとして、所有者不明土地管理制度が設け

られた（民新 264 条の 2）。

　同制度では、所有者不明土地管理人による職務の円滑な遂行を可能とする観点からは、管理処分権を管理人に集中させることが望ましく、また、所在等が不明な所有者が土地等について自ら管理処分権を行使することは実際には考え難いことから、対象土地等の管理および処分の権限を管理人に専属させることとしている（民新 264 条の 3 第 1 項）（Q&A174 頁以下）。

　選任前に行われた A の処分の効力は管理人への処分権限の移行には影響されないが、C と D に対する処分は二重譲渡関係となり、C と D との優先関係は対抗要件である登記の先後で決せられる。これも改正前と同様である。

　他方、所在不明所有者 A の有する甲土地につき、所有者不明土地管理人 B が選任された後は、A 本人が同土地を第三者 D に売却しても、AD 間の同売買契約は無効である。

　したがって、この場合、登記の先後にかかわらず、C の保護が D より優先される。

　一方、土地所有者から土地を購入しようとする者は、通常、当該土地の登記記録を確認するところ、所有者不明土地管理命令が発令された場合には、対象土地について所有者不明土地管理命令の登記の嘱託がなされ、この旨公示される（非訟新 90 条 6 項）。第三者 D としては、甲土地購入前に登記記録を確認することにより所有者不明土地管理人選任の有無を確認することができ、所在不明土地所有者・第三者 D 間の取引安全に一定の配慮が図られている。

　また、所在不明土地所有者については、申立てにより、管理命令の取消しをすることによって（非訟新 90 条 11 項）、対象土地の処分を可能とすることにより、その管理処分権の保護が図られている。　　　　　　　　　　　　　　　　　　　　　　　　　　［平井信二］

38

所有者不明土地管理人の権限等② ——裁判所の許可が必要な行為、許可を得ずに行った行為の効力、管理人の費用および報酬

Case

　(1)　不在者の有する動産につき、不在者財産管理人Aは、管理の費用および手間をふまえて売却を行うにあたり、売却金額が10万円と高額ともいえなかったことから、裁判所の許可は不要なものと誤信して、同許可を得ることなく、第三者Bに対し売却した。同売買契約は有効か。所在不明所有者の土地上に残置された同人所有の動産につき、所有者不明土地管理人Aが、裁判所の許可を得ることなく第三者Bに売却した場合はどうか。

　(2)　管理人の費用および報酬の規律はどうなっているか。

【Before】

　(1)　不在者財産管理人は、裁判所の選任する一種の法定代理人であり、権限の定めのない代理人は、①保存行為および②性質を変えない範囲内における利用または改良行為の権限のみを有するのが原則である（民103条）。もっとも、財産管理のため、同権限を超える行為を必要とする場合に対応できるよう、家庭裁判所の許可を得れば、上記権限を超える行為が可能とされている（民28条）。たとえば、不在者が相続人である場合における遺産分割協議や相続放棄または承認、売却処分等が権限外行為の例として挙げられている（大阪財産管理研究会編著『家庭裁判所の財産管理実務』（大阪弁護士協同組合・2022）245〜246頁）。なお、破産管財人による破産財団に属する財産の処分にあたっては、100万円以下の動産の任意売却については、裁判所の許可は不要とされているが（破78条2項7号・3項1号、破規25条）、不在者財産管理制度では原則として処分行為は予定されていないため、100万円以下であっても家庭裁判所の許可が必要とされている（もっとも、1万円以下といったごく低額の換価処分については、運用上、家庭裁判所の許可が不要とされることがある）。

　不在者財産管理制度においては不在者本人の権限は制約されないことを前提として、管理人が裁判所の許可を得ずにその権限を超える行為をしたときは、本人に対してその効力は生じないものと解され（民113条1項）、取引の相手方を含む第三者が管理人に同権限があると信ずべき正当な理由があるときは、表見代理の規定（民110条）が適用されることなどによって保護される場合があると解されている（部会資料33・10頁）。

したがって、不在者財産管理人Ａが、家庭裁判所の許可なく、不在者の有する動産を売却処分した場合、無権代理人が本人所有動産を売却した場合と同様、原則として不在者に効果帰属しないが、売却につき管理人Ａが家庭裁判所の許可を得ているものと買主が善意・無過失で信じたときなどには、不在者に効果帰属が認められる場合もあろう（なお、法定代理につき民法 110 条の表見代理が成立するかについては、四宮和夫＝能見善久『民法総則〔第 9 版〕』（弘文堂・2018）392 頁以下参照）。

　(2)　不在者財産管理人の報酬については、家庭裁判所の審判により、不在者の財産の中から、相当な額を与えることができるとされ（民 29 条 2 項、家事 39 条・別表第 1・55）、管理人が支出した費用については費用償還請求権が認められている（民 650 条、家事 146 条 6 項）。これに対し、費用の前払請求権（民 649 条）については、家事法 146 条 6 項で準用されていないので留意されたい。

【After】

　(1)　所有者不明土地管理人は、不在者財産管理人と同様、①保存行為および②性質を変えない範囲内における利用または改良行為の権限のみ有するのが原則である（民新 264 条の 3 第 2 項 1 号・2 号）。もっとも、財産管理のため、地方裁判所の許可を得て、上記権限を超える行為が可能とされている（同項本文）。

　管理人が裁判所の許可を得ずにその権限を超える行為をしたときは、所在不明所有者に対して効力を生じないものと解される（Q&A175 頁）。もっとも、取引の安全を図る観点から、許可がないことをもって善意の第三者（取引の相手方を含む）に対抗することはできないとされている（同頁）。不在者財産管理人とは、第三者に無過失を要求するか否かの違いがある。

　したがって、所有者不明土地管理人Ａが、地方裁判所の許可なく、所在不明所有者の有する土地上に残置された同人所有の動産（同動産に管理人の権限が及ぶことにつき、民新 264 条の 2 第 2 項・264 条の 3 第 1 項）を売却処分した場合、原則として所在不明所有者に効果帰属しないが、売却につき地方裁判所の許可を得ていないとは知らなかった買主には、地方裁判所の許可がなかったことをもって売却処分の無効を主張できないこととなる。この場合、その背後にいる所在不明所有者も無効を主張できないことになると解される（部会資料 43・6 頁）。

　(2)　所有者不明土地管理人は、管理命令の対象土地または共有持分および管理命令の効力が及ぶ動産ならびにその管理、処分その他の事由により当該管理人が得た財産（以下「所有者不明土地等」という）から、地方裁判所が定める額の費用の前払および報酬を受けることができる（民新 264 条の 7 第 1 項）。また、管理に必要な費用および報酬は所有者の負担とするとされており（同条 2 項）、所有者不明土地等だけでなく所有者の一般財産が引当てとされている。

［平井信二］

39
所有者不明土地管理人の権限等③──共有持分について

Case

　被相続人Ａが亡くなった後、遺産分割協議を行ったところ、相続財産のうち空き家となった自宅甲土地および乙建物については、思い出のある生家であると言って、長女Ｂが反対したこともあり、売却処分につき相続人間で合意に至らなかったことから、一旦、法定相続分どおり、相続人ＢＣＤおよびＥ各４分の１ずつの共有とした。その後、長年経過し、建物の老朽化が進み、Ｃとしてはいよいよ両不動産を売却して処分したいと考えており、Ｂも処分やむなしと考えるに至った。

　(1)　しかしながら、現在、ＤＥともに所在不明となり連絡が取れないがどうすればよいか。

　(2)　遺産分割未了の場合はどうか。

【Before】

　(1)　共有物の処分は、共有者全員の同意を要する。その根拠につき、改正前民法251条の「変更」に該当するとの見解と全員の持分権の処分に当たるから当然とする見解とがある（川島武宜＝川井健編『新版注釈民法(7)』（有斐閣・2007）452～453頁〔川井〕）。いずれにしても、甲乙の処分には、全員の同意が必要である。

　Ｃは、利害関係人として、ＤおよびＥの各財産を管理する不在者財産管理人の選任を家庭裁判所に申し立てることができる（民25条1項）。しかし、複数の不在者のために同一の管理人を選任するかどうかは家庭裁判所の判断に委ねられるものの、利益相反とならないように、別の管理人を選任する取扱いが多い。このため、結果的に、予納金が高くなるとの問題があった（Q&A182～183頁）。

　そのため、Ｃは、ＤとＥの不在者財産管理人双方から、甲と乙の売却への同意を得て、両不動産を売却処分することになる。その場合、さらに、不在者財産管理人が売却について同意するには、家庭裁判所の許可が必要となる（民28条）。

　(2)　遺産分割未了の場合、相続財産である甲乙は、相続人らの共有に属する（民旧898条）。そして、遺産分割協議は、相続人全員で行う必要があるから、甲乙を売却するには、ＤＥそれぞれに不在者財産管理人を選任の上、ＢＣが両者と遺産分割協議を行う

必要がある。さらに、不在者財産管理人の遺産共有持分処分には家庭裁判所の許可を要する（民 28 条）。

【After】

　改正後民法では、新たな財産管理制度の１つとして、所有者不明土地（建物）管理制度が設けられた。同制度では、従来の不在者財産管理人のように不在者の財産全般ではなく、不在者の有する個々の土地、建物または共有持分を管理の対象とすることにより、管理事務の効率化および予納金の低廉化が図られた（「人単位」でなく「物単位」での管理）。

　同制度では、複数の共有者が所在不明である場合、複数の管理人の選任を要せず、複数の不明共有者の共有持分の総体を対象として１人の所有者不明土地（建物）管理人を選任することが可能である（民新 264 条の 5 第 2 項）。この場合、所有者不明土地（建物）管理人が不明共有持分を一括して第三者に譲渡したとしても、不明共有者間に不公平が生ずるものではないから、直ちに誠実公平義務に反するものではない（Q&A182 頁）。

　(1)　Ｃは、利害関係人として、ＤおよびＥの各共有持分を管理する所有者不明土地管理人および所有者不明建物管理人の選任を地方裁判所に申し立てることができる（民新 264 条の 2 第 1 項・264 条の 8 第 1 項）。

　したがって、同制度を利用すれば、Ｃは、ＤおよびＥの各共有持分に関し選任された所有者不明土地管理人および所有者不明建物管理人（なお、裁判所の判断に委ねられるものの、土地と建物の所有者が同じであれば、利益相反なく、合理的かつ円滑な管理の観点から、同一の管理人を選任するのが適切な場合が多いと言及されていることにつき、部会資料 56・19 頁）から、甲乙の売却についての同意を得ることができれば、両不動産を売却処分することができる。この場合、不在者財産管理人選任を申し立てた場合に比較して、予納金の低廉化が期待できる。なお、所有者不明土地管理人および所有者不明建物管理人が、売却についての同意を行うには、地方裁判所の許可が必要となる（民新 264 条の 3 第 2 項・264 条の 8 第 5 項）。

　(2)　遺産分割未了の場合、甲乙を売却するには、遺産分割協議を行う必要があるが、所有者不明土地（建物）管理人は、相続人としての地位を有せず、遺産分割の当事者となることができない。したがって、ＤＥそれぞれの不在者財産管理人を選任の上、ＢＣは両者と遺産分割協議を行う必要がある（Q&A182〜183 頁）。

　なお、共有物の変更につき、共有者が他の共有者の所在等を知ることができないときは、裁判所は、共有者の請求により、所在不明等の共有者以外の他の共有者の同意を得て共有物に変更を加えることができる旨の裁判をすることができるとの新たな規律が設けられたが（民新 251 条 2 項）、共有不動産の処分については同裁判の対象とならないと解されていることに留意されたい（Q&A73 頁・76 頁→ Case 14）。　　　　　　　［平井信二］

40
所有者不明土地管理人の権限等④──所有者不明土地等に関する訴えの取扱い、債務の弁済

Case

(1) A所有の甲土地について、Bは所有者不明土地管理人に選任された。甲土地上にCが所有する動産があり、管理の妨げとなっている。Bは、Cに対し動産の撤去を求め、妨害排除請求訴訟を提起することができるか。

(2) 甲土地の所有者Aは死亡したが、Aには相続人がなく、関係者の申立てにより甲土地の所有者不明土地管理人にBが選任された。Aは、生前、Cとの間で甲土地について売買契約を締結したが、Aは所有権移転の条件が満たされていないとして所有権移転登記および引渡しを拒んだため、Cは、Aに対し、所有権移転登記および甲土地の引渡しを求め訴訟を提起し、訴訟が係属中であった。Bが所有者不明土地管理人に選任されたことにより、訴訟はどのようになるか。

(3) 甲土地の所有者Aは行方不明となっており、甲土地の固定資産税は近年滞納の状態にある。甲土地の所有者不明土地管理人に選任されたBは、甲土地の固定資産税を支払う義務があるか。

【Before】

改正前民法では、所有者不明土地管理制度はない。

Case(1)において、Bが不在者財産管理人である場合、裁判所の許可（民28条）を得て、Cに対し訴訟を提起することができる。

Case(2)において、Bが改正前民法952条1項により選任される相続財産管理人である場合、Aの死亡により訴訟は中断するが、Bは、相続財産管理人として訴訟を受継する義務がある（民訴124条1項1号）。また、この場合、相続財産管理人は、自ら訴訟を提起する場合と異なり、裁判所の許可がなくとも訴訟を行うことができる（最判昭47・7・6民集26-6-1133）。

Case(3)において、BがAの不在者財産管理人である場合、BはAの全ての財産を管理する立場にあり、甲土地の管理だけでなく、固定資産税等Aが支払義務を負う債務について弁済する義務を負う。

【After】

　改正後民法の所有者不明土地管理命令（民新264条の2）が発令された場合、対象財産の管理処分権は管理人に専属するため（民新264条の3）、当該所有者不明土地等に関する訴えについては、所有者不明土地管理人が原告または被告となる（民新264条の4）。

　したがって、所有者不明土地管理人は、当該所有者不明土地に関して訴訟の必要があるときは、裁判所の許可（民新264条の3第2項）を得て訴訟を提起することができる。また、第三者が所有者不明土地に関し訴えを提起したときは、当該所有者不明土地管理人が被告となって応訴することになる。

　Case(1)では、Bは、裁判所の許可を得てCに対する訴訟を提起することが可能である。

　所有者不明土地管理命令が発せられたときは、当該所有者不明土地等に関する訴訟手続で当該所有者不明土地等の所有者を当事者とするものは中断し（民訴新125条1項前段）、この場合、所有者不明土地管理人が訴訟手続を受継することができる（同項後段）。所有者不明土地管理人は、土地所有者本人とは異なる地位を有するものであるため、受継義務までは課されていない（Q&A180頁注2）。ただし、訴訟の相手方による受継申立て（民訴126条）や裁判所による続行命令（民訴129条）により所有者不明土地管理人が訴訟を継続する必要が生じることがある。

　Case(2)では、BまたはCによる受継申立て、裁判所による続行命令によって、訴訟の進行は再開する。

　所有者不明土地管理人は、土地を管理するものであり、固定資産税を含め、土地所有者の債務は管理対象ではない。したがって、土地所有者の債務の弁済はその職務の内容に当然には含まれない（Q&A177頁注3）。したがって、不動産取得のためのものであっても借入債務を返済し、あるいは、固定資産税を弁済する義務を負うことはない。

　ただし、対象不動産に抵当権が設定されている場合であって、売却にあたって抵当権を抹消したり、公租公課の滞納による滞納処分による差押えの解除を受ける必要があるときなど、債務の弁済をすることが管理上相当であると判断されるときは、裁判所の許可を得た上で（民新264条の3第2項）、被担保債権や被保全債権を弁済することが考えられる。

　Case(3)では、Bは原則として固定資産税を支払う義務はなく、また支払うことはできない。ただし、当該固定資産税を被保全債権とする滞納処分による差押えがなされている等の場合において、当該土地を売却するときは、裁判所の許可を得て固定資産税を支払うことも可能である。　　　　　　　　　　　　　　　　　　　　　　　　　　[安部将規]

41
善管注意義務、解任、辞任

Case

　宅地（更地）である甲土地は、その所有者Aの所在が不明であり、裁判所から選任された管理人Bが管理していた。ある時、何者かにより廃油の入ったドラム缶が多数持ち込まれ、そこから漏れ出した廃油により、甲土地およびC所有の隣地に深刻な土壌汚染が生じていることが判明した。

　(1)　Bは、誰にどのような責任を負うか。

　(2)　裁判所は、職権で管理人Bを解任することができるか。

　(3)　Bは、責任を感じ、管理人を辞任したいと考えた。辞任は可能か。

【Before】

　Bは、家庭裁判所に選任された不在者財産管理人であるものと考えられる。

　(1)ⓐ　裁判所に選任された不在者財産管理人は不在者の法定代理人とされ、法定委任関係の成立を前提に、善管注意義務（民644条）等の委任の規定（民646条・647条・650条）が準用される（家事146条6項）。管理人は対象財産の保存行為等をする権限を有しているところ（民28条）、適切な権限行使を怠った場合には不在者に対する善管注意義務違反となり、それにより対象財産に生じた損害の賠償義務を負う（民415条）。

　Case において、たとえば、何者かが甲土地に有害な廃棄物を投棄する可能性をBが具体的に予見していたにもかかわらず何らの対応もとらなかったという事情がある場合、あるいは、ドラム缶が甲土地に持ち込まれた旨の通報を受けたBが直ちに対応していれば深刻な土壌汚染を防止できたにもかかわらずBが対応を怠っていたという事情がある場合等は、Bに善管注意義務違反が認められよう。この場合、Bは義務違反行為によって甲土地に生じた損害（土壌汚染の除去費用相当額ないし土壌汚染による土地価額の下落額）をAに賠償する義務を負う。

　ⓑ　管理人は、過失により第三者に損害を与え不法行為の要件を充たす場合には、第三者に対し、民法709条に基づく損害賠償義務を負うものと解される。

　Case において、たとえば上記ⓐのような事情があり、隣地の汚染の結果も予見可能であった場合は、Bに過失による違法行為が認められ、これによって生じた損害をCに賠償する義務を負う。

（2）　裁判所に選任された不在者財産管理人につき、裁判所は、いつでも改任（現管理人の解任および新たな管理人の選任）をすることができる（家事146条1項）。なお、利害関係人等に解任の申立権は認められず、また、改任の審判に対する不服申立てはできない。

したがって **Case** において裁判所は、Bが管理人として不適切であると考えるときは職権でいつでもBを解任して新管理人を選任することができる。

（3）　不在者財産管理人の辞任について法律の規定は存在せず、財産の適切な管理の観点から辞任は許されないものと解されている。したがって、辞任を希望するBとしては、裁判所に対し、改任の職権発動を促すための活動をなしうるにとどまる。

【After】

Bが不在者財産管理人である場合は、【Before】で述べたとおりである。Bが、地方裁判所に選任された所有者不明土地管理人である場合は以下のとおりである。

（1）ⓐ　所有者不明土地管理人は、所在不明等の所有者のために、善良な管理者の注意をもってその権限を行使する義務を負う（民新264条の5第1項）。所有者不明土地管理人は所有者の法定代理人ではなく委任の規定は準用されないが、土地の管理を職務とし、当該職務は善良な管理者の注意をもって行うべきことから、同義務が定められた。

所有者不明土地管理人は管理対象財産の保存行為等をする権限を有しているところ（民新264条の3第2項）、適切な権限行使を怠った場合には善管注意義務違反となり、それによって対象財産に生じた損害を賠償する義務を負うものと解される（民415条）。

Case において、たとえば【Before】と同様の事情がある場合は、Bに善管注意義務違反が認められ、Bは同様の損害をAに賠償する義務を負う。

ⓑ　所有者不明土地管理人も、過失により第三者に損害を与え、不法行為の要件を充たす場合には、第三者に対し民法709条に基づく損害賠償義務を負うものと解される。

Case において、BがCに賠償義務を負うのは、【Before】の場合と同様である。

（2）　所有者不明土地管理人については、特定の財産のみの管理を前提とする他制度における管理人（民1019条1項、信託70条・58条4項等）と同様、裁判所が職権で管理人を解任する制度は存在せず、裁判所は、管理人がその任務に違反して所有者不明土地等に著しい損害を与えたことその他重要な事由があるときに、利害関係人の請求により管理人を解任することができるにとどまる（民新264条の6第1項）。なお、解任の請求についての裁判には理由を付さなければならず（非訟新90条5項3号）、解任する旨の裁判は利害関係人による即時抗告の対象になる（同条14項2号）。**Case** において裁判所はCなどの請求がなされ、解任要件を充たす場合にのみBを解任しうる。

（3）　所有者不明土地管理人は、正当な事由があるときは、裁判所の許可を得て、辞任することができる（民新264条の6第2項）。**Case** においてBは、正当事由があるとして裁判所の許可を得られれば、管理人を辞任できる。　　　　　　　　　［赫　高規］

42
誠実公平義務、管理命令の取消し

Case

　更地である乙土地はＡＢＣの共有であるが、ＢＣの所在は不明である。な
お、乙土地はＡ単独所有の丙土地とＢ単独所有の丁土地に隣接している。Ａ
は、ＢとＣの各共有持分を裁判所から選任された管理人の管理下に置くべく
所定の手続をとった上で、乙土地につき共有物分割訴訟を提起し、乙土地の
うち丙土地に接する付近の部分をＡに分割（現物分割）するよう請求した。
　1　管理人は、訴訟でいかなる主張をすべきか。いかなる判決が予想されるか。
　2　次の事情がある場合に、管理人は管理手続を終了させることができるか。
　　⑴　訴訟の係属中にＢとＣがすでに死亡していることが判明した場合
　　⑵　訴訟の結果、乙土地の相当な一部がＡへ分割され、それ以外の部分は
　ＢとＣの共有となり（一部分割）、その旨の登記手続も完了した場合

【Before】

1　Ａは、共有物分割手続を行うため、ＢとＣにつき不在者財産管理人の選任を申し立
て、家庭裁判所は、それぞれにつき別人の管理人（ＤＥとする）を選任するであろう。

　訴訟においてＡの請求する現物分割は相当な範囲で認容されることになろう。そのこ
とを前提に、Ｄとしては、Ａに分割される部分以外の乙土地につきＢとＣの共有とする
（一部分割）方針をとってもよいが、Ｂ所有財産全般の管理者として、乙土地の丁土地
に接する付近の部分と丁土地の一体的使用・管理を可能にし、資産価値向上・管理効率
化を図るべく、当該部分のＢへの分割を主張することも合理的な選択肢でありうる。

　Ｅとしては、ＡＢへの分割が認められれば細分化された乙土地の残地の単独所有とな
り、かえって財産価値の低下や管理上の不効率が懸念されるため現状維持を目指したい
ところだが、共有者の分割請求の自由（民256条1項）の観点から、判決ではＡへの分
割はもちろん、Ｄが主張すればＢへの分割も相当な範囲で認容される可能性がある。

2　不在者財産管理は、①不在者による財産管理が可能になったとき、②管理すべき財
産がなくなったとき、③その他財産管理を継続することが相当でなくなったときに、管
理人等の申立て等により管理人選任等の処分が取り消されて終了する（家事147条）。

　不在者の死亡が明らかになった場合、上記③の事由に基づく管理人選任取消審判がな

されるべきだが、取消審判までは管理人の権限は消滅せず、また、取消審判はその時までの管理人の行為等の効力に影響を及ぼさない（通説）。**Case 2 (1)** でも取消審判までに行われた訴訟行為は有効であり、当該訴訟は取消審判時に中断する（民訴 124 条 1 項 1 号参照）。**Case 2 (2)** では管理すべき B C の財産が存するため D E は原則として管理を継続すべきだが、B C 各自の全財産につき管理の必要性が低く管理コストが見合わない等の場合は、上記③の事由に基づく選任取消審判が認められうる。

【After】

1　A は、乙土地以外の B や C が所有する財産に関心はないので、管理コストを低廉に抑える観点から B と C の各共有持分につき所有者不明土地管理命令を申し立て、地方裁判所は原則として 1 人の管理人（F とする）を選任することになるものと思われる。

　F のように複数の共有持分を対象として選任された管理人は、共有持分を有する全員のために誠実公平に権限行使をすべき義務を負う（民新 264 条の 11 第 2 項）。同義務は、特定の共有者の利益を犠牲にして他の共有者の利益を図るような行為を禁止する趣旨のものと説明されるが（Q&A176 頁）、特定の共有者の利益を犠牲にする行為はその者に対する善管注意義務（同条 1 項）違反と捉えれば足りる。誠実公平義務の固有の趣旨は、（仮に客観的に適正行為であるとしても）1 人の管理人が共有者間の利益相反行為を行うのは制度の公正性を害するので可能な限り回避されるべきことにあるものと解される。

　そこで **Case 1** であるが、まず訴訟において A の請求する現物分割は相当な範囲で認容されるだろう（Q&A183 頁は、所在等不明共有者に土地の一部を現物分割で取得させるのは管理上不適切であり想定し難いとするが、管理人 F の管理上の便宜は共有者 A の現物分割の自由〔民 256 条 1 項〕の制限を正当化するのに足りないだろう）。これを前提に、F としては一部分割の方針をとるべきだろう。乙土地の一部の B への分割は利益相反行為に当たるから F は誠実公平義務の見地からかかる請求を差し控えるべきだし、また、将来 B への分割を請求する機会は失われておらず一部分割は B としても許容できるからである。

2　所有者不明土地管理命令は、①管理すべき財産がなくなったとき、②その他財産管理を継続することが相当でなくなったときに、管理人等の申立て等により取り消される（非訟新 90 条 10 項。所有者の申立てによる取消しにつき、同条 11 項参照）。

　Case 2 (1) のように所在不明所有者の死亡が判明しても、その相続人およびその所在が判明しない限り管理は継続される。相続人およびその所在が判明すれば、管理人は、上記②の事由に基づく管理命令の取消しを得て管理終了となる。取消しの効力は遡及しないものと解され（解説 199 頁）、**Case 2 (1)** で取消審判までに行われた訴訟行為は有効であり、当該訴訟は取消審判時に中断する（民訴 125 条 2 項）。**Case 2 (2)** では、通常は、共有物分割後の乙土地につき管理費用を賄うのが困難であり管理の必要性も低いとして、上記②の事由による管理命令の取消しが認められるものと思われる。　　　　　　［林　高規］

43
制度の趣旨

Case

　長期間空家状態で放置されているＡ市所在の所有者不明の甲建物（未登記）につき、倒壊等により周囲に危険を及ぼすおそれがあるため、Ａ市は近隣住民から対応を求められていた。Ａ市は、甲建物に関しどのような対応をとることが考えられるか。

【Before】

　甲建物が特定空家等に該当する場合には、Ａ市は一定の対応が可能である。ここで、特定空家等とは「そのまま放置すれば倒壊等著しく保安上危険となるおそれのある状態又は著しく衛生上有害となるおそれのある状態、適切な管理が行われていないことにより著しく景観を損なっている状態その他周辺の生活環境の保全を図るために放置することが不適切である状態にあると認められる空家等」である（空家等対策の推進に関する特別措置法２条２項）。そして、特定空家等の所有者または管理者を過失なく確知できない場合には、市町村長は、当該特定空家等の除却、修繕その他必要な措置を自らまたは第三者に委任する等して行うことができる（いわゆる略式代執行。同法14条10項、国交省「『特定空家等に対する措置』に関する適切な実施を図るために必要な指針（ガイドライン）」〔令和３年６月30日改正〕21頁）。ただ、略式代執行は、例外的措置であり慎重な判断が求められるが、その要件該当性の判断が容易でない上、行政代執行法に基づく強制徴収もできないこと（同23頁）等から、市町村は略式代執行を行うことに消極的である。

　これに対し、不在者財産管理制度や相続財産管理制度であれば、予納金は必要であるものの管理財産の換価等により予納金の返還を受けられる場合もあること、危険除去等の具体的対応方法の判断も管理人が行い、継続的管理も可能となること等から、市町村において比較的多く用いられている。

　Case において、甲建物の所有者の調査（固定資産課税台帳や建築確認関係書類、地主への聴取等）によりその所有者が特定できたが、所在不明の場合には、Ａ市は、所有者の従来の住所地または居所地を管轄する家庭裁判所に不在者財産管理人の選任申立てをし、同管理人において甲建物につき適切な管理をさせることが考えられる（民25条１項）。この場合、甲建物が特定空家等に該当すれば、Ａ市は管理人を名宛人として、甲建物の

除却、修繕その他必要な措置の助言・指導や勧告等（空家等対策の推進に関する特別措置法14条）を行うことができる（以上の【Before】の記述内容につき、解説219頁参照）。

　他方、甲建物の所有者の氏名すら特定できないような場合、不在者の特定ができないため、不在者財産管理人の選任は困難である。

【After】

　A市としては、改正法により新設された所有者不明建物管理人の選任申立て（民新264条の8）が有力な選択肢となる（ある財産管理制度の要件を充たす場合に他の制度の適用を排除するものではないことにつき、Q&A218頁）。

　特に、甲建物の所有者の氏名すら特定できないような場合には、不在者財産管理人の選任は困難であるのに対し、所有者不明建物管理人は、そのように所有者を特定できない場合にも選任が可能であり有用である。

　また、所有者不明建物管理制度は、対象建物の管理に限定した制度であるため、不在者の財産全般を管理対象とする不在者財産管理制度や相続財産全般を管理対象とする相続財産管理制度と比較して、その管理事務の負担が小さく、予納金も相対的に低額となることが期待される（解説202頁）。

　他方、改正法により別途新設された管理不全建物管理人の選任申立て（民新264条の14）も選択肢となりうる（→ Case 47）。しかし、所有者不明建物管理人に管理処分権は専属することから、所有者不明建物管理人と管理不全建物管理人が同時に選任された場合には所有者不明建物管理人の権限が優先するため、運用上、所有者不明建物管理人が選任されている場合においては、管理不全建物管理命令の請求がされても却下され、管理不全建物管理命令が発令された後に所有者不明建物管理命令が発令されれば、管理不全建物管理命令は取り消されることが想定されている（Q&A220頁）。また、管理不全建物管理制度においては、対象建物の処分には所有者の同意が必要であるため（民新264条の14第4項・264条の10第3項）、所有者が不明であればその同意を得るのは事実上不可能である。

　そのため、管理人の権限が強くより柔軟な対応が可能となる所有者不明建物管理制度を利用するのが適切な場合が多いと考えられる。

　したがって、**Case** においても、A市は甲建物の所在地（A市）を管轄する地方裁判所に所有者不明建物管理人の選任申立てをし、同管理人において甲建物につき適切な管理をさせることが考えられる。この場合、甲建物が特定空家等に該当すれば、A市は管理人を名宛人として、甲建物の除却、修繕その他必要な措置の助言・指導や勧告等（空家等対策の推進に関する特別措置法14条）を行うことができる。　　　　　　　　　［上田　純］

44
所有者不明建物管理命令の効力が及ぶ範囲

Case

　甲土地（借地）上の乙建物（建物所有者兼借地人Aは所在不明）につき裁判所から管理人に選任されたBは、甲土地に立ち入ることや、乙建物とともに甲土地の借地権を第三者に売却することができるか。甲土地の借地権などの敷地利用権がない場合、Bは甲土地に立ち入ることができるか。

【Before】

　改正法施行前は、所有者Aが不在者と認定できれば不在者財産管理人の選任（民25条1項）が、所在不明の所有者がすでに死亡しており相続人不分明であれば相続財産管理人の選任（民旧952条1項）が考えられる。

　不在者財産管理人や相続財産管理人は、不在者の財産や相続財産を管理処分する権限を有する（ただし、民103条に規定する権限を超える行為は家庭裁判所の許可が必要。民28条、民旧953条）。そのため、管理人Bは不在者Aの借地権についても管理処分権を有することから、乙建物の借地権の範囲内で甲土地に立ち入ってこれを使用することが可能である。また、管理人Bは、家庭裁判所の許可を得て（民28条、民旧953条）、乙建物とともに借地権を第三者に売却することも可能である。なお、借地権が賃借権である場合、特段の事情のない限り、管理人Bは、買主に対し、当該借地権譲渡について賃貸人の承諾（民612条1項）または承諾に代わる許可の裁判（借借19条1項）を得る義務を負う（最判昭47・3・9民集26-2-213参照）。

　これに対し、乙建物が無権原で建てられている場合など敷地利用権がない場合、管理人には不在者や被相続人の有する権限を超える権限はないため、甲土地の所有者が承諾しない限り、管理人Bは甲土地に立ち入りこれを使用することはできない。実務上は、管理人により適切な管理がなされることは敷地所有者にもメリットがある場合が多いため、管理人が敷地所有者と交渉して立入りや使用の承諾を得るなど、事案に応じた対応がされていると考えられる。

【After】

　改正法施行後は、不在者財産管理人や相続財産清算人の選任に加えて、所有者不明建

物管理人の選任も考えられる（民新264条の8第1項・4項）。

　不在者財産管理制度等の既存の財産管理制度は、不在者等の「人」に着目して、その不在者等の財産全般を管理する制度であるのに対し、所有者不明建物管理制度は、所有者が不明の建物という「物」に着目して、その建物のみを管理する制度であることから、当該不明所有者が有する財産であっても当然に管理命令の効力が及ぶものではない。もっとも、動産については、建物の適切な管理の実現のために管理人がその建物にある動産を処分する必要がある場面も想定されるところ、個別の動産について独自の管理制度を設けるのは煩雑であることから、建物所有者が所有する動産に限り、所有者不明建物管理人の管理処分権が及ぶこととされた（民新264条の8第2項）。

　これに対し、敷地利用権については、建物の実効的な管理のために、敷地の利用を含む管理人による敷地利用権の管理を可能とする必要があることや、管理人が建物とともに借地権などの敷地利用権を譲渡できないとすると、建物の売却が適当と考えられる場合に買手となる第三者が事実上現れないという不都合を回避する必要があること、建物所有権の従たる権利であること等から、建物所有者が敷地利用権を有している場合には、その敷地利用権に対しても所有者不明建物管理人の管理処分権が及ぶこととされた（民新264条の8第2項）。

　そのため、所有者不明建物管理人Bは所有者Aの借地権についても管理処分権を有することから、乙建物の借地権の範囲内で甲土地に立ち入ってこれを使用することが可能である。また、Bは、地方裁判所の許可を得て（民新264条の8第5項・264条の3第2項）、乙建物とともに借地権を第三者に売却することも可能である。なお、不在者財産管理人や相続財産清算人の場合と同様に、借地権が賃借権である場合、特段の事情のない限り、Bは、買主に対し、当該借地権譲渡について賃貸人の承諾または承諾に代わる許可の裁判を得る義務を負う。

　これに対し、乙建物が無権原で建てられている場合など敷地利用権がない場合、所有者不明建物管理人の管理処分権の対象となる敷地利用権もないことから、甲土地の所有者が承諾しない限り、管理人Bは甲土地に立ち入りこれを使用することはできない。この点、管理人により適切な管理がなされることは敷地所有者にもメリットがある場合が多いため、管理人が敷地所有者と交渉して立入りや使用の承諾を得るなど、事案に応じた対応がなされることが想定される。

　なお、敷地所有者から承諾を得ることができない理由が、敷地所有者の所在等が不明である点にあるのであれば、当該敷地につき所有者不明土地管理命令を申し立てることで対応することが考えられる（→ Case 35）。　　　　　　　　　　　　　　　［上田　純］

45
所有者不明建物管理人の権限等①──建物取壊権限

Case

　甲土地（借地）上の乙建物（建物所有者Aは所在不明）につき裁判所から管理人に選任されたBは、乙建物を取り壊すことはできるか（選任申立人はC）。また、Bは取壊費用をどのように捻出すべきか。甲土地についても、Aが所有者である場合はどうか。

【Before】

　改正法施行前は、所在不明の所有者が不在者と認定できれば不在者財産管理人の選任（民25条1項）が、所在不明の所有者がすでに死亡しており相続人不分明であれば相続財産管理人の選任（民旧952条1項）が考えられる。

　不在者財産管理人や相続財産管理人は、不在者の財産や相続財産の管理処分権を有することから、家庭裁判所の許可を得て建物を取り壊すこともできる（民28条、民旧953条）。ただし、不在者財産管理制度は、不在者の利益を保護する制度であることから、不在者財産管理人の職務も不在者の財産の管理・保全が中心となるため、不在者の帰来の見込みがなく、老朽化等により第三者や敷地所有者への売却等譲渡も困難であり、当該建物に係る固定資産税・地代・修繕費等の管理費用より取壊費用が低額であるような場合や、当該建物が特定空家等に該当し市町村から除却を求められているような場合（→ Case 43）など、不在者の利益に資するといえるだけの必要性が求められる。これに対し、相続財産管理制度は、相続人が存在しない前提で相続財産を管理し最終的に清算する制度であることから、経済的合理性は求められるものの、売却等譲渡が困難であれば、建物の取壊しが比較的緩やかに認められる。

　取壊費用は不在者や相続財産法人の他の財産から捻出することになるが、それが不足する見込みの場合には、裁判所は事前に申立人に予納させる必要がある。実務上は、取壊費用の負担を回避するため、地主にも借地権を消滅させることができるメリットがあることから、管理人が地主と借地権付建物の売却または無償譲渡の交渉をする場合も多いと考えられる。

　他方、甲土地もAの所有である場合には、管理人Bは甲土地の管理処分権も当然有することになる。この場合、老朽化等により建物の価値がゼロに近ければ、取壊しによっ

て乙建物の固定資産税や維持管理費の負担もなくなる一方、更地となって甲土地の価値が上がることから、Aが不在者であっても取壊しの必要性は比較的認められやすい。また、Bは更地となった甲土地を売却して取壊費用を捻出することも考えられる。

【After】

改正法施行後は、所有者不明建物管理人の選任が考えられる（民新264条の8第1項・4項）。

所有者不明建物管理人は、対象建物（または共有持分）、対象建物にある動産および対象建物の敷地に関する権利（いずれも建物所有者が有するものに限る→ **Case 44**）の管理処分権を有することから、地方裁判所の許可を得て建物を取り壊す権限をも有する（民新264条の8第5項・264条の3）。

しかしながら、所有者不明建物管理人は、建物の所有者および利害関係人の利益を保護しつつ、建物の適切な管理を図ることをその職務とするものであるところ、建物の取壊しは、建物の所有権を消滅させる行為であり、一般的には建物所有者に一方的に不利益を与えることになるから、基本的には許されない。

もっとも、所有者の出現可能性のほか、建物の現在の価値、建物の存立を前提とした場合の管理費用と取壊費用の多寡、建物が周囲に与えている損害またはそのおそれの程度などをふまえ、所有者に不利益を与えるおそれがないときであれば、建物の取壊しも許される。たとえば、建物所有者が死亡しその法定相続人全員が相続放棄をし、老朽化により建物が隣地に倒壊する危険があるようなケースでは、所有者不明建物管理人による取壊しが認められることがありうる。この場合、所有者不明建物管理人は、建物を売却してその代金を管理費用に充てることができなくなるため、他に管理人が管理する財産（動産売却代金等）が十分なければ、裁判所は管理費用相当額を事前に申立人に予納させる必要がある。この点、取壊費用の負担を回避するため、管理人が地主と借地権付建物の売却または無償譲渡の交渉をすることも想定される。

他方、甲土地もAの所有である場合には、所有者Aが乙建物の取壊費用を負担すべきであるから、建物管理人が乙建物を取り壊し、その費用に充てるため、土地管理人を選任の上、同土地管理人が更地となった甲土地を売却することも考えられる（Q&A195～196頁）。このように、土地と建物の所有者が同じであれば、利益相反はなく、合理的かつ円滑な管理の観点から、1人の管理人を選任するのが適切であり、そのような実務運用となると想定される（Q&A194頁）。　　　　　　　　　　　　　　［上田　純］

46
所有者不明建物管理人の権限等②——賃料支払義務・建物収去義務

Case

　甲土地（借地）上の乙建物（建物所有者兼借地人Ａは所在不明）につき裁判所から管理人に選任されたＢは、甲土地の賃料を支払う義務を負うか。また、甲土地の賃料滞納等により地主から借地契約を解除された場合、Ｂは、乙建物を収去し甲土地を明け渡す義務を負うか。

【Before】

　改正法施行前は、所有者Ａが不在者と認定できれば不在者財産管理人の選任（民25条1項）が、所在不明の所有者がすでに死亡しており相続人不分明であれば相続財産管理人の選任（民旧952条1項）が考えられる。

　不在者財産管理人や相続財産管理人は、不在者の債務や相続債務を弁済する義務を有する（不在者財産管理人につき、新注釈（1）597頁〔岡孝〕、相続財産管理人につき、民957条2項・929条参照）。そのため、管理人Ｂは、甲土地の賃料を不在者の財産や相続財産（不足する場合には予納金）から支払わなければならない。また、借地契約を解除された場合、不在者や相続財産法人は、敷地の占有権原を喪失することから、建物を収去し敷地を明け渡す義務を負うことになる。

　そのため、管理人Ｂは、不在者や相続財産法人の義務の履行として、乙建物を収去し、甲土地を明け渡さなければならない（信頼関係破壊の法理〔最判昭39・7・28民集18-6-1220参照〕により地主からの解除が制限される場合は別論）。

　このような場合、実務的には、建物取壊費用の負担を回避するため、管理人において、建物の地主への売却や無償譲渡を試みることも考えられる。

【After】

　改正法施行後は、不在者財産管理人や相続財産清算人の選任に加えて、所有者不明建物管理人の選任も考えられる（民新264条の8第1項・4項）。

　所有者不明建物管理人は建物を管理するものであり、所有者の債務を管理するものではないことから、また、同管理人には所有者の財産および負債の状況を調査する権限がないことから、所有者が負う債務の弁済は、同管理人の職務の内容に当然に含まれるも

のではない（→ Case 40）。

　そのため、管理命令の効力が及ぶ借地権に係る賃料の支払義務は賃借人（建物所有者）自身が負い、所有者不明建物管理人はその支払義務を負わず（賃借人の財産のみが責任財産となる）、賃料に関する訴訟について同管理人は原告または被告とならないと解される（Q&A193頁）。

　賃借人（建物所有者）が賃料の支払を怠っていれば、賃貸人（土地所有者）は、その借地契約を解除することができる（解除の意思表示の相手方は敷地権の管理処分権が専属する所有者不明建物管理人になる〔民新264条の8第5項・264条の3第1項〕と解される〔解説215頁〕）。そこで、借地契約が解除され、建物の撤去を求められることを防止するため、所有者不明建物管理人がその管理する所有者の財産（予納金を含む）を原資として任意に弁済すること自体は許される（Q&A193頁）。ただし、裁判所の許可を得る必要がある（民新264条の8第5項・264条の3第2項）。

　このように、管理人Bは、甲土地の賃料を支払う義務を負わないものの、裁判所の許可を得て、Bが管理するAの財産を原資として任意に弁済することは可能である。

　他方、借地契約を解除された場合、建物所有者は、敷地の占有権原を喪失することから、建物を収去し敷地を明け渡す義務を負うことになるが（信頼関係破壊の法理により地主からの解除が制限される場合は別論）、所有者不明建物管理人は建物所有者の債務を管理するものではないため、同管理人自身が建物を収去し土地を明け渡す義務を負うものではない（Q&A194頁）。ただし、建物や敷地権に関する管理処分権は所有者不明建物管理人に専属することから、地主から提起される建物収去土地明渡請求訴訟については同管理人が被告となる（民新264条の8第5項・264条の4、民訴115条1項2号。Q&A194頁）。この訴訟につき同管理人が応訴する行為は保存行為に当たるため、裁判所の許可は不要である（民新264条の8第5項・264条の3第2項1号）。

　このような場合、実務的には、管理人Bにおいて、建物の撤去（→ Case 45）、地主への売却や無償譲渡など、申立ての目的等に応じた柔軟な対応が期待される（解説220〜222頁参照）。
　　　　　　　　　　　　　　　　　　　　　　　　　　　　　　　　　　　　　［上田　純］

I……管理不全土地・建物管理制度❶

47
制度の趣旨

Case

　Aの自宅不動産の隣地の甲土地はBの所有であるが、甲土地の擁壁が損傷している。Bは隣地を管理していないため、多量のゴミが不法投棄され悪臭が生じている上、甲土地の擁壁は倒壊の危険が生じている。また、Cの自宅不動産の隣地の借地上の乙建物はDの所有であるが、Dは乙建物には居住しておらず、放置された状態であり、老朽化のため、壁や塀が倒れかかっている。AやCは、自己の自宅不動産を保全するため、隣地の甲土地や乙建物について、どのような法的対応をとることができるか。

【Before】

　土地や建物が所有者によって適切に管理がなされないため、他の土地の所有者にとっては、当該土地の擁壁や竹木の倒壊、ゴミの悪臭や、建物等工作物の倒壊やそのおそれが生じる場合がある。こうした管理不全となっている土地建物に対して、他の土地の所有者は、改正前民法においては、これらの土地ないし建物の管理不全によって権利侵害等が生じまたは生じるおそれがある場合に、所有権に基づく妨害排除請求権、妨害予防請求権や、人格権に基づく差止請求権を行使したり、不法行為に基づく損害賠償請求をすることが考えられる。これらの場合には、確定判決を得て強制執行によって対応することになる（Q&A197頁）。

　しかしながら、かかる場合には、訴えの提起に際して、求める措置の内容を具体的に特定して請求する必要があるため、こうした特定ができずに権利行使が困難となることがある。また、こうした権利行使は一回的な対応となる場合があり、管理不全となっている土地・建物について、継続的に適切な管理の措置を講じることはできない。

　さらに、改正前民法では、不在者財産管理制度（民25条以下）や相続人の不存在の場合の相続財産管理制度（民旧952条以下）はあるものの、これらは当該土地建物の所有者が明らかな場合は利用できないのはもとより、管理不全となっている土地ないし建物のみを対象として管理することはできなかった。

【After】

　改正後民法は、このように所有者によって適切に管理がなされないため管理不全の状態にある土地または建物について、近隣の土地に対する侵害やそのおそれを除去し、継続的な管理を可能にするため、管理不全土地・建物管理制度を設けた。

　改正後民法においては、管理不全の状態にある土地について、裁判所は、所有者による土地の管理が不適当であることによって他人の権利または法律上保護される利益が侵害され、または侵害されるおそれがある場合において、必要があると認めるときは、利害関係人の請求により、当該土地を対象として、管理不全土地管理人による管理を命ずる処分（「管理不全土地管理命令」）をすることができると規定された（民新264条の9第1項）。

　これは、管理不全土地につき管理人による「物」単位での財産管理を可能とする。

　また、土地と建物の所有者が異なる建物について管理不全の状態にある場合もあることから、改正後民法では、裁判所は、所有者による建物の管理が不適当であることによって他人の権利または法律上保護される利益が侵害され、または侵害されるおそれがある場合において、必要があると認めるときは、利害関係人の請求により、当該建物を対象として、管理不全建物管理人による管理を命ずる処分（「管理不全建物管理命令」）をすることができると規定された（民新264条の14第1項）。

　これらの制度は、当該土地・建物の所有者が明らかであっても、その当該土地・建物の管理が不適当である場合には、管理命令が発令される可能性がある。ただし、土地・建物の管理が不適当かどうかは土地・建物の状態に照らして判断されることから、管理不全土地管理命令・管理不全建物管理命令は土地・建物全体に対して発令され、共有持分を単位としては発令されない（Q&A200頁、解説242頁）。

　また、借地上に建物があり、土地と建物の所有者が異なる場合を考えると、管理不全土地管理命令の効力は土地上の動産には及ぶ一方（民新264条の9第2項）、管理不全建物管理命令における管理不全建物管理人の権限の範囲は敷地利用権にも及ぶ（民新264条の14第2項）。それゆえ、建物自体や敷地利用権の範囲での管理不全に対しては管理不全建物管理命令の申立てをすべきであるが、それを超える土地に係る管理不全に対する対応をするには、別途管理不全土地管理命令の申立てをする必要が生じる。事案によっては、両方を同時に申立てすべき場合も考えられる。管理方法について土地と建物について利害が対立する場合には、別々の管理人を選任すると考えられる（解説249頁）。

　所有者不明土地が管理不全状態にある場合に、所有者不明土地管理命令と、管理不全土地管理命令のいずれを申し立てるかは、申立人の選択に委ねられる（中間試案補足説明70頁）。すでに所有者不明土地・建物管理命令が発令されている場合には、管理不全土地・建物管理命令の申立ては通常却下される。所有者不明土地・建物管理命令が後に申し立てられた場合はこれが優先し、先行する管理不全土地・建物管理命令が取り消されると考えられる（Q&A220～221頁）。　　　　　　　　　　　　　［林　邦彦］

48
管理不全土地管理命令の発令要件

Case

　Aの自宅の隣地の甲土地はBの所有であるが、災害により甲の擁壁が損傷し、間もなく倒壊する危険が生じている。しかし、Bは、甲に居住しているにもかかわらず、これを修繕せずに放置している。Bに擁壁の補修を求めても、災害によるとして補修を拒否しており、Aによる甲への立入りも拒絶している。このような場合に、甲について、管理不全土地管理命令は発令されるか。

【Before】

　改正前民法においては、隣地の土地について、所有者によって適切に管理がなされない場合、他の土地の所有者としては、所有権に基づく妨害排除請求権ないし妨害予防請求権等の物権的請求権を行使するか、不法行為として人格権の侵害に基づく差止請求権や損害賠償請求権を行使するほかはなかった。

　ただし、改正前民法上は、災害などの不可抗力による侵害がある場合に物権的請求権に基づく妨害排除請求等が認められるかについては争いがあった。

　また、かかる場合には、訴えの提起に際して、求める措置の内容を具体的に特定することが困難なために権利行使できない場合が考えられる。また、こうした一回的な権利行使では、管理不全となっている土地・建物について、継続的に適切な管理の措置を講じることはできないという問題がある。

【After】

　改正後民法において、当該土地を対象とする管理不全土地管理人による管理を命ずる処分（管理不全土地管理命令）を発令するための要件として、①所有者による土地の管理が不適当であることによって他人の権利または法律上保護される利益が侵害され、または侵害されるおそれがある場合であり、かつ②必要があると認めるときと規定された（民新264条の9第1項）。

　①の要件のうち、所有者による土地の管理が不適当であることには、遠方に居住しているなどの理由により所有者による管理が全くなされていない場合のみならず、所有者

が当該土地に居住しているものの、その管理が不適当である場合も含まれる（Q&A199頁）。所有者不明か否かには関わらない。

　また、所有者による管理の不適当によって、権利または法律上保護される利益が侵害され、または侵害されるおそれがあることが必要である。この文言は不法行為に係る民法709条とは別に改正後民法264条の9に固有に解釈・適用される可能性もあり、今後の裁判例の蓄積によると考えられる（解説226頁）。当該土地に擁壁がある場合に、擁壁のひび割れや破損が生じているにもかかわらず、所有者がそれを放置し、擁壁が隣地に倒壊するおそれのある場合や、当該土地にゴミが不法投棄されているにもかかわらず、所有者が放置しているために、臭気や害虫が発生し健康被害が生じている場合などは、かかる要件に該当すると考えられる（Q&A199頁）。

　当該土地の擁壁の破損が不可抗力によって生じたものであっても、管理不全土地管理命令による管理をなしうるとすべきであり、土地所有者が適切に対応しないために、隣地の不動産について権利または法律上保護される利益の侵害または侵害されるおそれが継続している場合は、①の要件を充足すると考えられる（Q&A199頁）。

　「所有者による土地の管理が不適当であることに『よって』」とされており、管理の不適当と侵害状態との一定の因果関係が必要ではあるものの、それは管理の不適当と過去の侵害状態の発生との因果関係ではなく、管理の不適当と現在の侵害状態の継続との因果関係があれば足りると考えられ、不可抗力の生じた後に所有者による管理の不適当が現在まで継続していればかかる要件は充足する（部会資料52・13〜14頁、解説227頁）。

　②の必要性の要件の判断に際しては、土地の状況に照らして管理不全土地管理人選任の相当性も考慮される。**Case**のように、土地の擁壁が破損して倒壊するおそれがあり、これを修繕する必要がある場合には発令の必要性は認められる。しかしながら、当該土地上の建物に所有者が居住して当該土地を利用している場合等において、管理不全土地管理人による実効的な管理が困難であって、管理継続が相当ではないとされるときは発令の必要性も認められず、申立ては却下される（Q&A200頁）。

　土地の所有者が管理不全土地管理人による管理を拒む場合にも管理命令を発令することも可能であるが、管理行為に対する妨害が予想されるなど実効的な管理を期待できない場合には物権的請求権等の他の方法によるべきであって、相当性を欠くから、管理命令は発令されないと考えられる（Q&A200頁）。

　そこで、管理不全土地管理命令発令に際しては、所有者の陳述を聴くことが必要である（非訟新91条3項1号。その例外は、「その陳述を聴く手続を経ることにより当該裁判の申立ての目的を達することができない事情があるとき」〔同項柱書ただし書〕）。

　また、管理不全土地管理命令の申立人が、裁判所に予納金を納付せず、管理費用等を支出するのが困難な場合には、管理不全土地管理命令が発令されても取消しがされるから、発令前であれば相当性がなく、申立ては却下される（Q&A200頁）。　　　　［林　邦彦］

49
管理不全土地管理人の権限

Case

　Aは、Bが所有する甲土地の管理不全土地管理人に選任された。甲土地は、擁壁に大きなひび割れが生じており、補修しなければ、地震によってC所有の隣地に倒壊する危険がある。また、補修工事には多額の費用が必要であることから、Aは、甲土地の購入を希望するEに対して売却したいと考えているが、Bは、売却に同意しない。そこで、Aは、擁壁の補修工事を行うことができるか。また、Aは、Eに対し、甲土地を売却することができるか。

【Before】

　改正前民法では、管理不全状態となった土地を適切に管理する措置を講ずるための規定は存在しなかった。

　このため、土地の管理不全状態を解消するには、権利または法律上保護される利益が侵害され、または侵害されるおそれがある隣地の所有者等が、所有権に基づく妨害排除請求もしくは妨害予防請求、または人格権に基づく差止請求等の訴訟を個別に提起する必要があった。しかし、これらの訴訟では、土地所有者がとるべき行為の内容を特定して請求の趣旨として記載しなければならないが、隣地の所有者等には管理不全土地に立ち入る権限がないことから、土地の実情に応じた行為の内容を特定することが困難な場合がみられた。また、妨害排除請求等では、継続して土地の管理が必要な場合に対応できないという難点があった。

　Case の場合、CがBに対し、所有権に基づく妨害予防請求として擁壁の補修工事を求める訴訟を提起し、認容判決を得た上で、代替執行（民執171条1項）の方法で強制執行することになる。また、B以外の者が、甲土地を売却することはできず、また売却の請求をすることもできない。

【After】

　改正後民法では、管理不全状態にある土地を適切に管理するための措置を講ずることができるよう管理不全土地管理制度が新設され（民新264条の9～264条の13）、管理不全土地管理命令（以下「管理命令」という）が発令される場合、管理不全土地管理人（以

下「管理人」という）が選任されることになった（民新264条の9第3項）。本制度が新設されたことで、管理人を通じて、土地の実際の状態をふまえた適切な管理措置を講ずることや土地の継続的な管理を図ることが可能となった。

　管理人は、①管理命令の対象とされた土地（以下「対象土地」という）、②対象土地にある動産で対象土地の所有者または共有持分権者が所有するもの、および③その管理、処分その他の事由により管理人が得た財産（以下①〜③を併せて「対象土地等」という）についての管理処分権を有する（民新264条の10第1項）。

　そして、管理人の管理処分行為のうち、保存行為および対象土地等の性質を変えない範囲内での利用・改良行為には、裁判所の許可は不要であるが、これを超える行為には、裁判所の許可が必要である（民新264条の10第2項本文）。したがって、たとえば、管理人が対象土地の売却や造成工事をするには、裁判所の許可が必要となる。なお、裁判所の許可を得ずになされた行為の効果は、原則として無効であるが、許可がないことにつき善意かつ無過失の第三者には、許可がないことを対抗できない（同条2項ただし書）。さらに、裁判所が対象土地の売却等の処分を許可するには、所有者の同意が必要である（同条3項）。なお、動産の処分の場合、所有者の同意は不要であるから、管理人は、同意なくして、所有者が放置したゴミを撤去することができる。

　ところで、管理処分権は、所有者不明土地管理人と異なり、管理人に専属しない。管理命令は対象土地の所有者の所在等が判明している場合でも発令されることから、対象土地の所有者自身による管理処分を認める必要があるためである。そして、管理処分権が専属しない管理人は、対象土地等に関する訴えについての当事者適格を有しない（所有者不明土地管理人に当事者適格を認める民新264条の4に相当する規定がない）。

　これに対し、管理人は、管理権を根拠として、管理権を妨害する行為の停止を求める実体法上の請求権を有する。したがって、たとえば、対象土地の所有者が管理人の対象土地への立入りを拒む等して管理権を不当に侵害する場合、管理人は、自ら原告として、対象土地の所有者に対し、妨害行為の停止を求める訴訟を提起できる。

　管理人は、対象土地等を適切に管理することが職務であるが、対象土地等の所有者の利益を害さないように権限を行使すべきであるから、対象土地等の所有者のために善管注意義務を負う（民新264条の11第1項）。また、対象土地等が数人の共有に属する場合には、一部の共有者ではなく、共有者全員のために誠実公平義務を負う（同条2項）。

　Case の場合、擁壁の補修工事は甲土地の保存行為であることから、Aは、裁判所の許可を得ずに、擁壁の補修工事をすることができる。また、Aが甲土地を売却するには裁判所の許可が必要であるが、Bが売却に同意しない以上、売却は許可されず、Aは、Eに対し、甲土地を売却することができない。　　　　　　　　　　　　　　［阪上武仁］

50
管理不全建物管理人の権限

Case

　Aは、Bが所有する甲建物の管理不全建物管理人に選任された。甲建物は、屋根の一部が破損して雨漏りがひどく、建物内部の柱などが腐っており、全面的に補修しなければ、地震によって倒壊して隣地のD所有の建物を破損する危険がある。甲建物の補強工事を行うためには、甲建物の敷地で、C所有の乙土地（Bが甲建物を所有するための賃借権が設定されている）に足場を組む必要があるが、Cは、Aが乙土地を使うことに同意しない。Aは、甲建物の補修工事を実施することができるか。また、甲建物の補修工事を行うにあたり、乙土地に足場を組むことができるか。

【Before】

　改正前民法では、管理不全状態の建物を適切に管理する措置を講ずるための規定は存在しなかった。

　このため、建物の管理不全状態を解消するには、管理不全土地の場合（→ Case 48）と同様、権利または法律上保護される利益が侵害され、または侵害されるおそれがある隣地の所有者等が、所有権に基づく妨害排除請求もしくは妨害予防請求、または人格権に基づく差止請求等の訴訟を個別に提起する必要があった。しかし、これらの訴訟では、被告がとるべき行為の内容を特定して請求の趣旨として記載しなければならないが、隣地の所有者等には管理不全建物に立ち入る権限がないことから、建物の実情に応じた行為の内容を特定することが困難な場合がみられた。また、妨害排除請求等では、継続して建物の管理が必要な場合に対応できないという難点があった。

　Case の場合、DがBに対し、所有権に基づく妨害予防請求として建物の補修工事を求める訴訟を提起し、認容判決を得た上で、代替執行（民執171条1項）の方法で強制執行することになる。また、乙土地に足場を組むためには、Cに対し、隣地使用請求（民旧209条→ Case 1）をする必要がある。

【After】

　改正後民法では、管理不全建物管理人（以下「管理人」という）を通じて、管理不全の

状態にある建物を適切に管理するため、管理不全建物管理制度が新設された（民新264条の14）。なお、管理不全状態の建物であっても、区分所有建物の専有部分および共用部分については、管理不全建物管理制度の規定が適用されず、区分所有法の規定で対応することになる（同法新6条4項・同法57条～59条）。

ところで、管理不全建物管理制度においては、管理不全土地管理制度についての条文が多く準用されており、制度の枠組みは管理不全土地の場合とほぼ同じである（民新264条の14第4項・264条の10～264条の13 → **Case 49**）。

管理人は、管理不全土地管理人と同様、①管理不全建物管理命令の対象とされた建物（以下「対象建物」という）、②対象建物にある動産で対象建物の所有者または共有持分権者が所有するもの、③①および②の管理、処分その他の事由により管理人が得た財産（以下①～③を併せて「対象建物等」という）についての管理処分権を有する（民新264条の14第4項・264条の10第1項）。

もっとも、土地と異なり、建物の場合には、借地権等の敷地利用権が設定された他人の土地上の建物が管理不全建物管理命令の対象となることがある。そこで、管理人には、①～③に加え、④対象建物を所有するための敷地利用権、すなわち賃借権その他の使用および収益を目的とする権利（所有権を除く。また、対象建物の所有者または共有持分権者が有するものに限る）についても管理処分権を有する（民新264条の14第2項）。④の権限があることで、管理人は、対象建物の管理に際し、敷地利用権に基づき、敷地へ立ち入ることや対象建物の補修工事のための足場の設置をすること等ができる。なお、管理人が管理のために敷地を用いた場合であっても、賃料支払義務は、対象建物の所有者である土地賃借人が負う（部会資料50・8頁）。

ただし、管理人が、対象建物等の性質を変える利用・改良行為をする場合には、裁判所の許可を得る必要がある。そして、裁判所が対象建物の売却や取壊しなどの処分を許可する場合には、対象建物の所有者の同意が必要である（民新264条の14第4項・264条の10第2項・3項）。

また、管理処分権が管理人に専属しないことから、管理人は、建物の所有権等に関する訴訟についての当事者適格を有しないが、管理権を妨害する行為に対しては、管理権を根拠として、同行為の停止を求める訴訟を提起することができる（→ **Case 49**）。

なお、管理人は、対象建物等の所有者のために善管注意義務を負う。また、対象土地等が数人の共有に属する場合、共有者全員のために誠実公平義務を負う（民新264条の14第4項・264条の11）。

Case の場合、Aは、保存行為として、裁判所の許可を得ることなく、甲建物の補修工事を実施することができる。また、乙土地にはBの賃借権が設定されていることから、Aは、Cの同意を得ることなく、乙土地に同補修工事のための足場を組むことができる。

［阪上武仁］

51
制度の合理化

Case

　Aが死亡し、その法定相続人は妻B、子CとDである。遺産分割はまだ終わっておらず、他方、その相続財産の一部である甲土地が、Aの郷里である遠方のX県にあるため、法定相続人のいずれも甲土地の管理をしておらず、甲土地の隣地所有者であるEが、その管理をBCDに求めたものの、誰も対応をしてくれない。このような場合に、Eは、どのようなことができるか。

【Before】

　改正前民法は、①熟慮期間終了までの間（民旧918条）、および、②相続人により限定承認がされた場合（民旧926条）、または、③相続放棄をした相続人がいる場合（民旧940条）には、利害関係人または検察官の請求により、家庭裁判所は、いつでも相続財産の保存のために必要な処分を命ずることができると定めていた。この必要な処分として代表的なものに相続財産管理人の選任がある。また、限定承認がされている場合には、家庭裁判所は職権により相続人の中から管理人を選任しなければならず（民旧936条）、相続人が不明である場合にも、相続財産管理人を選任しなければならない（民旧952条）。以上からすれば、相続人による熟慮期間の経過後は、相続財産の保存のための制度の対象外の期間となってしまうため、相続人の1人が相続財産の管理に非協力的であるなど、相続財産の管理状態に問題があったとしても、これを是正する手段がない。**Case**でも、法定相続人BCDが単純承認した後は、相続財産管理制度は使えない。

　また、仮にBCD全員が相続放棄をした場合など、相続人不明となれば相続財産管理人を選任するほかないところ（民旧952条1項）、相続財産管理人は相続財産の清算をその職務とするものであるため、相続財産管理人に期待される行為が相続財産の保存行為で足りるような場合でも、常に清算まで職務として手続を実施しなければならず、手続が重いものとなる。また、相続財産の清算のための相続財産管理人は、①相続財産管理人の選任公告から2か月以内に相続人が明らかではなかったときに（同条2項）、②相続債権者および受遺者に対し、2か月以上の一定期間内に、その請求をすべき旨を公告し（民旧957条1項）、③さらに、この期間の満了後、なお相続人があることが明らかでないときは、相続人探索の公告を6か月以上の期間行うものと定められており（民旧

958 条)、少なくとも通算 10 か月間の公告期間を経てからでなければ、その職務を終えることができず、手続の長期化は避けられない。

【After】

　改正後民法では、過渡的な相続財産の保存のための制度を統一的に整理している。すなわち、いつでも利害関係人または検察官の請求により、家庭裁判所は相続財産管理人の選任その他相続財産の保存のために必要な処分を命ずることができ（相続財産管理制度〔民新 897 条の 2〕）、ただし、相続財産管理命令を発令できない場合として、①相続人が 1 人である場合においてその相続人が相続の単純承認をしたとき、②相続人が数人ある場合において遺産分割が完了したとき、③相続人不明時における相続財産清算人（民新 952 条 1 項）が選任されたときと定め（民新 897 条の 2 第 1 項ただし書）、熟慮期間経過後も選任を可能とし、改正前民法における制度の空隙を埋めている。また、相続人が不明である場合であっても、相続財産清算人が選任されるまでは、相続財産管理人の選任は可能であるから、相続財産の清算まで要せず相続財産の保存行為で足りる場合には、相続財産管理人の選任申立てを選択することが可能となる。さらに、限定承認がされた場合において職権による相続財産清算人が選任されていたときであっても（民新 936 条 1 項）、相続財産管理人の選任は妨げられない。これは、限定承認における職権による相続財産清算人は、限定承認をした相続人の中から選ばれるところ、相続人ではない第三者による保存を望む場合もあるとの考えから、職権による相続財産清算人に加えて相続財産管理人を選任できるように定めたものである（部会資料 34・9 頁）。そのため、**Case** では、遺産分割が完了していない限り、E は、相続財産管理人の選任申立てができる。

　ところで、改正後民法においても、相続財産管理人が選任された場合に相続人の管理処分権を制約できるとの規定は設けられていない。改正前民法においては 918 条 2 項に基づく相続財産管理人が選任された場合に相続人自身の管理処分権が制限されるかについては解釈上争いがあったことから、改正後民法においても同様に、今後の解釈に委ねられている（部会資料 34・14 頁）。

　他方、相続人不明時における相続財産の清算のための制度を、改正後民法は、「相続財産清算人」と改称し、その手続の合理化を図っている。具体的には、①家庭裁判所は、相続財産の清算人を選任したときは、遅滞なく、その旨および相続人があるならば 6 か月以上の期間を定めてその期間内にその権利を主張すべき旨を公告しなければならず（民新 952 条 2 項）、②相続財産清算人は、かかる公告があったときは、全ての相続債権者および受遺者に対して、2 か月以上の期間を定めて、その期間内に請求の申出をすべき旨を公告しなければならない（民新 957 条 1 項前段）。そして、②の公告は、①の公告の期間内に満了するものでなければならないため（同項後段）、通算 6 か月間の公告期間で足りることとなり、改正前民法よりも 4 か月短縮されている。　　　　　　　　　　〔堀野桂子〕

52
相続財産管理人と所有者不明土地等

Case

　Aは、甲土地を所有しているところ、隣の乙土地が空き地であるにもかかわらず、全く管理されていないため、ごみが不法投棄されるなど危険な状態になっている。そこで、乙の所有者を探索したところ、登記簿上の所有者であるBはすでに死亡しており、裁判所から選任された管理人Cが乙を管理していることが判明した。Aは、その所有する甲の隣地ということもあり、いっそ乙を購入し、甲と乙とを合わせて造成をしようかと考えているが、購入に向けて誰と交渉をすればよいか。

【Before】

　所有者が死亡しており、その相続財産である土地が荒廃しているなど相続人による管理が不十分な場合に、家庭裁判所が相続財産の保存に必要な処分として管理人を選任することがある（民旧918条・926条・940条）。Cがこの相続財産管理人である場合、相続財産の処分をするには家庭裁判所の許可が必要である（民旧918条3項、民28条・103条）。ただし、この相続財産管理人は相続財産の保存を目的とするものであって処分することは基本的に想定されていないから、乙の売却には相続財産保全のための費用捻出の必要性などの事情が必要となる。そのような事情がない場合、AはBの相続人を探索し購入交渉をすることが考えられるが、保全のための相続財産管理人が選任されているときに相続人自身の管理処分権が制限されるかについては解釈上争いがあり（→ Case 51）、制限を肯定する見解によればAはBの相続人から購入することもできない。

　他方、相続人が不明であると判明した場合に、相続財産の清算のために家庭裁判所が相続財産管理人（民旧952条）を選任することがある。Cがこの相続財産管理人である場合は、保全にとどまらず清算のための権限も有しているから（民旧957条）、AはCと購入に向けて交渉を行うことも可能である。ただし、相続財産の処分には家庭裁判所の許可が必要である（民旧953条、民28条・103条）。

【After】

　改正後民法は、相続財産の保存のための相続財産管理人制度を整理しているところ

（民新897条の2）、Cが家庭裁判所に選任された相続財産管理人（同条）である場合、権限等について改正前民法と同様であり、【Before】で述べたとおりである。なお、改正後民法は相続財産の清算のための制度を相続財産清算人と改称しているところ（民新952条）、Cが家庭裁判所に選任された相続財産清算人である場合も【Before】に同じである。

　さらに、改正後民法には所有者不明土地管理制度（民新264条の2）が新設されていることから、Cが所有者不明土地管理人である場合も考えられる。所有者不明土地管理人は、所有者不明土地管理命令の対象となった土地の管理処分権限を有するため（民新264条の3第1項）、Aは、乙の売買に関して、所有者不明土地管理人たるCと交渉を行えばよく、その結果、乙を売買できる目途が立てば、Cは裁判所の許可を得て乙を売却することができる（同条2項）。

　また、同じく新設された管理不全土地管理制度（民新264条の9）により、Cが管理不全土地管理人である場合も考えられる。管理不全土地管理人は、管理不全土地管理命令の対象とされた土地の管理処分権限を有し（民新264条の10第1項）、乙の売買に関して基本的に所有者不明土地管理人が選任された場合に同様である（同条2項）。ただし、管理不全土地管理制度では、所有者が存在するため、同管理人が対象となる土地を売却等処分するには、その所有者の同意を得なければならない（同条3項）。

　このように、相続財産が土地である場合に、相続財産管理人・清算人制度と、所有者不明土地管理制度・管理不全土地管理制度とは、利用できる場面が重なり合う。

　それでは、すでに選任されている相続財産管理人や清算人との交渉が難航しているときに、Aは、さらに、所有者不明土地管理人や管理不全土地管理人の選任を申し立てて、新たに選任された所有者不明土地管理人等との間で土地売買を交渉することは可能であろうか。これについては、相続財産清算人等が当該土地を含む相続財産の管理権限を有するものであって、重ねて所有者不明土地管理人等を選任する必要性は基本的にないから、通常、そのような選任申立ては却下される（Q&A219頁）。そのため、重ねての選任は認められず、Aとしては相続財産清算人等と交渉をすべきということになろう。

　他方、すでに選任されていたのが所有者不明土地管理人等であった場合はどうであろうか。この点、所有者不明土地管理人等の管理権限の及ぶ対象は管理命令の対象である当該土地に限定されるのに対し、相続財産全体の管理・清算が必要な場合もあるため、相続財産清算人等の選任申立ては当然に却下されるものではない（Q&A219頁）。そして、相続財産清算人等が選任されたときには、所有者不明土地管理人等による管理を継続する必要はなくなるため、基本的には所有者不明土地管理命令等は取り消されることになる（Q&A219頁）。その結果、相続財産清算人等との間で、相続財産たる土地の購入について交渉をすればよいということになる。　　　　　　　　　　　　　［堀野桂子］

53
保存に関する家庭裁判所による処分

Case

　Aが死亡し、その相続人は子のBとCである。Aの遺産として、Aが居住していた住居（甲不動産）があり、また、Aは生前にDから借金をしていて、A死亡時点で500万円の債務が残されていた。

　(1)　Aの死亡後、BCが甲不動産を法定相続分に従って相続したが、BCとも遠隔地に住んでいるため、甲不動産の管理をしないまま放置している。BCは不仲であり、Aの遺産分割の話し合いも進んでいない。

　(2)　BCは熟慮期間内に家庭裁判所に相続放棄の申述をし、受理された。他にAの相続人となるべき者はおらず、甲不動産は管理をする者もなく放置されている。

【Before】

　相続開始後の相続財産の管理に関して、改正前民法は、①相続の承認・放棄の熟慮期間中（民旧918条）、②限定承認後（民旧926条）、③相続放棄後次順位の相続人が相続財産の管理を始めることができるまで（民旧940条）の3場面について規定を置き、①では相続人、②では限定承認者、③では相続放棄者が、その固有財産（「自己の財産」と同趣旨）におけるのと同一の注意をもって管理しなければならないと定めていた。相続財産を管理する相続人らがこの注意義務に違反して、相続債権者や次順位の相続人等管理に関し利益をもつ者に損害を与えたときは、損害賠償責任を負う。相続人らによる管理の内容は保存行為を中心とするが、改正前民法918条3項による民法28条の準用を参照して、民法103条2号の利用・改良行為も含むと解されていた（学説には、相続人らの管理は保存行為に限るとするものもある）。なお、民法926条の限定承認者や民法940条の相続放棄者による管理には、あわせて委任に関する民法645条等が準用された（民旧926条2項・940条2項）。

　一方、家庭裁判所は、利害関係人または検察官の請求があれば、いつでも相続財産の保存に必要な処分を命ずることができた（民旧918条2項・926条2項・940条2項）。この処分には相続財産管理人の選任も含まれ、家庭裁判所が管理人を選任した場合、民法27条〜29条が準用された（民旧918条3項・926条2項・940条2項）。相続財産管理人は

相続財産について善管注意義務を負い、家庭裁判所に対して財産状況の報告等を行った（家事旧 201 条 10 項、家事 125 条 6 項・2 項、民 644 条）。

　改正前民法は、相続財産の管理についてこれらのほかに財産分離に関する 944 条・950 条と、相続人不存在の場合の清算のための 952 条を置くのみで、相続開始から相続財産の最終的な帰属先確定までを連続的・統合的にカバーする管理制度を欠いていた。そのため、相続の段階ごとに管理に関する審判の取消しや改めての審判が必要となり、また、共同相続人らが単純承認をしたが遺産分割が未了で暫定的な遺産共有状態にある場合に相続財産の管理を行う者がいないときや、相続人不分明の場合において相続財産の清算を目的としない保存的な管理が必要なときに対応できず、相続財産の管理不全化を招く懸念があった（Q&A222 頁）。**Case** の(1)(2)は、まさにこのような場合に当たる。

【After】

　改正後民法は、相続財産の保存に関し 897 条の 2 を新設した。それによって、改正前民法 918 条 2 項・3 項は改正後民法 897 条の 2 第 1 項・2 項に吸収され、相続の開始があった時から、家庭裁判所は、利害関係人または検察官の請求により、いつでも相続財産管理人の選任を含む相続財産の保存に必要な処分を命ずることができることになった。したがって、**Case**(1)(2)では、利害関係人である相続債権者Ｄは家庭裁判所に相続財産管理人の選任等を申し立てることができる。また、利害関係人には相続人も含まれると解され、**Case**(1)ではＢＣも家庭裁判所に申立てをすることができる。一方、**Case**(2)のＢＣは相続放棄をしたため相続人ではないが、同様に利害関係人として申立てができる場合がある（→ **Case**64）。

　なお、改正後民法は、改正前民法 918 条 2 項の相続財産の保存に関する制度を踏襲しつつ、その適用場面を拡張することを目的としたものである（Q&A227 頁）。改正後民法下でも、相続人がいる場合にはまず相続人が相続財産の管理を行うべきものと考えられ、相続財産管理人の選任等を申し立てた者は、家庭裁判所による処分の必要性を具体的に主張・立証することを要する（Q&A225 頁）。また、全相続財産が特定の相続人に確定的に帰属したときや相続財産清算人が選任されているときは、相続財産管理人の選任等をするに及ばず、改正後民法 897 条の 2 の適用はない（同条 1 項ただし書）。

　相続財産管理人には、民法 27 条〜29 条が準用される（民新 897 条の 2 第 2 項、家事新 190 条の 2 も参照）。相続財産管理人は保存行為とともに目的物等の性質を変えない範囲内での利用・改良行為ができ、これらを越える行為をするには家庭裁判所の許可が要る。相続債務は相続財産管理人の管理の対象とならず、その職務に債務の弁済が当然に含まれるものではない。ただし、債務の弁済が必要かつ相当であるときは相続財産管理人による弁済も可能といえ（Q&A230 頁）、**Case**(1)(2)の場合、相続財産管理人が家庭裁判所の許可を得て、Ｄに対して 500 万円の弁済をすることが考えられる。　　　　　[常岡史子]

54
所有者不明土地との関係

Case

Aは、甲土地を所有しているところ、隣地の乙土地の管理が一切なされておらず、荒廃している。調べてみたところ、乙土地の所有者はBであるが、数年前に死亡していることが判明した。法定相続人としてCDがいるが、CとDは、隣の県に住んでいるようで、今のところ、連絡が取れていない。Aとしていかなる対応を取りうるか。

【Before】

　改正前民法では、所有者の所在が不明である土地一般に関する制度はなく、所有者が不在であり、その生死が不明な場合に不在者財産管理制度（民25条）が、所有者が死亡しており、その相続人が不明である場合に相続財産管理制度（民旧952条）があるにとどまる。このように所有者が不在である理由が、生死が不明、または、相続人が不明の場合に限定されている。

　Caseでは、所有者の生死が不明な場合でも、Bの相続人が不明な場合でもないため、いずれの制度を用いることもできない。

【After】

　所有者が不明である土地の管理制度として、改正後民法では、所有者不明土地管理制度が創設された（民新264条の2）。所有者不明土地管理制度とは、所有者を知ることができず、またはその所在を知ることができない土地について、必要があると認められるときには、利害関係人または検察官の請求により、家庭裁判所は、対象となる土地またはその持分について、所有者不明土地管理人による管理その他必要な処分を命令できるという制度である（→ Case35）。登記簿上の所有者である自然人が死亡しており、その相続人の所在が不明である場合も、所有者を知ることができないときに該当するため（Q&A168頁）、**Case**では、まず、乙土地を対象に、所有者不明土地管理命令の申立てをすることが考えられる。ただし、所有者不明土地管理制度は、所有者の所在を知ることができる場合には利用できないため、その後の調査によってCとDの所在が判明したものの、相続財産の管理に意欲を失っているような場合にはこれを利用することができな

い。

　これに加えて、改正後民法では、相続財産の保存を目的とする相続財産管理制度が、過渡的な相続財産の保存のための制度として、統一的に整理されている（民新897条の2→Case 51）。家庭裁判所は、利害関係人または検察官の請求によって、相続財産管理人の選任など相続財産の保存のために必要な処分を命ずることができる。①相続人が1人である場合においてその相続人が相続の単純承認をしたとき、②相続人が数人ある場合において遺産分割が完了したとき、③相続人不明時における相続財産清算人（民新952条1項。なお、相続財産管理制度の整理によって、改正前民法における「相続財産管理人」は「相続財産清算人」と改称されている）が選任されたときには、相続財産管理命令を発令することはできないが、**Case** のように、ＣＤの相続状況がわからずとも、遺産分割が完了していない（②）、相続財産清算人が選任されていない（③）限り、Ａとしては、当該命令の申立てをすることができる。もちろん、ＣとＤの所在が明らかな場合でも可能である。

　上記のとおり、相続財産管理制度と所有者不明土地管理制度と、いずれの利用も想定できるところ、前者は被相続人という人基準、後者は管理を要する当該土地という土地基準での制度であるため、土地以外の相続財産も含めて管理対象とする必要がある場合には相続財産管理制度が適しているといえる。さらに、相続財産の管理の費用を相続財産から支弁できることも（民885条）、相続財産管理制度を利用するメリットであると指摘されている（Q&A 226頁）。そのため、Ｂの相続財産が一定程度あることが予めわかっている場合には、相続財産管理制度を利用することにより、Ａが管理費用に充てるため予納金を納める必要があったとしても、後日、相続財産からその弁済を受けることができ、Ａの負担を抑えることができよう。

［堀野桂子］

55
保存に関する処分の審理手続

Case

　Aは甲土地およびこれを敷地とする乙建物を所有し、自宅として利用している。甲土地の隣地である丙土地には丁建物が存在し、丙土地および丁建物は、もとはBが所有し自宅として使用していたが、Bが死亡した後は空き家となり、以後、10年が経過している。Bの相続人はC～Hの6人であったが、いずれも遠方に居住しており、遺産分割をすることもなく、丙土地・丁建物を長年にわたって放置したままである。そのため丁建物の老朽化が進み、丁建物の一部が損壊し、Aが所有する乙建物にも被害が生じている状態にある。そこで、Aは丁建物を相続したC～Hに対し、丁建物を適切に保存・管理するよう求めるべく、裁判所に申立てをしたい。具体的にどこの裁判所に申立てをすべきか。また、申立て後はどのような手続となるか。

【Before】

　改正前は、統一的な相続財産管理制度がなく、**Case** のように複数の共同相続人全員が相続の熟慮期間経過後も遺産分割を行わないままに遺産である不動産を放置し、その保存・管理に関心を払わない場合には、これに対する適切な管理制度が設けられていなかった。そこで、隣地所有者であるAが丁建物の適切な保存・管理を求めるための申立てをすることは、その種の制度を欠き困難であった。具体的な被害を被った場合やその危険性が現実化しているような場合において、AはC～Hに対し、所有権に基づく物権的請求権の行使や不法行為に基づく損害賠償請求が可能となる程度であった。

【After】

　改正後民法は、統一的な相続財産管理制度を構築するとの観点から897条の2を新設し、家庭裁判所が相続財産管理人の選任その他の相続財産の保存に必要な処分を命じることができることとなった。家庭裁判所が選任した相続財産管理人の権限等については同条2項によって、不在者の財産管理人の規定（民27条～29条の規定）を準用することになる。

　そこで、Aが利害関係人として相続財産管理人選任を求めるための具体的な手続であ

るが、この点は改正後家事法に規定されている。同法 190 条の 2 第 1 項によれば、相続財産の保存に関する処分は審判対象事件（別表第 1 事件）であること、そして、その管轄裁判所は相続が開始した土地を管轄する家庭裁判所であることが規定されている。よって、**Case** では被相続人である B の最後の住所地を管轄する家庭裁判所に A は申立てを行うべきことになる。なお、相続財産管理人が選任されても公告の必要はない（部会資料 34・12 頁）。

そして、相続財産管理人が選任された場合、その管理人については、成年後見に関する審判事件に関する家事法 125 条 1 項〜 6 項と、不在者の財産管理人に関する改正後家事法 146 条の 2 および同法 147 条の規定を準用することとされている（家事新 190 条の 2 第 2 項）。その結果、家庭裁判所はいつでも相続財産管理人を改任することができ（家事 125 条 1 項）、また、相続財産管理人に対し財産状況の報告および管理の計算を命じることができる（同条 2 項）。この財産状況の報告および管理の計算に要する費用は相続財産から支弁される（同条 3 項）。民法 29 条の準用により相続財産管理人に相当の担保を立てることが命じられることがあるが、家庭裁判所はその担保の増減、変更、免除を命じることもできる（家事 125 条 4 項）。抵当権の設定を命じる審判が効力を生じたときは裁判所書記官がその設定の登記の嘱託を行うこととなるし、設定した抵当権の変更、消滅の登記も同様とされる（同条 5 項）。さらには民法 644 条（受任者の注意義務）、646条（受任者による受取物の引渡し等）、647 条（受任者の金銭の消費についての責任）および 650 条（受任者による費用等の償還請求等）が相続財産管理人についても準用されると規定されている（家事 125 条 6 項）。

また、改正によって家事法 146 条の 2 が新設され、不在者の財産管理人による財産管理等によって金銭が生じたときには、管理人はこの金銭を不在者のために供託できるとの規定が設けられた。この規定についても相続財産管理人に準用され（家事新 190 条の 2 第 2 項）、相続財産管理人も管理によって得た金銭を相続人のために供託することができる。

そこで、相続財産管理人は管理していた金銭全部を供託することにより管理を終了させることが可能となる。このような場合を含め財産管理を継続することが相当でなくなったときは、家庭裁判所は、相続人、管理人もしくは利害関係人の申立てにより、あるいは職権によって管理人の選任等の処分の取消しの審判をしなければならない（家事新 190 条の 2 第 2 項による同 147 条の準用）。　　　　　　　　　　　　［高須順一］

56
相続財産に対する共有規定の適用

Case

　Bは、父Aと各2分の1の持分割合により、甲土地を共有していた。Bが死亡して妻Cと長男Dが相続したところ、Dは、法定相続分2分の1による相続登記をした上で不動産業者Eに対して譲渡し、共有持分4分の1の移転登記手続をした。Dが結婚時に1,000万円をBから贈与されていたため、Cは、遺産分割協議において特別受益の持戻しを請求している。Dの特別受益に関するCの主張は、AおよびCに対してEが提起した共有物分割訴訟の審理において考慮されるか。

【Before】

　相続人が数人あるときは、相続財産は、その共有に属する（民旧898条。民新898条1項と同じ）。相続財産の共有は、昭和22年法律222号による全面改正前民法1002条と同様に、「民法249条以下に規定する『共有』とその性質を異にするものではない」（最判昭30・5・31民集9-6-793）とされる。

　そして、共同相続人の1人が勝手に単独所有権取得の登記をして第三取得者に譲渡し移転登記した事案において一部抹消（更正）登記を認めた判例（最判昭38・2・22民集17-1-235参照）は、全部抹消を認めない理由として譲渡者の「持分に関する限り実体関係に符合」していると指摘し、共同相続人の1人から共有持分権を譲り受けた第三者は適法にその権利を取得することを認めている。したがって、Caseにおいて甲土地についてDの有する共有持分権を譲り受けた第三者Eは適法に権利を取得でき、AおよびCとともに甲土地を共同所有する関係に立つ（不動産に関する権利の承継と対抗要件については、潮見佳男ほか編著『Before／After相続法改正』（弘文堂・2019）2～3頁〔水津太郎〕参照）。

　また、共同相続人の1人が特定不動産について有する共有持分権を第三者に譲渡した場合、当該譲渡部分は遺産分割の対象から逸出するものと解すべきであるから、第三者が「共同所有関係の解消を求める方法として裁判上とるべき手続は、民法907条に基づく遺産分割審判ではなく、民法258条に基づく共有物分割訴訟である」（最判昭50・11・7民集29-10-1525）と理解されている。

AおよびCに対するEの共有物分割訴訟の審理において、Dの特別受益に関するCの主張は考慮されない。このことは、「現在の理解を前提とすると、具体的相続分の割合がどのようなものであるとしても、共同相続人は、法定相続分（又は指定相続分）の割合に応じて、遺産に属する個々の財産に共有持分権を有している。例えば、A及びBが各2分の1の持分を有する共有状態の土地がある場合に、Bが死亡し、C及びDが各2分の1の法定相続分で相続したときは、その具体的相続分の割合に関係なく、当該土地につき、Aが2分の1の持分を、C及びDが各4分の1の持分をそれぞれ有していることになる」（部会資料42・2頁）と説明された。

【After】

　改正後民法によると、相続財産について共有に関する規定を適用するときは、「第900条から第902条までの規定により算定した相続分」（民新898条2項）をもって各相続人の共有持分とする。これは、相続財産について共有に関する規定を適用するときの持分は、①遺言による相続分の指定がないときは法定相続分（民900条・901条）、②遺言による相続分の指定があるときは指定相続分（民902条）を意味する（Q&A243頁）。このことは、「遺産共有において持分の価格の過半数で決する際には法定相続分（又は指定相続分）を基準とすることとしていた。また……所在等不明相続人の共有持分の取得又は譲渡を可能とする規律を導入することを提案していたが、その対象となる共有持分の割合は、法定相続分又は指定相続分の割合によることとしていた。……部会資料42で掲げた規律以外にも、その基準となる持分が問題となるため……相続財産について共有に関する規定を適用するときは、民法900条から902条までの規定により算定した相続分をもって各相続人の共有持分とすることとしている」（部会資料51・17頁）と説明された。

　これは、改正前民法下における一般的理解を明文化したものであり、AおよびCに対してEが共有物分割訴訟を提起した場合、その審理において、CがDに対して遺産分割協議において特別受益の持戻しを請求していることが考慮されないことは、改正後でも同じである。

　「相続財産について共有に関する規定を適用するとき」（民新898条2項）には、新設されたもののうち、①遺産共有持分と通常共有持分とが併存している共有物についての共有関係の解消に関する規定（民新258条の2）、②所在等不明共有者の持分の取得（民新262条の2）、③所在等不明共有者の持分の譲渡（民新262条の3）が含まれる（→ Case 26・28・32）。　　　　　　　　　　　　　　　　　　　　　　　　　[中込一洋]

57
相続開始10年経過の特則

Case

　妻に先立たれたＡは、居住する不動産と預金債権を残して遺言をせずに死亡した。Ａの２人の息子ＢＣがＡを相続した。Ｂは、自らが経営する事業の援助としてＡから生前贈与を受けていた。Ｃは、Ａが死亡する前の５年間、Ａの介護をしていた。Ａの死後、ＢＣは、遺産分割を先延ばしにし、Ａが死亡して12年が経過したころに、ようやく遺産分割の協議を始めた。協議が調わないので、Ｂは、家庭裁判所に遺産分割の審判を申し立てた。遺産分割の審判において、Ｂの特別受益やＣの寄与分は考慮されるか。

【Before】

　複数の相続人が遺産共有している状態は過渡的な状態であり、遺産の共有を解消して遺産中の財産の最終的な帰属先を決めるために遺産分割をする必要がある。遺産分割の割合について、法定相続分または指定相続分が基準となるが、**Case** ではＢは被相続人から生前贈与を受け、Ｃは被相続人に介護による寄与をしており、Ｃはこれらの事情を遺産分割において考慮するよう主張することができる（民903条～904条の２）。これにより、Ｃは、法定相続分または指定相続分を特別受益や寄与分により修正した具体的相続分に基づいて、遺産分割においてより多くの遺産を取得することができる。

　改正前民法では、遺産分割の審判の申立てには期間制限がなく、さらに、特別受益や寄与分を考慮した具体的相続分に基づいて遺産分割を求めることにも期間制限がないから、Ｃは、Ａが死亡してから12年が経過した後であっても、遺産分割の審判の申立てをすることができ、そこで具体的相続分に基づく遺産分割を求めることができる。

　しかし、被相続人が死亡した後、いつまででも具体的相続分に基づく遺産分割を求めることができるという法的状況は、長期間経過後にも何の不利益なく遺産分割をすることが可能であることを意味する。このことは、相続人が遺産分割を早期に行う必要がないという意識の下、遺産分割を先延ばしにする状況を放置してしまうことになる。遺産分割の長期間の先延ばしは、相続人の持分がさらに複数人に相続された場合に多数の相続人間での遺産の管理が複雑になる等の問題を発生させるため、遺産分割をできるだけ早期に行って、遺産の最終的な帰属を確定する必要性がある（Q&A245～246頁）。

【After】

　改正後民法では、遺産分割をすることができる期間に制限が設けられてはいないが、特別受益や寄与分を考慮した遺産分割をすることができる期間に制限が設けられ、民法903条〜904条の2の規定は、相続開始の時から10年が経過した遺産分割には適用されないとする特則が設けられることとなった（民新904条の3）。したがって、期間経過後の遺産分割の審判では、特別受益や寄与分を考慮した具体的相続分によることはできず、法定相続分または指定相続分によって分割される。**Case** では、Aが死亡して12年が経過した後に遺産分割の審判が申し立てられているから、Cは、Aの介護をしたことによる寄与分、および、BがAから生前贈与を受けていたことによる特別受益を考慮した具体的相続分に基づく遺産分割の審判をもはや求めることはできない。この場合には、BCの法定相続分（**Case** では、相続分指定がされていなかったようである）に基づいた遺産分割審判が行われる。

　なお、期間が経過した後であっても、分割の手続は遺産分割審判であり、共有物分割訴訟によることはできない（民新258条の2第1項）。期間経過後にも、遺産分割審判において民法906条の基準に基づいて遺産全体について分割が行われ、具体的相続分によることができないこと以外には、期間経過前の遺産分割審判と同様のことが妥当する（潮見佳男『詳解相続法〔第2版〕』（弘文堂・2022）300頁）。

　相続開始10年経過の特則により、具体的相続分による遺産分割に利益をもつ共同相続人の主導による早期の遺産分割を促進すること、相続開始の時から長期間経過後の当事者の記憶が薄れた状況で具体的相続分を争うことなく遺産分割を円滑に進めることが期待されている（Q&A246頁）。　　　　　　　　　　　　　　　　　　　［青竹美佳］

58
10年経過後の遺産分割の特例

Case

　妻に先立たれたAは、居住する不動産と預金債権を残して遺言をせずに死亡した。Aの2人の息子BCがAを相続した。Bは、自らが経営する事業の援助としてAから生前贈与を受けていた。Cは、Aが死亡する前の5年間、Aの介護をしていた。Aが死亡して12年が経過したころに、Bは家庭裁判所に遺産分割の審判を申し立てた。以下の⑴⑵の場合に、審判において、Bの特別受益やCの寄与分は考慮されるか。
　⑴　Aが死亡した後10年が経過する前に、Bが家庭裁判所に遺産分割調停を申し立てていた場合。
　⑵　Aが死亡した後10年が経過した後に、BCが特別受益や寄与分を遺産分割で考慮することに合意した場合。

【Before】

　改正前民法では、特別受益や寄与分を考慮した具体的相続分に基づく遺産分割を求めるのに期間制限はない。したがって、**Case** のように相続開始から12年を経過した後でも、Cは、自らの介護による寄与分、および、Bが受けた生前贈与による特別受益を考慮した具体的相続分に基づく遺産分割の審判を求めることができる（民903条〜904条の2）。

【After】

　改正後民法では、相続開始から10年が経過すると、遺産分割審判においてもはや特別受益や寄与分を考慮した具体的相続分に基づく遺産分割を求めることができず、法定相続分または指定相続分により遺産が分割されることになる（民新904条の3 → Case 57）。

　もっとも、相続開始から10年を経過した後でも、特別受益や寄与分を考慮した具体的相続分により遺産分割の審判をすることが認められる例外が2つ設けられている。

　第1に、相続開始の時から10年を経過する前に、相続人が家庭裁判所に遺産分割の請求をしたときである（民新904条の3第1号）。つまり、相続人が遺産分割の調停または審判を10年の経過より前に申し立てていれば、10年経過後であっても、審判におい

て具体的相続分による遺産分割をすることができる。共同相続人の1人が申し立てていれば、申立てをしていない他の共同相続人全員との関係で、具体的相続分による遺産分割がされる（Q&A248頁）。家庭裁判所への請求が必要とされているから、相続人の1人が他の共同相続人に対して遺産分割協議の申入れをしたのみでは、例外が認められない。**Case**(1)は、Bが期間満了前に家庭裁判所に遺産分割調停を申し立てているので、例外が認められる。

　第2に、10年の期間の満了前6か月以内の間に、遺産分割の請求ができないやむを得ない事由が相続人にあった場合において、その事由が消滅した時から6か月を経過する前に、家庭裁判所に遺産分割の請求をしたときである（民新904条の3第2号）。これは、時効の完成猶予と同様の趣旨による（部会資料42・7頁）。やむを得ない事由として想定されているのは、被相続人が生死不明であったところ、10年以上前に死亡したことが判明した場合、相続開始後10年が経過してから有効に相続の放棄がされて相続人になった場合など、主観的事情ではなく、相続人に遺産分割の請求をすることが期待できない客観的な事情がある場合に限られる（Q&A249頁）。

　なお、明文の規定は設けられていないが、共同相続人が期間満了後にも具体的相続分により遺産分割することに合意していた場合の扱いが問題となる。もともと協議分割においては、共同相続人が合意により法定相続分や指定相続分によらずに分割できるのは当然と解されている。したがって、10年が経過した後の遺産分割協議においても、法定相続分や指定相続分による遺産分割に利益をもつ相続人が同意すれば、具体的相続分による遺産分割は当然に認められる（Q&A250頁）。

　問題は、共同相続人が具体的相続分による遺産分割に合意した場合に、家庭裁判所が、具体的相続分に基づく遺産分割審判をすることができるかである。10年経過後の遺産分割に不利益を課すことで早期の遺産分割を促進し、長期間経過後に具体的相続分を争うことなく遺産分割を円滑に進める改正後民法の目的からすると、当事者の合意があっても、家庭裁判所は具体的相続分に基づく遺産分割審判をすることができないとする考え方もある。しかし、改正後民法の一般的な理解によると、共同相続人が合意すれば、10年経過後でも家庭裁判所は具体的相続分による遺産分割審判をすることができる（Q&A250頁、潮見佳男『詳解相続法〔第2版〕』（弘文堂・2022）303頁）。もっとも、10年が経過する前に、共同相続人が具体的相続分によることを合意していた場合に、この合意の効力を認めると、10年の期間制限をした意義が薄れてしまう。したがって、合意は、10年の経過後になされた場合にのみ効力が認められる（Q&A250頁、潮見・前掲303頁）。**Case**(2)では、相続開始から10年が経過した後に、ＢＣが特別受益や寄与分を遺産分割で考慮することに合意しているから、この合意をもとに具体的相続分による遺産分割審判がされることになる。　　　　　　　　　　　　　　　　　　　　　　　　　　　　　［青竹美佳］

59
遺産分割請求をした場合

Case

子Cは、父Aおよび母Bと同居し、平成25年には会社を退職して、認知症のAを自宅で介護してきた。また、AとBにはCのほか、子DおよびEがいるが、2人とも遠方で暮らしているため、CがAとBの介護をほぼ一手に引き受けてきた。令和5年6月1日、Aは死亡したが、CDEは、Bの存命中はAの遺産分割を見合わせることとし、B死亡後に両親の遺産分割をまとめて行うことにした。

　⑴　A死亡から9年8か月後、Bが死亡した。Cは、AとBの介護に長年尽くした貢献として寄与分を主張できるか。

　⑵　Aの死亡が改正民法施行日である令和5年4月1日より前であるときはどうか。

【Before】

　具体的相続分による遺産分割を求めることについて、改正前民法の下では時間的に制限がなく、具体的相続分による遺産分割を希望する相続人は、相続開始から何年経った後でも、遺産分割手続において生前贈与や寄与分の主張が認められてきた。しかしながら、相続開始から長い年月が経つと、証拠は散逸し、また、関係者が死亡したり、その記憶が薄れるなどして、特別受益や寄与分の事実の証明が困難となる。その結果、遺産分割手続が紛糾し、解決までに時間がかかるとの弊害があった。さらに、遺産分割がされないまま数次相続が重なると、相続人が多数となって遺産の管理処分が困難となるだけでなく、一部の相続人の所在が不明となったり、ケースによっては相続人が数百名に膨れ上がって相続人の特定さえ困難となり、所有者不明土地問題の原因となった。

【After】

　改正後民法は、具体的相続分による遺産分割の時的限界について新たな規律を設けるとともに（民新904条の3本文→Case58）、その例外についても規律を設けた（同条1号・2号）。

　原則として、特別受益者の相続分および寄与分に関する規定（民903条～904条の2）

は、相続開始の時から10年を経過した後にする遺産の分割については適用されないが（民新904条の3本文）、相続開始の時から10年を経過する前に、相続人が家庭裁判所に遺産の分割の請求をしたときはこの限りではない（同条1号）。相続人が期間経過前に遺産分割を請求している以上、具体的相続分による遺産分割を求める利益を保護する必要があるからである。したがって、相続開始から10年経過前に遺産分割の請求が家庭裁判所になされている場合、遺産分割の基準は具体的相続分によるし、寄与分の請求（民904条の2）は、相続開始時から10年を経過した後にすることもできる（ただし、家庭裁判所は、遺産分割の審判手続において1か月を下らない範囲内で寄与分を定める処分の審判の申立てをすべき期間を定めることができる〔家事193条1項〕）。また、相続人のいずれかが家庭裁判所に遺産分割の請求をすれば足り、当該請求をした相続人以外の相続人も、相続開始時から10年経過後に特別受益の主張や寄与分の請求をすることができる。その結果、相続人全員との間で具体的相続分による遺産分割がなされることになる。

　(1)では、Aの相続開始時から9年8か月を経過した時点であるため、この時点でCが家庭裁判所に遺産分割の請求をすれば、寄与分を請求することができる。

　これに対し、(2)では、Aの死亡が改正民法施行日である令和5年4月1日より前である。法律改正は、法律の内容をより合理性あるものとすることを目的とするから、改正法の施行後は、その改正後の法律を適用することが原則である。しかしながら、改正後民法904条の3の趣旨は、早期の遺産分割を促し、長期間経過後の遺産分割を円滑に行うことにあるから、施行日前に相続が開始した遺産分割にも適用されることが望ましい。そこで、同条は、施行日前に相続が開始した遺産分割にも改正法が適用されることとした（附則3条前段）。ただし、施行の時点で相続開始から10年を経過している場合、具体的相続分による遺産分割を求める利益は施行と当時に失われることになって、相続人に不意打ちを与える可能性がある。そこで、改正民法施行日前に相続が開始した遺産分割では、相続開始の時から10年を経過する時または改正民法施行の時から5年を経過する時のいずれか遅い時までに、相続人が家庭裁判所に遺産分割の請求をすれば、具体的相続分による遺産分割を行うことが可能とされた（同条後段）（Q&A393頁）。したがって、(2)では、Aの死亡が改正後民法施行時である令和5年4月1日より10年以上前であれば、Cは、令和5年4月1日から5年を経過するまでに家庭裁判所にAの遺産分割を請求する必要がある。また、相続開始時から10年を経過する時が、令和5年4月1日から5年を経過するときよりも先立つケース（例：A死亡＝令和7年4月1日）では、施行時から5年を経過するまでに家庭裁判所に遺産分割を請求する必要がある。さらに、相続開始時から10年を経過する時が令和5年4月1日から5年を経過するよりも遅れるケース（例：令和12年4月1日）では、相続開始時から10年を経過するまでに家庭裁判所に遺産分割を請求する必要がある。　　　　　　　　　　［荒木理江］

60
やむを得ない事由

Case

甲土地を所有するＡは、数十年前から行方不明であったが、令和5年9月4日、その遺体が発見された。警察によれば、遺体の状況からＡの死亡は10年以上前になるだろうとのことであった。Ａの唯一の相続人は父Ｂであったが、Ａの死亡を知ったＢはその2か月後にＡの相続を放棄し、その旨を子らに伝えた。その結果、Ａの相続人は、兄Ｃ、姉Ｄ、弟Ｅとなった。かつてＣは、Ａの事業を助けるため、Ａに多額の資金援助をしていたことから、寄与分の請求をしたいと考えている。Ｃはどうしたらよいか。

【Before】

改正前民法の下では、寄与分の請求など具体的相続分による遺産分割の主張について時間的な制限がなく、相続人は相続開始から10年以上経った後も、遺産分割調停または審判において具体的相続分による分割を請求することができた。

【After】

今般の民法改正によって、遺産分割を促進する観点から、原則として相続開始から10年経過した後は、具体的相続分ではなく、法定相続分または指定相続分により遺産分割されることになった（→Case57・58）。ただし、相続人に遺産分割の請求をすることができないやむを得ない事由があるときの例外についても定められた。

相続開始の時から始まる10年の期間の満了前6か月以内の間に、遺産分割を請求することができないやむを得ない事由が相続人にあった場合、その事由が消滅した時から6か月を経過する前に、当該相続人が家庭裁判所に遺産分割の請求をしたときは具体的相続分を主張することができる（民新904条の3第2号）。やむを得ない事由により、遺産分割の請求をすることができない場合にも、相続開始から10年を経過したことにより、直ちに具体的相続分による遺産分割を求める利益を喪失させることは相当ではないからである。本規律は時効の完成猶予の制度を参考に明文化された（部会資料42・7頁）。

遺産分割を請求することができないやむを得ない事由とは、相続人が遺産分割することを期待できない客観的な事情がある場合をいい、相続人の死亡を知らなかったという

主観的な事情によって直ちに認められるものではない。具体的には、①長期間にわたり被相続人の生死が不明であったが、遺体発見による鑑定の結果、10年以上前に死亡していたことがわかった場合、②遺産分割禁止の特約や審判がある場合（→ Case62）、③相続開始から10年経過後に有効に相続放棄がなされた場合の次順位相続人などには、やむを得ない事由があるといえる（Q&A249頁）。また、やむを得ない事由は相続人ごとに判断され、当該相続人が、やむを得ない事由が消滅してから6か月以内に家庭裁判所に遺産分割の請求をする必要がある。

Case では、長期間生死が不明であったAの遺体が発見され、遺体の状況から10年以上前にAは死亡していたとのことである。唯一の相続人であるBが警察の知らせを受け、その2か月後に相続放棄をしたことは「自己のために相続の開始があったことを知った時から3箇月以内に」したものとして有効と認められる（民915条1項）。その結果、CDEが次順位の相続人になったのであり、Cにとっても、Aの相続開始から10年以内に遺産分割請求できなかったことはやむを得ない事由ありといえる。したがって、Cは、Bから相続放棄の通知を受けた時から6か月以内に家庭裁判所に遺産分割の請求をすれば、当該手続においてDおよびEに対し、寄与分の請求をすることができると考えられる。

これに対し、CがBによる相続放棄によって自らが次順位相続人であることを知ってから6か月を経過した後も例外的に寄与分の請求をすることは可能であろうか。

改正後民法においても、共有物の全部または一部が相続財産に属する場合、共有物分割請求ではなく遺産分割請求によるとの原則が維持されるとともに、相続開始から10年経過した後に遺産に属する財産について共有物分割請求がなされても、相続人が異議を述べれば遺産分割によるとの規律が明文化された（民新258条の2第1項・2項）。

したがって、相続開始から10年経過した後も、相続人は遺産に属する財産について共有物分割請求ではなく遺産分割を求めることができ、また、遺産分割は相続人間の合意によってなされるとの原則に変わりはないから、相続開始から10年経過後に相続人の間で具体的相続分に基づき分割するとの合意を成立させることは可能と考えられる。

これに対し、相続開始から10年が経過する前に、相続人間で相続開始から10年経過後も具体的相続分によって遺産分割するとの合意は許されない。なぜなら、具体的相続分による遺産分割の時的限界を設けた趣旨が没却されるからである。消滅時効における時効完成前の放棄と同様に事前合意は認められないのである（民146条）（Q&A250頁）。

したがって、CがBによる相続放棄の事実を知ってから6か月経過後に寄与分を請求したいと考えたとき、DEがCの寄与分の主張を認めるのであれば、具体的相続分による遺産分割協議を成立させる余地があると考えられる。　　　　　　　　　［荒木理江］

61
遺産分割申立て取下げの制限

Case

　Aは、令和5年6月15日に死亡した。Aの妻もすでに他界しており、A
の相続人は、先妻との間の子BCおよび後妻との間の子Dの3人である。A
の死亡から8年後に、BとCがDを相手方として家庭裁判所に遺産分割調停
を申し立てた。これに対し、Dは、BとCの特別受益を主張し、BとCは、
Dの主張を争っている。なお、遺産分割調停に先立ち、BCとDとの間には
Aの自筆証書遺言の効力をめぐる裁判があり、遺言を無効とする判決が確定
するまで7年を要していた。
　⑴　遺産分割調停でもBCとDとの紛争は先鋭化し、長期戦の様相を呈し
　　ていたが、Aの相続開始から10年を経過した後、BとCは遺産分割調停の取
　　下げを考えるようになった。Bらは調停申立てを取り下げることができるか。
　⑵　また、Aの死亡から10年経過する前の場合はどうか。

【Before】

　改正前民法では、相続人の1人が遺産分割の審判または調停の申立てをした場合には、
相手方である相続人は、自らが遺産分割の審判または調停の申立てをしていなくても、
その手続の中で、具体的相続分の割合による遺産分割を求めることができた。

　もっとも、遺産分割調停申立ての取下げについては特に制限がなく、また、遺産分割
審判申立ての取下げについては、相手方が本案について書面を提出し、または家事審判
手続の期日で陳述をした後には相手方の同意を得なければその効力は生じないとされる
以外（家事旧199条、家事153条）、取下げに関する制限がなかった。

　このように、遺産分割の審判および遺産分割の調停の申立ては、必ずしも相手方であ
る相続人の同意がなくとも取り下げることができる場合があったため、申立人である相
続人が申立てを取り下げると、相手方である相続人が具体的相続分の割合による遺産分
割を求めるためには、別途、新たに調停または審判を申し立てる必要があった。

【After】

　改正後民法では、相続開始の時から10年を経過した後に遺産分割を申し立てた場合、

相続人は具体的相続分による遺産分割を求めることができないとされた（民新904条の3）。その結果、相続開始から10年経過後に遺産分割の調停または審判の申立てが申立人によって取り下げられると、相手方である相続人が別途に新たな遺産分割の調停または審判の申立てをしても、具体的相続分の割合による遺産分割を求めることができなくなる。

そこで、改正後家事法は、原則として別表第2に掲げる事項についての家事審判の申立ては、審判が確定するまで、その全部または一部を取り下げることができるが（家事新82条2項）、例外的に遺産分割の審判の申立ての取下げについては、相続開始の時から10年を経過した後にあっては、相手方の同意を得なければ、その効力を生じないとされた（家事新199条2項）。また、家事調停の申立てについても、家事調停事件が終了するまで、その全部または一部を取り下げることができることが原則であるが、遺産分割の調停の申立ての取下げは、相続開始の時から10年を経過した後にあっては、相手方の同意を得なければ、その効力を生じないとされた（家事新273条2項）。

なお、改正後家事法は、審判申立ての取下げに相手方の同意を要する場合において、取下げを知った相手方が明確な同意・不同意の態度を示さず、手続が遅滞する事態を避けるため、裁判所が相手方に取下げがあったことを通知した上で、2週間以内に異議を述べないときは取下げに同意したものとみなすとする規律を置いている（家事新82条3項・4項）。上記のとおり、相続開始の時から10年を経過した後の審判申立ての取下げについて、相手方の同意を要する場面でも、この規律を適用する必要があるから、同法82条3項では審判申立ての取下事由として同法199条2項を加えるとともに、調停申立ての取下げについても、同法273条3項において同法82条3項および4項を準用している。

(1)では、BとCは、Aの相続開始から10年を経過した後に、遺産分割の調停申立ての取下げを検討しているところ、Dの同意がない限り、その申立てを取り下げることはできない（家事新273条2項）。

これに対し、(2)で、BとCが遺産分割の調停申立てを取り下げようとしているのは、Aの相続開始から10年以内であるから、Dの同意を得ることなく取下げが可能といえる。しかしながら、10年経過の直前に、遺産分割の調停申立てが取り下げられてしまうと、Dは10年経過時までに新たな遺産分割調停の申立てをする時間がなく、具体的相続分を主張することができなくなり不当である。そこで、このような場合には、「やむを得ない事由」ありとして（民新904条の3第2号）、Dは、BCによる遺産分割調停申立てが取り下げられてから6か月以内に、BCを相手方とする遺産分割調停を新たに申し立てることにより、具体的相続分の主張をすることができると考えられる（Q&A252頁）。

[荒木理江]

62
遺産分割の禁止契約

Case

　Aが死亡し、その相続人は3人の子BCDである。Aは複数の収益不動産を所有していたが、Dが、BとCがAとともに3分の1ずつの持分による共有者として登記されている賃貸物件（甲不動産）も本来はAが単独で所有していたものであり、その全部がAの遺産に含まれると主張して、争いになっているため、遺産分割の協議は進んでいない。相続開始から2年後、DはBおよびCを被告として、甲不動産のBC各名義の共有持分がAの遺産であることの確認訴訟を提起することにし、同訴訟の判決が確定するまでAの遺産分割をしないことをBCD間で合意した。

【Before】

　遺産分割の禁止について、改正前民法は、被相続人の遺言による場合と家庭裁判所の審判による場合のみを規定していた。すなわち、被相続人は、遺言で、相続開始後5年を超えない期間を定めて遺産分割を禁ずることができる（民旧908条）。また、家庭裁判所に遺産分割の請求がされた場合（民旧907条3項）または遺産分割禁止の審判が申し立てられた場合（家事39条、旧別表第2・13）に、家庭裁判所は、特別の事由があるときは、期間を定めて遺産の全部または一部の分割を禁ずる旨の審判をすることができる。家庭裁判所の審判による分割禁止期間については、改正前民法908条との均衡から5年を超えない範囲と解され、禁止期間の更新についても相続開始時から10年を限度とすると解されていたが、明文の規定や判例はない（Q&A255頁）。なお、分割を禁ずる審判がされた後に事情の変更があるときは、相続人の申立てによって、家庭裁判所はいつでもその審判を取り消しまたは変更することができる（家事197条）。

　一方、共同相続人らが合意によって遺産分割を一定期間禁止することができるかどうかについては、法律上規定がないものの、遺産分割前の共同相続人らによる相続財産の共有（民旧898条）は民法249条以下の物権法の共有とその性質を異にしないと解されていることから（最判昭30・5・31民集9-6-793）、民法256条1項ただし書に依拠して、共同相続人らが5年を超えない範囲で遺産分割をしない旨の契約をすることは可能といえる。さらに、5年内に限り、分割禁止の契約を更新することや被相続人の遺言による

分割禁止を更新することもできると解されている（民256条2項参照）。

　Case のように遺産の範囲に関し共同相続人間で争いがある場合については、家庭裁判所の審判で遺産分割が禁じられた事例があり（大阪家審平2・12・11家月44-2-136、名古屋高決平15・3・17判タ1198-256）、共同相続人であるＢＣＤの協議によって遺産分割をしない旨の合意をすることも妨げられないと考えられる。ただし、過度に遺産分割の進行を遅らせることは妥当ではなく、前述のように共同相続人の合意による遺産分割の禁止期間は5年を超えることはできないと解されることから、Case のように遺産確認訴訟が確定するまでという不確定な期日の取決めは適切でなく、相続開始時から5年以内の日を指定することが必要であるといえる。

【After】

　改正後民法によって、908条に、共同相続人の合意による遺産分割の禁止（遺産分割禁止特約）に関する規定が加えられた（民新908条2項・3項）。それより、共同相続人は、5年以内の期間を定めて遺産の全部または一部につき分割をしない旨の契約をすることができることが明文化された（同条2項本文）。ただし、その期間の終期は、相続開始時から10年を超えることができない（同項ただし書）。また、この契約は5年以内の期間を定めて更新することができるが、その期間の終期も、相続開始時から10年を超えることができない（同条3項）。なお、従来から規定のあった家庭裁判所の審判による遺産分割の禁止についても改正後民法で条文が整備され、改正前民法907条3項は削除されて、改正後民法908条4項・5項が置かれた。そこでは、遺産分割禁止特約の場合と同内容で禁止期間等が明示されている（→Case 63）。

　このように、改正後民法では遺産分割禁止特約と審判による遺産分割禁止について禁止期間の終期を最長で相続開始時から10年とすることが規定されており、これは同じく改正後民法によって新設された具体的相続分による遺産分割の請求の期間制限に関する904条の3と関連する。そこでは、原則として相続開始の時から10年を経過した後にする遺産分割には特別受益および寄与分の規定は適用しないとされ（民新904条の3）、その場合、相続人は具体的相続分による分割を求める利益を失い、指定相続分または法定相続分による遺産分割を行うことになる。このように具体的相続分の主張に期間制限を設けたことに伴い、遺産分割の禁止がその期間を超えることは許されないと解され（部会資料31・28頁）、それに対応するものとして改正後民法908条2項〜5項が設けられた。したがって、Case では、ＢＣＤは遺産全部または甲不動産のみにつき遺産分割をしない旨の契約をすることができるが、その期間は5年以内でなければならない。さらに、この期間を更新する場合も5年を限度とし、かつ相続開始時から10年（すなわち、ここでは最初の契約時から8年）を超えてはならない。遺産分割禁止期間の終期を日付で明示すべきことは、従来と同様である。

[常岡史子]

63
家庭裁判所による遺産分割の禁止

Case

　Xが死亡し、相続人はＡＢＣの３人である。相続人は、相続財産は、甲乙丙の３筆の土地であると考えているが、甲土地はＤが占有使用している。ＸとＤの間には、甲土地の所有権確認、土地明渡し、登記請求などの訴訟が係属している。相続人間で遺産分割をしない合意をすることができない場合に、Ａが、家庭裁判所に遺産分割禁止の審判を申し立てた場合、家庭裁判所は遺産分割を禁止できるか。

【Before】

　改正前民法は、908条で被相続人が遺言で５年を超えない範囲で遺産の分割を禁止できるとしている。相続人の協議・調停による遺産分割の禁止については、明文の定めはないが、被相続人の意思による相続禁止が認められていること、遺産分割の時期・方法が相続人の自由に委ねられていることから、相続人の協議・調停による遺産分割の禁止の合意も認められると解されていた。そうして、さらに、改正前民法907条３項は、家庭裁判所は、特別の事由があるときは、期間を定めて遺産の全部または一部についてその分割を禁ずることができると定めている。禁止の期間については明文の定めがないが、遺産分割を禁止する事由によって１年〜５年の範囲で禁止した事例がみられる。

　家庭裁判所が、遺産分割禁止の審判をするのには、特別の事由が必要であるが、「この『特別の事由』とは、民法906条に規定する分割基準からして、遺産の全部又は一部を当分の間分割しない方が共同相続人らの全体にとって利益になると考えられる特別な事情をいうものと解すべきである」とする裁判例（東京高決平14·2·15家月54-8-36）があるが、具体的に、「特別の事由」があるかの判断は、事案ごとの判断であり、抽象的に累計化するのは困難である。

　Case でも相続財産が、甲乙丙の３筆の土地だけであるか、３筆の土地の面積・用途・Ｄとの訴訟の進行の見込みなどから特別の事由があるか、特別の事由があるとして遺産分割禁止期間をどれだけとするかが判断される。

【After】

1　改正後民法は、遺産分割を禁止できる場合を908条にまとめて規定した。遺産分割を禁止できる場合として、1項で被相続人が遺言で、相続開始の時から5年を超えない期間を定めて、遺産分割を禁止することができるとし、この部分は、改正がない。2項と3項で、従前解釈で認められていた相続人の合意による遺産分割の禁止を明文化した（→ Case62）。そうして、改正後民法は、907条3項にあった定めを削除し、改正後民法908条4項および5項として改めて家庭裁判所による遺産分割の禁止を定めた。

2　改正後民法908条4項は、改正前民法907条3項と同じく特別の事由がある場合は家庭裁判所は遺産の一部または全部について分割を禁ずることができるとする。ただ、改正前民法907条3項と異なり、家庭裁判所が遺産の分割を禁止する場合は、5年以内の期間でかつ相続開始の時から10年を超えない範囲で期間を定めなければならないとしている。さらに改正後民法908条5項は、家庭裁判所は、遺産分割を禁止する期間満了時に5年以内かつ相続開始の時から10年を超えない範囲で、期間を更新することができると定めた。

3　遺産分割を禁止する期間を5年としたのは、民法256条の共有物分割禁止の契約期間および遺言による分割禁止期間の定めと揃えたものであり、かつ、契約による場合も家庭裁判所の審判による場合も相続開始の時から10年を超えることができないとしたのは、今回の法改正が、できるだけ遺産分割を早期に行い、権利関係を早く解決しようとしたため、改正後民法904条の3が相続開始の時から10年を経過した遺産分割につき、特別受益や寄与分を適用しないとしたのと同じ趣旨である。

4　家庭裁判所が遺産分割の禁止を命ずることができる場合が、「特別の事由があるとき」とされている点については改正がない（民新908条4項）。前述のとおり、改正前民法の下では、この特別の事由は、民法906条に規定する分割の基準からして当分の間遺産を分割しない方が共同相続人らの全体にとって利益になると考えられる特別な事情と解されていたが、この点は、改正後民法の下でも変わらない。ただ、改正後民法が、遺産分割を早期に行わせることにより管理不全土地をなくそうとしていることからすると、改正前民法より「特別の事由」は狭く解されるべきであると考える。**Case** でいうと、訴訟の結果を待たないで分割する方法が本当にないか検討し、訴訟の結果を待たない限り適切な遺産分割ができないときに限り、5年以内でかつ相続開始の時から10年以内の期間を定めて遺産分割の禁止を命ずることになる。　　　　　　　　　　［矢吹徹雄］

64
相続の放棄をした者の管理責任

Case

　Aが死亡し、相続人は子のBとCである。Bはすでに結婚して他所で暮らしており、CはA所有の店舗兼住宅（甲不動産）でAと同居して、飲食店を営んでいた。Aの遺産は甲不動産と若干の預貯金、現金であるが、さらに、AがDに対して3,000万円の債務を負っていたことが判明した。

　⑴　相続債務が3,000万円と高額であったことから、Cは、相続放棄をして飲食店もたたむことにし、家庭裁判所に相続放棄の申述をして、受理された。

　⑵　BとCはともに相続放棄することにし、家庭裁判所に相続放棄の申述をして、受理された。Aの親や兄弟姉妹はすでに死亡しており、ほかにAの相続人となるべき者はいない。

【Before】

　改正前民法940条1項は、「相続の放棄をした者は、その放棄によって相続人となった者が相続財産の管理を始めることができるまで、自己の財産におけるのと同一の注意をもって、その財産の管理を継続しなければならない」と規定していた。同項は、次順位相続人が管理を開始できるまで放棄者が相続財産の管理継続義務を負うとするものであるが、共同相続人の1人が相続放棄をし、他の相続人が相続財産の管理を始めることができない特別の事情があるときにも適用があるとされていた（部会資料6・18頁）。したがって、**Case**⑴でBが甲不動産の管理をすることができない特別な事情があるときは、Cは同不動産の管理を継続する必要がある。しかし、**Case**⑵のように法定相続人全員が相続放棄をし、次順位相続人が存在しない場合にも同項は適用されるか、そもそも相続放棄者が相続財産を占有していない場合や相続財産を把握していない場合にも管理継続義務を負うのか、また、管理義務の内容はどのようなものかについては、民法上不明確であった（Q&A234頁）。

【After】

　改正後民法により、改正前民法940条1項は、「相続の放棄をした者は、その放棄の時に相続財産に属する財産を現に占有しているときは、相続人又は第952条第1項の相

続財産の清算人に対して当該財産を引き渡すまでの間、自己の財産におけるのと同一の注意をもって、その財産を保存しなければならない」と改められた。これによって、①相続放棄者による管理は保存義務を内容とすること、②放棄時に相続財産に属する財産を現に占有している者が当該財産に関してこの義務を負うこと、③義務を負うのは相続人または相続財産清算人に占有していた財産を引き渡すまでであること、④引渡しの相手方として相続人とともに相続財産清算人が挙げられており、次順位の相続人が存在しない場合にも同項が適用されることが、示されている。相続放棄をした相続人が、管理に一切関与していない相続財産についてまで保存義務を負うことは妥当でないという考慮がその基礎にあり、相続放棄時に当該財産を現に占有していることが保存義務の発生要件となる（部会資料 29・2 頁）。**Case** (1)(2)で C は相続放棄時に甲不動産を現に占有しているため、放棄後もその保存義務を負う。一方、**Case** (2)の B は相続放棄者であるが、A の死亡によって観念的に甲不動産の占有を承継したにとどまり、放棄時に同不動産を現に占有はしておらず、改正後民法 940 条の保存義務は負わない。

　相続放棄者が保存義務を負う財産の管理を適切に行わない場合、改正後民法 897 条の2 により、利害関係人等が相続財産管理人の選任を申し立てることができる。また、事案によっては、放棄者自身が利害関係人として相続財産管理人の選任を家庭裁判所に請求し、選任された管理人に財産を引き渡すことで自己の管理義務を終了させることも可能である（部会資料 29・4 頁、Q&A235 頁）。

　法定相続人全員が相続放棄をした場合には、相続財産の保存義務を負う放棄者は、改正後民法 952 条 1 項の利害関係人として相続財産清算人の選任を申し立てることも妨げられないと解される。当該放棄者は相続財産清算人の選任請求義務まで負うものではないが（中間試案補足説明 92 頁）、利害関係人として自ら選任を申し立てることで、仮に予納金を納めることになったとしても、選任された清算人へ管理していた財産を引き渡し、自己の管理義務を終了させることができる。

　ほかに、相続人が財産の受領に応じない場合や相続人がおらず相続財産管理人や相続財産清算人も選任されていない場合に、相続放棄者が管理義務を免れる方策として、供託（民 494 条 1 項 1 号・2 号）がある。保存義務を負う相続財産が土地等金銭以外の財産であって供託に適さないときは、民法 497 条により、放棄者は、裁判所の許可を得て当該財産を競売に付し、その代金を供託することができる（Q&A235 頁）。

　Case において、C は、(1)では B や相続財産管理人に、(2)では相続財産清算人や相続財産管理人に、甲不動産を引き渡すことで、自己の管理義務を終了させることができる。B が甲不動産の受領を拒むときや、相続財産管理人や相続財産清算人が選任されていないときは、C は裁判所の許可を得て甲不動産を競売にかけて、その代金を供託することでも、甲不動産の管理義務を終わらせることが可能である。　　　　　　［常岡史子］

65
相続財産清算人の選任

Case

　Yは、Xが経営する高齢者福祉施設に入所していた。入所時にXに届け出た書類等では、Yには配偶者も子もいなかった。両親はすでに死亡し、兄弟もいなかった。Yは5,000万円の預金を持っていた。Yは、入所後、通帳をXに保管させていた。Yは、遺書を残さないまま、Xの経営する高齢者福祉施設で10年間生活した後に亡くなった。

　Xは、保管している預金通帳をどうしたらよいか。

【Before】

1　**Case**の場合、戸籍上法定相続人がいないので相続人不存在のケースとなる。相続人のあることが明らかでない場合は、相続財産は法人とされる（民951条）。この法人には、法人の機関が定まっていないので、利害関係人または検察官の請求によって、家庭裁判所が相続財産の管理人を選任する（民旧952条1項）。利害関係人には、被相続人の債務者も含まれる。Xは、保管している預金通帳をYに返還する義務があるので、利害関係人になる。

2　家庭裁判所は、利害関係人が申立て、管理に与すべき財産があると判断したときは、管理人を選任する（民旧952条1項）。家庭裁判所は、管理人を選任したときは、被相続人について管理人を選任したことを公告する（同条2項）。この公告から2か月以内に相続人があることが明らかにならなかったときは、管理人は、遅滞なく、一切の相続債権者および受遺者に対し、一定の期間内にその請求を申し出るよう公告しなければならない。その期間は、2か月を下ることができない（民旧957条1項）。

3　管理人は、不在者の財産管理人の規定が準用されるので、被相続人の財産を管理処分できるが、保存行為を超えて処分行為や物や権利の性質を変える利用、改良をするときは家庭裁判所の許可を得なければならない（民旧953条、民28条・103条）。

　したがって、管理人は、Xより、預金通帳を受け取り、裁判所の許可を得て、預金を払い戻し（民旧953条、民28条）、公告期間満了後に届出債権者および知れたる債権者に弁済をすることとなる（民旧957条2項による民929条の準用）。改正前民法957条1項の管理人による公告期間満了後、相続人のあることが明らかでないときは、家庭裁判所

は、管理人または検察官の申出により、相続人があるならば一定期間内に申し出るよう公告しなければならない。その期間は6か月を下ることができない（民旧958条）。この期間内に相続人として権利を主張する者がいない場合は、相続人ならびに相続財産の管理人に知れなかった相続債権者、受遺者は、その権利を行使できなくなる（民旧958条の2）。改正前民法958条の公告期間満了後、3か月以内に特別縁故者として相続財産の全部または一部の分与を請求した者がいるときは、家庭裁判所は、財産分与を認めるか否かの審判をする（民旧958条の3）。特別縁故者に財産の一部を分与することになった場合は、分与をし、残った財産は国庫に帰属する（民959条）。

4　以上のとおり、権利確定、清算までに少なくとも10か月以上かかり、相続人のいない遺産を国庫に帰属させるまでに13か月以上かかる。

【After】

1　相続人のあることが明らかでないときは、相続財産を法人とする（民951条）ことについては改正はない。この場合に、家庭裁判所は、利害関係人または検察官の申立てにより相続財産の清算人を選任する（民新952条1項）。改正により、管理人から清算人に名称が変更となったものである。ここで選任される者は、相続財産を処分し、届け出た債権者、受遺者に弁済をし、残余財産を国庫に帰属させる業務を行うので、法人の清算人等と同じであり、単に相続財産の保存を行う者（たとえば、民新897条の2）とは職務を異にするので、名称を清算人に変更したものである。

　家庭裁判所は、相続財産の清算人を選任したときは、遅滞なく、清算人を選任したことと相続人があれば一定期間内に権利を主張するように公告しなければならない。この期間は6か月を下ることができない（民新952条2項）。

2　相続財産の清算人の権限は改正前民法と同じであり、XよりYの預金通帳を受け取り、記帳する行為は保存行為として自己の判断で行うことができるが、預金の払戻しには家庭裁判所の許可が必要である。相続財産の清算人は、相続財産の管理と並行して、家庭裁判所が改正後民法952条2項の公告をした後、全ての相続債権者ならびに受遺者に対して、2か月以上の期間を定めて、その期間内にその請求の申出をすべき公告をしなければならない。そうして、この2か月の期間は、家庭裁判所が行った同項の公告の6か月の期間内に満了するものでなければならない（民新957条1項）。相続財産の清算人が、この2か月の期間満了後、相続債権者および受遺者に弁済を行うことは、改正前と変わらない。特別縁故者は、家庭裁判が行った改正後民法952条2項の公告後3か月以内に特別縁故者の財産分与を申請することができる（民新958条の2）。

3　以上のとおり、改正後は、最短6か月で権利関係が確定し、清算が終わり、9か月で相続人のいない遺産を国庫に帰属させることができる。　　　　　　　　［矢吹徹雄］

66
相続財産清算人の職務

Case

Aが死亡したが、配偶者・子・兄弟はおらず、また、両親も死亡をしており、相続人の有無が不明の状態にある。Aには成年後見人Bが選任されており、Bはその任務が終了していたことから、本来であれば相続人に保管していた財産を引き継ぎたいが、相続人が不明であり、その引継ぎができない。このような場合にBとしては、どのような対応をすることが考えられるか。

【Before】

　相続人不明の場合、相続財産は相続財産法人となり（民951条）、家庭裁判所は、利害関係人または検察官の請求によって相続財産管理人を選任する（民旧952条1項）。

　相続財産管理人は、相続財産の目録を作成し（民旧953条、民27条1項）、家庭裁判所は、その財産の保存に必要と認められる処分を命ずることができる（民旧953条、民27条3項）。相続財産管理人は、相続財産の管理を職務とするものであるから、①保存行為、②相続財産の物または権利の性質を変えない範囲内において利用または改良を目的とする行為をする権限を有するにとどまり、これを超える行為をするには家庭裁判所の許可を要する（民旧953条、民28条・103条）。

　相続人不明の場合、相続財産管理人は、①相続財産管理人の選任公告から2か月以内に相続人が明らかではなかったときに（民旧952条2項）、②相続債権者および受遺者に対し、2か月以上の一定期間のうちに、その請求をすべき旨を公告し（民旧957条1項）、③さらにこの期間が満了後、なお相続人があることが明らかでないときは、相続人探索の公告を6か月間以上行うものと定められている（民旧958条）。

　そのため、相続財産管理人は、少なくとも通算10か月間の公告期間を経てからでなければ、その職務を終えることができない。つまり、最低でも合計10か月を経過しなければ、相続財産管理人は、残存する財産を国庫に帰属させる処理（民959条）をして職務を完了させることができない。

　Case では、Bは利害関係人として家庭裁判所にAの相続財産管理人選任申立てをすることができる。そして、家庭裁判所により相続財産管理人が選任された場合には、上記のとおり、最低4か月の公告期間を経てから相続債権者らへの弁済を実施し、さらに

その後6か月間の相続人探索の公告を経た上で、残余財産を国庫帰属させて、ようやく相続財産管理人の業務終了となる。

【After】

　改正後民法では、相続財産の清算のための相続財産管理人は「相続財産の清算人」と改称された。すなわち、改正前民法における相続財産の保存に関する制度（民旧918条2項・926条・940条）を過渡的な相続財産の保存のための制度として「相続財産の管理人」という名称で統一的に整理し直し（→ Case 51）、それに伴い、改正前民法における相続財産管理人を「相続財産の清算人」と改称したのである。

　相続財産清算人制度に関する改正は、名称の変更が主たる変更点であり、その職務・権限の内容などについては特段の改正はされていない。相続財産の清算人は、相続財産の目録を作成し（民新953条、民27条1項）、家庭裁判所は、その財産の保存に必要と認められる処分を命ずることができる（民新953条、民27条3項）。相続財産の管理人は、①保存行為、②相続財産の物または権利の性質を変えない範囲内において利用または改良を目的とする行為をする権限を有するほか、家庭裁判所の許可を得て、これを超える行為をすることができる（民新953条、民28条・103条）。

　ただし、相続財産清算人の手続は合理化が図られており、公告期間が短縮されている。①家庭裁判所は、相続財産清算人を選任したときは、遅滞なく、その旨および相続人があるならば一定の期間（6か月を下回ることはできない）内にその権利を主張すべき旨を公告しなければならない（民新952条2項）。そして、②相続財産清算人は、かかる公告があったときは、全ての相続債権者および受遺者に対して、2か月以上の期間を決めて、その期間内に請求の申出をすべき旨を公告しなければならない（民新957条1項前段）。そして、この公告は、①の公告の期間内に満了するものでなければならないため（同項後段）、公告期間は、通算しても6か月となり、改正前民法と比して4か月も短縮できることとなる。

　Case では、Bは利害関係人として家庭裁判所にAの相続財産清算人選任申立てをし、選任された相続財産清算人は6か月の公告期間を経てから、残余財産を国庫帰属させて、相続財産清算人としての業務を終了させることになる。　　　　　　　　［堀野桂子］

67
相続登記等の申請の義務化①──相続による所有権の取得

Case

令和６年11月、Ａが死亡し、その子ＢＣがＡを相続した。Ａは自宅の甲土地および乙建物のほかに丙土地を所有していた。Ａは遺言を残しておらず、遺産分割もＡの相続を原因とする上記各不動産の所有権移転登記も未了のまま、令和９年12月を迎えた。以下の(1)〜(3)の場合において、Ｂは相続登記を申請しなければならないか。また、いつまでにすべきか。

(1)　Ｂは、Ａの生前より甲および乙にＡと同居していたが、Ａが丙を所有していたことおよび丙の所在地については、令和７年３月に遺品整理をした際に初めて知った。

(2)　甲の登記簿上の所有名義人はＡの曾祖父Ｄのままとなっていた。

(3)　Ｃの債権者Ｅは、Ｃに代位して甲および乙に係る法定相続分による共同相続登記を了した上で、Ｃの持分を差し押さえ、差押登記がされた。

【Before】

権利の登記に関しては、私的自治の原則が妥当し、物権変動につき登記を備えるかどうかは当事者の判断に委ねられている。相続を原因とする所有権移転についても同様であった。よって、Case(1)〜(3)いずれにおいても、ＢＣは相続登記を申請する義務を負わないとされてきた。そして、物権変動は原則として登記をしないと「第三者」に対抗することができないとされる一方（民177条）、法定相続分の取得については登記なくして「第三者」に対抗することができると解されてきた（最判昭38・2・22民集17-1-235）。相続は人の死亡という事実により人の意思と無関係に生ずる権利変動原因であり、しかも法定相続分の取得は対抗要件を備えることなく第三者に対抗できることから、登記をするインセンティブが働きにくい。特に、山林等の管理負担に見合う利益の享受を期待できない不動産は「負財」として未登記のまま何代にもわたって放置され、所有者不明土地が発生し、土地の円滑な利用を妨げる事態を招いた。

【After】

改正後不登法は、所有者不明土地の発生を防止するため、相続による不動産の所有権

取得に限定して相続人に登記申請義務を課している。すなわち所有権の登記名義人について相続の開始があったときは、当該相続により所有権を取得したことを知った者は、3年以内に登記申請をしなければならない（不登新76条の2第1項前段）。

　相続人の登記申請義務は、不動産が権利の客体として有する特質と権利の主体側の権利能力の喪失という特殊事情により根拠付けられる。土地は国民の諸活動の基盤であり、その利用・管理が他の土地の利用と密接な関係を有するという特性をもっているため、土地所有者には土地の適正な利用・管理に関する責務があり（土地基本法6条1項）、特に不動産登記手続を適時にする責務を負う（同条2項）。建物は土地と独立した不動産であるとはいえ、土地と不即不離の関係にあり、上記の適正な利用・管理の必要性に関しては建物についても土地と同様の考慮が妥当する。また、自然人である登記名義人が死亡により権利能力を喪失した状態は、虚無人名義の登記を認めない不動産登記法の建前に抵触し、実際上登記名義人と連絡を取ることもできないことから、死亡に伴う権利承継者を公示する必要性は高いという考慮も背景にある（部会資料19・30頁）。

　もっとも、被相続人が死亡した事実や被相続人が不動産を所有している事実を、相続人が知らない場合もある。そこで、登記申請義務が課せられる起算点は、相続が開始して、かつ相続による当該不動産につき所有権取得の事実を相続人が知った時とされている。その際、被相続人が土地を所有していた事実に加えて、その地番等まで把握している必要がある（Q&A267頁）。Case (1)において、Bは、Aと生前から同居しており、通常はAの死亡と同時に甲および乙の所有権を相続により取得した事実を知ったものと推認され、令和6年11月から3年以内（令和9年11月まで）に相続登記の申請義務を負う。他方、丙については、その所在地および自己が相続により所有権を取得した事実を知ったのが令和7年3月であるから、令和10年3月までに相続登記を申請する義務を負う。

　数次相続により何代にもわたり相続登記未了のまま放置され、先祖が不動産を所有していた事実を現存する相続人が知らない場合も相続人が「当該不動産の所有権を取得したことを知った」とはいえない（Q&A267頁）。よって、Case (2)において、各不動産が曾祖父→祖父→Aを経て自己に承継された事実およびその所在地をBが知っている場合はAの死亡時より登記申請義務を負うが、上記のような事情によりA所有の各不動産の所有権を取得したことをBが知らなかった場合は登記申請義務を負わない。

　相続登記が他人によりすでにされている場合も、重ねて申請義務を課す必要がない（不登新76条の2第3項）。たとえば共同相続人の1人が共同相続登記をすれば、他の共同相続人は登記申請義務を免れる。代位登記（不登新59条7号）や官庁または公署の嘱託による登記（不登116条）がされた場合も同様である。よって、Case (3)において、Dが甲および乙に係るCの持分から債権を回収するため、代位申請による法定相続分による共同相続登記を了した場合、BCは登記申請義務を免れる（Q&A269頁）。[石田　剛]

68
相続登記等の申請の義務化② ── 相続人に対する遺贈による所有権の取得

Case

令和6年11月、Aが死亡し、その子BCがAを相続した。Aには内縁の妻Dがいた。Aは、自己が所有する不動産につき、「甲土地及び乙建物をBに相続させる。丙土地をDに遺贈する」旨の遺言（以下「本件遺言」という）を残していた。以下の(1)～(3)の場合において、BDは登記を申請しなければならないか。
  (1) 本件遺言に基づく各不動産の所有権移転登記をする場合
  (2) 本件遺言の文言が「甲土地及び乙建物をBに遺贈する」であった場合
  (3) Aが生前に甲および乙をBに死因贈与していた場合

【Before】

　特定財産承継遺言（民1014条2項）は、遺産分割方法の指定として特定の財産を特定の相続人に承継させる趣旨を定める遺言であり、遺贈と解すべき特段の事情が認められない限り、相続開始と同時に、受益相続人は何らの行為を要することなく、遺言の目的物の所有権を取得するものと解されている（最判平3・4・19民集45-4-477）。特定財産承継遺言に基づく所有権移転登記は、相続を原因とするものとして、受益相続人が単独で申請をすることができる（不登旧63条2項）。よって、Case (1)においては、Bは相続開始後、遺産分割をまたずに、単独で甲および乙の所有権移転登記を申請することができる。法定相続分を超える取得に限り登記をしないと「第三者」に対抗することができない（民899条の2第1項）。Bは、甲および乙の単独所有権の取得を確実なものとするためには所有権移転登記をする必要があるところ、単独で容易に申請できることから、民法899条の2による間接的な登記促進効果を一定程度は期待することができる。

　これに対して、遺贈による所有権の移転は、意思表示に基づく物権変動であり、所有権移転を登記しなければ「第三者」（民177条）に対抗することができないと解されている（最判昭39・3・6民集18-3-437）。死因贈与（民554条）も贈与の一種であり、同様に民法177条が適用される。Case (2)および(3)において、BDの所有権取得の原因は相続ではない。すなわち、遺贈は被相続人の単独行為であり、死因贈与は被相続人と相続人間の契約である点において違いがあるものの、意思表示に基づく点では共通しており、

各不動産の所有権移転登記は登記義務者と登記権利者の共同申請による必要があった（不登旧63条1項）。**Case**(2)のように、遺贈の相手方が相続人であっても、遺贈である以上、甲および乙の所有権移転登記にCとBとの共同申請を必要とするものとされてきた。そして、相続人に対する遺贈による所有権移転を「第三者」に対抗する場面に民法177条が適用されるのか、それとも民法899条の2が類推適用されうるのか、については議論が存在した。

とはいえ、権利の登記を申請するかどうかは当事者の判断に委ねられており、**Case**(1)〜(3)いずれにおいても、ＢＤが登記申請義務を負うことはなかった。

【After】

改正後不登法は、遺贈による所有権移転につき、相続を原因とするものではなく、原則として登記申請義務を課していない点では改正前不登法と同様であるが、例外的に相続人への所有権の遺贈に限り登記申請義務を課している（不登新76条の2第1項後段）。

改正後不登法は、特定財産承継遺言による所有権取得も相続を原因とするものであり、不動産の所有権を取得した相続人に登記申請義務を課している（Q&A264頁）。相続人に対する遺贈も、相続人に特定の財産の権利を承継させる点で特定財産承継遺言と同様の機能を有し、相続人である受遺者が遺贈を放棄すれば法定相続分の範囲内では権利取得を第三者に主張することができる。特定財産承継遺言の場合における受益相続人と同様に、積極的に登記をして権利を保全することが期待できない場合もあることから（Q&A265頁）、登記申請義務が課せられている。

よって、**Case**(1)において、改正後不登法下でも相続人でないDは本件遺言に基づく丙土地の所有権取得につき登記申請義務を負わない。また、そもそも甲および乙の所有権を取得しないCも登記申請義務を負わない。他方、Bは、Aの死亡後、甲および乙の所有権を取得した事実を知った時点から3年以内に登記申請をすべき義務を負う。**Case**(2)においても、Bは同様に申請義務を負う。このように相続人に対する遺贈に限って新たに申請義務を課す一方で、義務を容易に履行できるよう、単独申請を認めることにより登記促進を図っている（不登新63条3項→ Case 81）。この例外則は所有者不明土地問題への対処を目的としているから、遺贈による所有権以外の権利の取得には妥当しない。

他方、死因贈与による取得には登記申請義務は課せられない。死因贈与も相続・遺贈と機能的には類似するが、受贈者は自らの能動的な意思に基づき所有権を取得している点では売買等と類似し、長期にわたり被相続人名義の登記が放置される事態は生じにくいと考えられるからである（部会資料16・2頁）。よって、**Case**(3)において、Bは死因贈与による所有権移転登記を申請する義務を負わない。

[石田　剛]

69
相続登記等の申請の義務化③──遺産分割があったとき

Case

　令和6年11月、Aが死亡し、その子BCがAを相続した。Aが甲土地を所有していたことをBCは知っていた。令和7年11月、BC間において甲の所有権をBが単独で取得する旨の遺産分割協議（以下「本件遺産分割協議」という）がされた。令和9年12月の時点で、本件遺産分割協議に基づく甲の所有権移転登記はされていない。次の(1)において、BCは登記申請義務を負うか。また、(2)において、Bは甲の所有権を相続により単独で取得したことにつき登記申請義務を負うか。
　(1)　Aの死亡に伴う相続登記は一切されていない。
　(2)　令和7年1月、Cが甲につき法定相続分による共同相続登記を了した。

【Before】

　相続人が遺産分割により不動産の所有権を取得した場合、改正前不登法下において、その登記を備えるために2つの方法が存在していた。

　Case(1)では、まず、相続を原因としてAからBに直接甲の所有権が移転した旨の登記をすることができる。この方法は、遺産分割の効力が相続開始時に遡ること（民909条本文）と整合し、遺産の最終的な帰属を1回の登記で公示できるメリットもある。

　次に、2段階で登記する方法もある。遺産分割の予定がない場合や遺産分割の成立まで長期間を要する場合など、暫定的に法定相続分に応じた共同相続登記がされることがある。相続財産の現状保全を目的とする共同相続登記は保存行為（民旧252条ただし書）の性質を有しており、BC各自が単独で申請することができる。Case(2)のように、Cが共同相続登記を備えた後で遺産分割協議がされた場合、CからBへの持分移転登記をBCが共同申請し、Bが単独所有権を取得した旨の登記を備えることもできる。

　相続人が遺産分割により法定相続分を超える権利を取得した場合は、その旨の登記をしないと第三者に対抗することができないため（民899条の2）、Case(2)において、仮にCが甲に係る持分をDに譲渡し、持分移転登記をすると、本件遺産分割協議による甲の持分移転登記をしていないBは、自己の法定相続分を超える取得をDに対抗することができない。その結果として、甲につきBD間に共有関係が成立し、その解消は共有物

分割手続（民旧258条）によるべきことになる。民法899条の2第1項により法定相続分を超える取得につき登記をしないと失権の可能性があるため、間接的な登記促進効を期待できるとはいえ、**Case(1)**と**(2)**のいずれにおいても、Bは遺産分割による所有権取得につき登記申請義務を負わなかった。

【After】

相続開始により甲の所有権を取得したことを知るBCは各自相続登記の申請義務を負う（→ Case 67）。**Case(1)**において、Bは共同相続登記を申請することはできるが、甲の帰属が最終的に確定した以上、いったん共同相続登記をした後でCからBへの持分移転登記をするよりも、AからBへ直接の所有権移転登記を申請するほうが、費用と労力の観点からして望ましい。遺産分割後でも、Cも保存行為として法定相続分に応じた共同相続登記を申請すれば受理され、事実上登記することは可能である。しかし、遺産分割の遡及効により（民909条本文）、本件遺産分割協議によりBが甲の所有権を単独で取得すると、Cは相続開始時より甲の所有権を取得しなかったことになる。その結果、Cはもはや改正後不登法76条の2第1項の「所有権を取得した者」に当たらず、相続開始の局面における登記申請義務を負わないものと扱われる（Q&A285頁）。

他方で、Cが共同相続登記をすると、Bは重ねて相続登記を申請する義務を免れる（→ Case 67）。しかし、遺産分割により法定相続分を超える権利を取得した相続人は、遺産分割の結果をふまえた所有権移転登記の申請義務を別途負うものとされている（不登新76条の2第2項）。遺産分割により終局的な権利の帰属が確定した以上、その終局的な登記が速やかにされるのが、当該不動産の管理、処分にあたって便宜であり、ひいては、所有者不明土地の解消に寄与すると考えられるからである（中間試案補足説明301頁）。よって、**Case(2)**において、Bは法定相続分を超える取得につき登記申請義務を負う。

Case(2)において、甲の所有名義をBの単独名義に改める場合、遺産分割といえども相続を原因とするものであるから、単独申請が可能であり（不登新63条2項）、登記実務の運用上は、持分移転登記の方法に加えて、更正登記によることもできるとされている（→ Case 82）。これにより登録免許税の負担が軽減される（不動産1個につき1,000円）。共同相続登記により登記申請義務が履行されているにもかかわらず、法定相続分を超える部分の取得につき相続人に重ねて登記申請義務を課すことになるから、手続上の負担を軽減して登記を促進することが目的である。遺産分割によって権利を取得した相続人は、相続開始時より相続財産を所有していることとなり（民909条本文）、結果的には実態に合致しない誤った登記として、登記事項に「錯誤又は遺漏」があったものとみなしうる。とはいえ、この場合の更正登記は、遺産分割によることを明確にするため、登記原因を「遺産分割」と記載する運用が予定されている（Q&A338頁）。　　［石田　剛］

70
相続登記等の申請の義務化④──相続放棄がされたとき

Case

　令和6年11月、Aが死亡し、その妻Bと子CDが相続した。Cは同年12月、相続放棄の意思表示をした。Bは、Aの生前から、Aが所有していた甲土地および乙建物にDと共に居住し続けているが、相続登記をしていない。

　(1)　BCDは甲および乙につき相続登記の申請義務を負うか。

　(2)　令和7年3月甲および乙に係る相続登記がされていないことを知ったCの債権者Eが、Cに代位して法定相続分による共同相続登記をし、Cの持分を差し押さえ、差押登記がされた。このときBDは相続により甲および乙につき各持分所有権移転登記を申請する義務を負うか。

【Before】

　相続開始後、熟慮期間内であれば、法定相続人は放棄または限定承認の意思表示をし、相続による権利義務の承継を回避し、またはその効果を制限することができる（民915条1項）。相続放棄により、当該相続人は初めから相続人とならなかったものとみなされる（民939条）。つまり、相続放棄には遡及効が認められており、かつその効力は絶対的であり、何人に対しても登記なくしてその効力を主張することができるものと解されてきた（最判昭42・1・20民集21-1-16）。相続資格という身分法上の地位に関わる意思表示については、表意者の意思を尊重すべきだというのが理由である。

　相続放棄がある場合も、権利の登記を申請するか否かは当事者の私的自治に委ねられることに変わりはなく、BCDが相続登記を申請する義務を負うことはなかった。

　Case(1)において、Cの相続放棄により、Aの相続人は結果的にBDのみとなり、BDは各2分の1の法定相続分に従い甲および乙の持分権を取得する。相続放棄の効果として他の相続人が放棄をした相続人の法定相続分を取得することも、民法899条の2第1項にいう「次条及び第901条の規定により算定した相続分を超える」取得に含まれると解する余地もある。この見解によれば、**Case**(2)において、Cの相続放棄により、その持分（1/4）をDが本来の法定相続分（1/4）に追加して取得したともみられる。そうすると、4分の1のCの持分をEが差し押さえ、差押登記をすると、未登記のDはその取得を対抗できないと解すべきことになる。しかし、放棄の遡及効ゆえに、Dの法

定相続分は相続開始時から2分の1であると解すべきとの上記判例法理が確立しており、Dは、放棄の効果を無条件にEに対抗することができた。

【After】

　相続人が相続放棄の効果を第三者に登記することなく対抗できることに変わりはないが、改正後不登法の下では、相続開始と同時に、相続により被相続人が所有する不動産の所有権を取得したことを知る相続人には登記申請義務が課せられている（→ Case 67）。**Case**(1)においてＢＤが登記申請義務を負うべきことに疑問の余地はない（不登新76条の2）。ある不動産の所有権登記名義人の共同相続人の中の一部の者が相続放棄をした場合、当該相続放棄をした者以外の共同相続人は、当該相続放棄をした者を除いた上で算定される法定相続分に応じて当該不動産の権利を取得する。**Case**(1)において、Ｃの相続放棄によりＢは甲および乙につき2分の1、Ｄも2分の1の持分を取得する。よって、ＢＤは、改正後不登法76条の2第1項前段に基づき、当該相続放棄がされたことを知った日から3年以内に当該相続放棄後の割合に基づく法定相続分に応じた相続登記（Ｂ：1/2、Ｄ：1/2）を申請する義務を負う。その後、ＢＤ間で甲および乙の所有権をＢが単独で取得する旨の遺産分割協議が成立した場合には、その結果を直接に相続登記として申請することで義務を履行することもできる。さらに、たとえば遺産分割の予定がない場合等には、ＢＤは、登記官に対して相続人申告登記の申出（→ Case 71）をすることによっても登記申請義務を履行したものとみなされる。

　相続放棄をしたＣはどうか。相続放棄がされるまでの間、相続放棄者を含めて算定されるべき法定相続分の共同相続登記を申請する義務が発生していた。相続放棄により被相続人の財産を相続により承継する法的地位を失うものの、民法939条は相続放棄の私法上の効果を定めるものであり、相続人が公法上負う義務の帰趨を直接規律するものではない。もっとも、相続放棄によりＣはＡの遺産につき最初から所有権を取得しなかったものとみなされ、客観的な権利状態と齟齬する内容の相続登記の申請義務は客観的に履行不能となり、その義務違反を問われる余地はない（Q&A265頁）。よって、**Case**(1)において、Ｃの登記申請義務違反が過料等の制裁の対象となる可能性はない。

　Case(2)において、Ｃの債権者Ｅが代位登記をしたことにより、ＢＣＤは相続登記申請義務を免れるようにも思われる（→ Case 67）。しかし、Ｃの相続放棄により、ＢＤが各2分の1の持分を取得しているのに、Ｂが2分の1、ＣＤが各4分の1の持分を取得したものとする代位登記は実体と齟齬することから、相続放棄をふまえた法定相続分の登記に改める必要がある。よって、ＢＤは相続放棄の事実を知った時から3年以内に登記申請義務を負う。この場合においても、相続登記を促進するため、登記手続を簡略化し、実務運用上、更正登記によることが認められる（部会資料57・11頁）。［石田　剛］

71
相続人申告登記①——相続人申告登記の意義

Case

令和6年11月、Aが死亡し、その配偶者Bと未成年の子CがAを相続した。Aは甲土地および乙建物を所有していた。Aは遺言を残しておらず、Bは、Aの生前からACと共に登記簿上Aが所有名義を有する甲および乙に居住してきた。Bは、遺産分割や甲および乙の登記名義を改める必要がないと考えている。このとき、BCは甲および乙について相続登記をしないまま放置してよいか。

【Before】

相続を原因とする権利変動を登記する方法として、まずは共同相続における遺産共有状態を公示する共同相続登記を申請することが考えられる。法定相続分の取得に関しては登記なくしても第三者に対抗できる（民899条の2。最判昭38・2・22民集17-1-235）ことから、共同相続登記を備えることには、民法177条により物権変動に対抗力を付与するという通常の登記の効力とは異なる意味が認められる。これは、遺産分割がまとまらない場合や遺産分割がそもそも予定されていない場合に、さしあたり遺産共有状態を公示することで権利を保全するために有用な方法といえる。このような登記申請行為は保存行為の性質を有し、各共同相続人は単独で登記を申請することができる（民旧252条ただし書）。**Case** において、BCは法定相続分に応じた各2分の1の持分による共同相続登記を申請することができるが（→ Case 69）、登記申請を義務付けられるわけではなく、登記をしないまま放置しても問題視されることはなかった。

【After】

改正後不登法の下でも、従前同様に、遺産共有状態を公示する方法として、各相続人は単独で法定相続分に応じた持分権の共有登記を備えることができる（民新252条5項）。このことに変わりはないが、BCはAの相続により甲および乙の所有権を取得したことを知った日から3年以内に相続登記を申請すべき義務が課せられている（→ Case 67）。

ところが、法定相続分に従った共同相続登記を申請するためには、法定相続人の範囲を確定しなければならない。そのためには、被相続人の出生から死亡に至るまでの戸除

籍謄本が必要になるなどの手続上の負担がある。また、具体的相続分として取得できる
ものと期待する価値に見合わない登記を強いることにもなりうるため、この方法を相続
登記の申請義務の主要な履行手段と位置付けることは適切でないと考えられた
（Q&A271頁）。

　そこで、相続人が相続登記の申請義務をより容易に履行することができるよう、手続
上の負担を軽減するために新たに設けられたのが相続人申告登記という制度である。そ
もそも登記申請義務を課す目的は、所有者不明土地問題の発生を予防するために、不動
産登記を通じて相続人の氏名・住所を容易に把握できるようにすることにある。

　この目的に照らすと、共同相続人の範囲および持分の厳密な特定の必要はなく、照会
先となりうる各相続人の氏名・住所が公示されていれば、当面の目的は達成される。

　そこで、相続人は、登記官に対して、所有権の登記名義人について相続が開始した旨
および自らが当該所有権の登記名義人の相続人であることを申し出ることにより（不登
新76条の3第1項）、登記義務を履行したものとみなされる（同条2項）。

　相続人申告登記の法的性質は、所有権の登記名義人に相続が開始したこと、および申
告者が当該登記名義人の相続人であるという事実についての「報告的な登記」であり、
権利変動を公示するものではなく、対抗力とも無関係である。また、相続人申告登記の
申出は、民法921条1号の処分行為（法律上の処分のみならず、事実上の処分も含む）に
当たらず、法定単純承認の効果を生じない（Q&A272頁）。

　相続登記等の申請義務者は、登記官に対して、対象となる不動産を個別に特定し、所
有権の登記名義人について相続が開始した旨と、自らがその相続人である旨を申し出る
必要がある（不登新76条の3第1項）。この申出は各申請義務者が単独で行うことができ、
登記の申請義務を履行したものとみなされるのは、当該申出をした相続人に限られる。
他の相続人を代理して行うことも可能である。たとえば、Bは未成年の子Cの代理人と
して、BC双方の申出をまとめて行うことができ（Q&A274頁）、この場合は全ての相
続人の氏名および住所が登記簿上明らかになり、BおよびCの登記申請義務が履行され
たものとみなされる。

　相続関係を証明する資料として、被相続人の出生から死亡までの戸除籍謄本を提出す
る必要はなく、申出をする相続人自身が被相続人（所有権の登記名義人）の相続人であ
ることがわかる範囲で戸籍関係書類を提出すれば足りる。**Case**においては、BCのそ
れぞれの現在の戸籍謄抄本（被相続人が死亡した日以後の証明日のもの）にAとの相続関
係（配偶者・親子関係）があることの記載があればよい。他方で、相続人の兄弟姉妹が
相続人となる場合や、数次相続において中間相続人が相続人申告登記の申出をしていな
かった場合には、当該申出をする者が相続人であることを判定するための資料として、
より多くの戸籍関係書類等の収集・提出が必要となる可能性がある（Q&A275頁）。

〔石田　剛〕

72
相続人申告登記②——遺産分割があったとき

Case

　令和 6 年 11 月、Ａが死亡し、その子ＢＣがＡを相続した。Ａは甲土地を所有していた。令和 9 年 9 月、ＢＣ間で甲の所有権をＢが単独で取得する旨の遺産分割協議（以下「本件遺産分割協議」という）が成立した。次の(1)および(2)の場合、Ｂは本件遺産分割協議に基づく甲の所有権取得につき登記申請義務を負うか。
　(1)　令和 7 年 6 月、Ｂは相続人申告登記を申し出た。
　(2)　令和 9 年 10 月、Ｂは相続人申告登記を申し出た。

【Before】

　遺産分割により不動産の所有権を取得した者は、遺産分割の結果をふまえた所有権移転登記を単独で申請することができる（→ Case 69）。そして、法定相続分を超える取得については登記をしないと「第三者」に対抗することができない（民 899 条の 2）。よって、遺産分割に基づく所有権取得を確実なものとするため、速やかに遺産分割結果をふまえた所有権移転登記をしておくのが安全である。このように民法 899 条の 2 には、遺産分割の結果が登記簿に反映させるよう当事者に登記を間接的に促す効果がある程度は認められる。しかし、改正前不登法の下では、権利の登記に関しては、相続を原因とするものに関しても私的自治の原則が妥当し、登記を申請するか否かは当事者の判断に委ねられていた。よって、Case (1)および(2)のいずれにおいても、Ｂは本件遺産分割協議に基づく甲の所有権取得につき登記申請義務を負うことはなかった。

【After】

　改正後不登法によれば、相続により登記名義人から不動産の所有権を取得したことを知った者は登記申請義務を負う（不登新 76 条の 2 第 1 項→ Case 67）。登記申請義務を履行するには、簡易な義務履行の方法として相続人申告登記の申出によることもできる（→ Case 71）。Case (1)においては、Ｂは相続人申告登記の申出により、登記申請義務を履行したものとみなされる。もっとも、遺産分割までの間に法定相続分に応じた共同相続登記がされた場合には、遺産分割によって当該不動産につき法定相続分を超えて所

有権を取得した者に限り、遺産分割の結果をふまえた登記申請義務が課せられている（不登新76条の2第2項）。これに対して、相続人申告登記を申し出た者がその後遺産分割により所有権を取得したときは、法定相続分を超えて所有権を取得したか否かにかかわらず、遺産分割をふまえた所有権移転登記の申請義務を負う（不登新76条の3第4項）。これらの登記申請義務は、遺産分割の結果を登記に反映させることで、将来における不動産の処分をより容易にすることを目的としている。仮に相続人申告登記の申出により、相続登記申請義務が履行されたものと認めると、遺産分割の結果が登記簿に反映されないまま放置される可能性が懸念され、その趣旨が没却されることになりかねない（Q&A 282頁）。

　よって、**Case** (1)において、Bは、相続開始時から3年が経過する前の令和7年6月に相続人申告登記の申出をしたことにより、登記申請義務を履行したことになる。しかし、それとは別に遺産分割の日である令和9年9月から3年以内に本件遺産分割協議に基づく甲の所有権取得につき登記申請義務を負う。

　相続人申告登記は、相続登記等の申請義務を負う各相続人が簡易迅速に義務を履行するための便法である。遺産分割協議が成立した後は、たとえ相続人申告登記をしても義務を履行したものとは認められない（不登新76条の3第2項かっこ書）。よって、**Case** (2)において、Bが相続申告登記を申し出ても登記申請義務を履行したとはみなされず、甲につきAからBへの所有権移転登記を申請する義務を負う。

　次に、**Case** と異なり、特定財産承継遺言（民1014条2項）や相続人に対する遺贈があった場合、相続人は、相続人申告登記の申出により登記申請義務を履行されたものとみなされるところ、当該遺言に基づく権利取得につき重ねて登記申請義務を負うべきか。

　相続人申告登記の申出により登記申請義務が履行されたものとみなされると、遺言の内容に即した登記がされないまま放置されるおそれにかんがみ、遺産分割により法定相続分を超える権利を取得した相続人に対するのと同様に、遺言の内容をふまえた登記申請義務を負わせることも考えられた。もっとも、遺産分割の結果は遺産の帰属の最終決定であり変更される可能性は乏しい。これに対して、遺言はいつでも撤回可能であり（民1022条）、新たな遺言が発見される場合や相続人全員の合意により遺言の内容と異なる分割をすることも可能であるから、遺言の内容をふまえた登記後にこれを修正する必要が生じる場合もあり、個別の事例において、過剰な負担を相続人にもたらすおそれがある（Q&A265〜266頁）。加えて、遺言がある場合、遺言の内容をふまえた登記の申請をすることにより権利関係を整理すればよいことから、遺産分割の場合のように相続人間の権利関係の集約の結果を登記に反映させておく実際上の必要性に乏しいともいえる。

　そのため、特定財産承継遺言や相続人に対する遺贈の場合、受益相続人は相続人申告登記の申出により登記申請義務を履行したことになり、重ねて特定財産承継遺言や遺贈の内容をふまえた登記申請義務を負わないものとされている（Q&A280頁）。[石田　剛]

73
相続登記等申請義務の経過措置

Case

令和3年11月、Aが死亡し、その子BCがAを相続した。Aは甲土地および乙建物を所有していたところ、BCはAの生前より甲および乙にAと共に居住し、相続により甲および乙の所有権を取得した事実を知っていた。しかし、遺産分割をする必要がなかったため、甲および乙の登記簿上の所有者名義をAのまま放置しているうちに、令和6年12月を迎えた。Bは相続登記の申請義務に違反したことになるのか。

【Before】

相続人は相続による土地および建物の所有権取得につき登記申請義務を負っておらず、相続登記をすることなく被相続人の登記名義を放置しても、法律上、特に問題にならなかった。

【After】

相続登記申請の義務化や相続人申告登記に関する規定については、不動産登記情報システムの改修やこれに伴う具体的な手続規律等について政省令等の整備を行う必要があることから、公布の日から起算して3年を超えない範囲内において政令で定める日（令和6年4月1日）から施行される（不登新附則1条2号）（Q&A386頁）。仮にAの死亡が上記の施行日以降であれば、改正後不登法76条の2第1項前段により、BCは相続登記の申請義務を負う。

相続人に対する遺贈による所有権の移転の登記申請義務（不登新76条の2第1項後段）に関しても上記の経過措置については同様のルールが適用される。もっとも、改正後不登法では、この場合にも登記手続上の負担を軽減するために、単独申請が認められている（不登新63条3項）。仮にこれらの規定の施行日前にされた登記申請について当該規定を適用することとした場合には、すでに改正前の規定に基づいて進められていた登記手続について、改正後の規定に合わせて手続をやり直したり、不服申立てに応じて処分を見直したりする必要が生じ、混乱を招くおそれがある。そこで、改正後不登法63条3項については、公布の日から起算して2年を超えない範囲内において政令で定める日

（令和5年4月1日）から施行される（不登新附則1条柱書）。

　Case において、Aは令和3年11月に死亡しており、特別の法律上の定めがない限り、相続登記の申請義務を負わないことになる。しかし、すでに発生している相続登記未了の不動産の問題を解消するという改正法の趣旨に照らすと、施行日前に相続が開始している場合であっても、同様に登記申請を義務付ける必要があること、また相続人申告登記等による申請義務の簡易な履行方法を認めていることもふまえ、原則として、登記申請義務に関する規定の施行時から登記申請義務を履行すべき期間が進行するものとして、かつその期間を3年とすることで、申請人の負担軽減を図りつつ登記申請義務を課す必要があるものと考えられた（部会資料53・1頁）。

　そこで不動産登記に関する改正後不登法附則5条6項前段において、改正後不登法76条の2の規定は、改正法施行日前に所有権の登記名義人について相続の開始があった場合についても適用するものとしている。そして、この場合において、同条1項中「所有権の登記名義人」とあるのは、改正後不登法附則1条2号に掲げる規定の施行日前（公布の日から起算して3年を超えない範囲の政令で定める日）の「所有権の登記名義人」と読み替え、「知った日」とあるのは「知った日」または改正後不登法施行日のいずれか「遅い日」と、改正後不登法76条の2第2項中「分割の日」とあるのは「分割の日」または改正後不登法施行日のいずれか「遅い日」と読み替えるものとされる。

　よって、**Case** において、Bは、相続が開始し、自己が甲および乙の所有権を取得したことを知った日（令和3年11月）または登記申請義務に関する改正規定の施行日（令和6年4月1日）のいずれか遅い日から3年以内に相続登記の申請義務を履行すれば足りる。令和6年12月に登記申請未了でも、Bは登記申請義務を怠ったことにはならない。

［石田　剛］

74
相続登記等申請義務違反の罰則

Case

　令和6年11月、Aが死亡し、その配偶者Bおよび子CDがAを相続した。Aは甲土地を所有していた。Cは重い障害を負って出生し、現在も24時間完全看護を要する状態にある。令和7年2月、Dは相続放棄の意思表示をした。Bは、相続による甲の所有権移転登記をしないまま令和9年12月を迎えた。BCDは相続登記の申請義務違反を理由に過料の制裁を受けるか。

【Before】

　表示の登記に関しては、一定の場合に登記義務が課されている。たとえば、土地の表題登記や地目または地積の変更・滅失等（不登36条・37条・42条）につき、建物の表題登記、合体や滅失等につき（不登47条・49条・51条）、登記申請義務が課せられている。

　申請義務に違反した場合は、10万円以下の過料に処される（不登旧164条）。

　他方、権利の登記については、私的自治の原則が妥当し、登記申請をするか否かは権利変動の当事者の判断に委ねられていた。

【After】

　相続等により不動産の所有権を取得した相続人は、その取得を知った日から3年以内に相続登記等の申請を義務付けられている。正当な理由なく申請を怠った場合には10万円以下の過料に処せられる（不登新164条）。

　相続登記の促進という目的を達成するには、訓示的・抽象的な義務付け規定を設けるだけでは足りず、過料の制裁を伴う具体的な義務としなければ効果が得られない。そこで、登記申請義務者に対してより強い意識付けが可能となること、相続登記等や住所等の変更登記の申請を義務化するにあたり、各種の負担軽減策をパッケージで設ける大前提として、このような具体的な義務とすることが重要と考えられたことから、違反に対して過料の制裁が科せられる具体的義務として定める一方で、過料の制裁が科せられるのは申請をしないことに「正当な理由がない」場合に限定されている。形式的に登記申請義務に違反しても、義務の履行期間内に登記申請をすることが「正当な理由」により不可能である場合には、過料を科すべきでないからである（Q&A298頁）。過料の額は

改正前不登法における表示登記の申請義務違反に対する過料の額を参考として、10万円以下とされた。

　登記申請をしない「正当な理由」が認められる典型例として表示登記および相続登記に共通するものとしては、たとえば、**Case**におけるＣのように登記申請義務を負う者自身に重度障害等の事情があったり、ＤＶ被害者等であり、その生命・身体に危害が及ぶ状態にあって住所等の情報を知られないことに正当な利益を有するため、登記申請をしないことにつき非難できないケースが挙げられる（Q&A298頁）。

　相続登記に特有の事情としては、数次相続が発生して相続人が極めて多数にのぼり、戸籍謄本等の必要な資料の収集や他の相続人の把握に時間がかかるケースや、遺言の有効性や遺産の範囲などが争われているケース、たとえば、甲の所有権登記名義人がＡの祖父Ｅであるところ、すでにＥやその第１順位の相続人全員が死亡している場合のように、登記記録と戸籍上は、ＢがＥの法定相続人となる可能性はあるものの、Ｅの死後甲の遺産分割等がされたかどうかが不明な場合などが考えられる（解説304頁）。他方、**Case**におけるＤのように相続放棄をした相続人の申請義務は、すでに客観的に履行不能となり、義務違反を問われる余地はなく、「正当な理由」の有無は問題にならないと考えられる（→ **Case**70）。

　過料の制裁の運用に関しては、透明性と公平性の確保に努め、ＤＶ被害者の状況、経済的困窮の状況など、実質的に相続登記申請が困難者の事情等をふまえた柔軟な対応をすることが求められる。

　裁判所による過料事件は職権で開始されるが、実際は登記官または監督官庁から過料に処せられるべき者についての過料事件の通知（「過料通知」）を受けて手続が開始されることがほとんどである（Q&A300頁）。過料通知は、登記官が、登記申請義務に違反した者があることを職務上知った場合において、相当の期間を定めて、登記申請をすべき義務がある者に対し、その期間内に登記申請をすべき催告をしたにもかかわらず、「正当な理由がない」のにその期間内に登記申請がされなかったときに限って発せられる（部会資料53・5頁）。登記所から法令に従った促しを受けなかった場合は、適正手続がとられていないことから、「正当な理由」が認められると考えられる。他方で、催告を受けた後も引き続き登記の申請をしないでいた場合は制裁を免れにくくなると考えられる。これにより、催告を受ける前や催告で定められた期間内に登記の申請をしておこうというインセンティブも働くことになる（部会資料57・20頁）。

　よって、**Case**において、Ｃは重度障害のため常時看護を要する状態にあり、登記申請をしないことに「正当な理由」があると認められる。これに対して、Ｂは登記官等から過料通知を受けて催告をされたにもかかわらず、「正当な理由」なく登記申請要請に応じなかった場合に限り、過料の制裁が科せられる。Ｄの登記申請履行義務は不能により消滅しており、「正当な理由」の有無は問題とされない。　　　　　　　　　　［石田　　剛］

75
住所等変更登記の申請の義務化

Case

(1) 甲市を住所地とするAは、不動産の所有権の登記名義人となった。その後住所を甲市から乙市に移転し、甲市役所および乙市役所で転出および転入の手続を済ませた。Aは、当該不動産について、所有権登記名義人住所変更登記申請をしなければならないか。

(2) 株式会社であるBは、不動産の所有権の登記名義人となった。その後株主総会の定款変更決議により商号をBからCに変更し、本店の管轄法務局で商号変更登記の申請手続を済ませた。Cは、当該不動産について、所有権登記名義人名称変更登記申請をしなければならないか。

【Before】

改正前不登法では、所有権登記名義人住所変更登記申請や所有権登記名義人名称変更登記申請の義務はなかった。

所有者不明土地についての、国土交通省の調査（平成30年版「土地白書」114頁）によれば、平成28年度に地籍調査を実施した1,130地区（563市区町村）の62万2,608筆について土地所有者等に関して調査したところ、不動産登記簿で土地所有者等の所在が確認できない土地は20.1％となっており、そのうち相続を原因とする所有権移転登記未了のものが66.7％、住所変更登記未了のものが32.4％の割合であった。特に都市部では、相続登記未了よりも住所変更登記未了の割合が高くなっている。

また、空き家が管理不全となって周囲に悪影響を及ぼし問題となるという事例が生じており、このような空き家についても所有者の把握が困難であることを理由として、適切な対策を講ずることが難しいといった問題があると指摘されている。

このように、所有者不明土地の発生原因の1つとして、また、管理不全建物の所有者把握の困難理由として、所有権登記名義人の住所等の変更が登記記録に反映されていないことが挙げられている。

【After】

改正後不登法では、所有権の登記名義人の氏名もしくは名称または住所について変更

があったときは、その変更があった日から2年以内にその変更登記の申請をすることが義務付けられた（不登新76条の5）。

改正後不登法76条の5の施行日は、公布の日（令和3年4月28日）から起算して5年を超えない範囲内において政令で定める日と規定されている。

氏名等の変更登記申請を義務付けられている者は、土地および建物の所有権の登記名義人で、自然人か法人かを問わない。

申請期間は、住所等に変更があった日から2年以内である。Case 67〜72の相続登記より1年短縮されているのは、住所変更等が頻繁に生ずることや、相続のように遺産分割等の手続も必要なく、登記申請に必要な資料も収集しやすいことを考慮したものである。

中間試案に関するパブリック・コメントでは、もっと短期間にすべきとの意見もあった（Q&A 291頁）が、登記所が行う職権による住所等の変更登記（→ Case 79）との関係において、登記申請義務の期間の設定の仕方によっては、その期間内に登記官による職権登記がされる者とそうでない者が生ずることとなり、後者についてのみ義務違反となり過料に処せられる（→ Case 77）となれば不公平が生ずるおそれがあるといった指摘がされ、その変更があった日から2年以内とした（Q&A 291頁）。

Case (1) では、Aは、乙市への転入の日から2年以内に、当該不動産の管轄法務局に対して、所有権登記名義人住所変更登記の申請をしなければならない。

Case (2) では、Cは、株主総会による商号変更決議の効力発生日から2年以内に、当該不動産の管轄法務局に対して、所有権登記名義人名称変更登記の申請をしなければならない。

なお、商業登記においては、会社法915条1項で、商業登記事項に変更が生じたときは、2週間以内にその本店の所在地において変更の登記をしなければならないと定められている。

[木村貴裕]

76
住所等変更登記申請義務の経過措置

Case

　(1)　改正後不登法施行前、すなわち改正前不登法下に、甲市を住所地とするＡは、不動産の登記名義人となった。同じく改正前不登法時に、住所を甲市から乙市に移転し、甲市役所および乙市役所で転出および転入の手続を済ませた。Ａは、当該不動産について、所有権登記名義人住所変更登記申請をしなければならないか。

　(2)　同様に改正前不登法下に、株式会社であるＢは、不動産の登記名義人となった。その後、同じく改正前不登法下に、株主総会の定款変更決議により商号をＢからＣに変更し、本店の商業登記管轄法務局で商号変更登記の申請手続を済ませた。Ｃは、当該不動産について、所有権登記名義人名称変更登記申請をしなければならないか。

【Before】

　改正前不登法では、所有権登記名義人住所変更登記申請や所有権登記名義人名称変更登記申請の義務はなかった。

【After】

　所有権登記名義人の住所等の変更登記の申請義務化（不登新76条の5）以後に住所等の変更があった場合のみを適用対象としても、所有者不明土地等の発生予防の観点からは不十分であるとの指摘があった。

　これにより、改正後不登法では経過措置として、新設の76条の5の施行日前に所有権の登記名義人の氏名もしくは名称または住所について変更があったときにも適用するとの規定が置かれた（不登新附則5条7項前段）。

　この場合、申請義務に一定の猶予期間を設け、変更の日または施行日のいずれかの遅い日から2年以内にその変更登記の申請をすることが義務付けられた（不登新附則5条7項後段）。

　改正後不登法附則5条7項の施行日は、公布の日（令和3年4月28日）から起算して5年を超えない範囲内において政令で定める日と規定されている。

Case⑴では、Aは、改正後不登法附則5条7項の施行日から2年以内に、当該不動産の管轄法務局に対して、所有権登記名義人住所変更登記の申請をしなければならない。

　Case⑵では、Cは、同様に同項の施行日から2年以内に、当該不動産の管轄法務局に対して、所有権登記名義人名称変更登記の申請をしなければならない。

　このように、**Case**では、所有権の登記名義人が改正後不登法の施行日前に住所等の変更があったので、変更の日より施行日のほうが遅く、施行日から2年以内に登記申請をする義務が生ずることとなる。　　　　　　　　　　　　　　　　　　　　　［木村貴裕］

77
住所等変更登記申請義務違反の罰則

Case

Case75・76のAやCは、申請義務期間内に所有権登記名義人住所変更登記申請や所有権登記名義人名称変更登記申請をしなかった。何らかの申請義務違反による罰則はあるか。

【Before】

改正前不登法では、所有権の登記名義人の氏名もしくは名称または住所について変更があっても、その変更登記の申請をする義務はなく、また、それに伴う過料の規定もなかった。

【After】

改正後不登法では、所有権の登記名義人の氏名もしくは名称または住所について変更があったときは、その変更があった日から2年以内にその変更登記の申請をすることが義務付けられ（不登新76条の5）（→Case79）、その申請をすべき義務がある者が正当な理由がないのにその申請を怠ったときは、5万円以下の過料に処すると規定された（不登新164条2項）。

改正後不登法164条2項の施行日は、公布の日（令和3年4月28日）から起算して5年を超えない範囲内において政令で定める日と規定されている。

Case75・76のAやCは、住所等の変更登記を各々の申請義務期間内に登記申請せず、かつ、申請を怠ったことに正当な理由がない場合、5万円以下の過料に処される。

住所等の変更登記が単なる努力義務でなく、過料の制裁を伴うものとしたのは、以下のような理由からである。

まず、義務化そのものについては、中間試案に対するパブリック・コメントでは、所有権の登記名義人の住所等の変更の登記申請を義務付けることについては、特に住所は頻繁に変わる者もいるため、過度な負担となるおそれがあるといった指摘もあったが、別途、Case79のとおり、登記名義人の負担軽減策を併せて講ずることも考えれば、登記申請を義務付けることも合理的な施策であると考えられる（部会資料38・39頁）。

過料の制裁については、住所等の変更の登記は、これをしなくても通常は登記名義人

が大きな不利益を被ることが多くなく、積極的に登記をするインセンティブが働きにくいことなどもふまえると、所有権の登記名義人の住所等の変更の登記申請について、一定の制裁が科されることを明らかにしておくことで、任意の履行を促す必要性が高いと考えられる。特に、所有権の登記名義人が外国に居住するケースが増えている昨今においては、このような者との関係では登記所が住基ネットを通じて住所等の情報を取得するなどの方策（→ Case 79）を活用することができないことをふまえれば、我が国の法令において住所等の変更の登記申請が一定の制裁を背景に義務付けられていることを所有権の登記名義人に理解させることは重要であると考えられる（部会資料 38・41 頁）。

このように、登記申請義務を負う者に対してより強い意識付けが可能となることに加え、前述のような負担軽減策をパッケージで設ける大前提として、過料の制裁を伴う具体的な義務とすることが重要であると考えられたからである（Q&A296 頁）。

過料が科される過程であるが、裁判所における過料事件は、実際には、登記官等から過料に処せられるべき者についての過料事件の通知を受けて手続が開始されるのがほとんどである。相続登記や住所等の変更登記申請においては、以下のようになることが想定されている。

登記官は、登記の申請義務に違反する事実を具体的に把握した場合には、登記申請義務を負う者に対して予め登記申請をするよう催告し、それでもなおその者から正当な理由もなく登記の申請がされないときに、裁判所に対して過料の通知を行う。

このように登記申請義務に違反した場合でも、正当な理由があれば登記官は裁判所に対して通知をしないので、過料が科されることはない。

また、制度の実施にあたっては、過料を科すにあたって公平性を確保することが重要であると考えられ、正当な理由の具体的な類型について、相続登記と同様に通達等において明確化することが予定されている（Q&A298 頁）。

過料の額については、相続登記の申請義務違反についての過料の額とのバランスに加え、住民基本台帳法 52 条 2 項の転入等の届出義務違反が過料 5 万円以下と定められていること（Q&A297 頁）なども参考にされた。　　　　　　　　　　　　［木村貴裕］

78
登記官の職権による相続の発生の公示

Case

　自然人Ａは甲不動産の所有権の登記名義人となった。甲不動産登記管轄法務局の登記官Ｂは、Ａが死亡したことを知った。Ｂは、Ａについて相続が生じていることを職権で甲不動産に何らかの登記記録を表示することができるか。

【Before】

　改正前不登法では、所有権の登記名義人が権利能力を有しないこととなったと認める場合でも、登記官が職権でその旨を示す符号を表示する方法の規定はなかった。

　改正後不登法施行前の実務では、不動産の所有権の登記名義人が死亡しても、その相続人等の申請に基づいて相続登記がされない限り、当該登記名義人が死亡した事実を登記記録から読み取ることはできなかった。そのため、公共事業や民間の土地開発事業の候補地の選定に際して、登記名義人が生存しているのか、あるいは死亡しているのかによる、その調査コストや交渉のしやすさなどを事前に把握することが困難であったので、地方公共団体や経済団体から、相続開始の事実の公示に関する要望が寄せられていた。

【After】

　改正後不登法では、登記官が、所有権の登記名義人が権利能力を有しないこととなったと認める場合、職権でその旨を示す符号を表示する方法が規定された。この制度の対象は、所有権の登記名義人のうち、法務省令で定めるものに限る（不登新76条の4）。

　改正後不登法76条の4の施行日は、公布の日（令和3年4月28日）から起算して5年を超えない範囲内において政令で定める日と規定されている。

　Case の場合、Ｂは職権で、甲不動産の登記記録に、Ａが権利能力を有しないこととなった旨の符号を表示することができる。

　この制度の対象は、「所有権の登記名義人（法務省令で定めるものに限る。）」とされており、差しあたり自然人に限ることが予定されている。その理由は、自然人に係る相続開始の情報については、戸籍謄本等や住民票の写し等の交付につき一定の要件が課されている（戸籍法10条の2、住民基本台帳法12条の3参照）のに対し、法人の解散や清算結

了については一定の期間内に登記しなければならないと義務付けられており（会926
条・929条参照）、商業登記に基づく法人の登記簿に記録されている事項については何人
もその証明書の交付を請求することができるとされている（商業登記法10条1項参照）
ため、登記名義人が法人である場合は、自然人の場合と比較して、その情報の探索等に
要する手間や費用が大きいとまではいえないものと考えられ、対応を図るべき優先度は
高くないものと考えられたからである（Q&A289頁）。ただし、法人についても、将来
的には同様の仕組みを設ける可能性のあることは示唆されている（部会資料53・11頁）。

　権利能力を有しないこととなったと認める場合の手続は、以下のような情報を端緒と
して、登記官は、当該所有権の登記名義人がすでに死亡していることについて戸籍謄抄
本等を参照して確認した上で符号の表示を行う運用を想定している（Q&A288頁）。

　①登記所が住民基本台帳ネットワークシステム（住基ネット）を通じて、本人確認情
報（住民票の消除の事由）として「死亡」や「職権消除等」といった情報の提供を受け
た場合のほか、②所有者不明土地特措法40条（代執行）に基づく長期相続登記等未了
土地解消作業の過程等の各種の施策の実施過程において、登記官が所有権の登記名義人
の死亡等の情報に接した場合や、③登記官が固定資産課税台帳上の所有者に関する情報
の提供を受けた際に、その氏名等が不動産登記上の所有権の登記名義人の氏名等と異な
る場合（→ Case 79）などである。

　①の職権消除等には失踪宣告、認定死亡や戸籍上の整理をするための行政措置である
高齢者消除（死亡の効果が直ちに生ずるものではない）も含まれるが、これらについて、
符号の表示がされるかの詳細は法務省令において定められる予定である。

　公示の方法については、所有権の登記名義人のプライバシーや個人情報の保護、遺族
の心情等への配慮の観点から、「死亡」、「相続開始」などの直接的な表示をすることは
相当ではなく、これに代わる何らかの符号を表示すること（たとえば、当該登記名義人の
氏名に波線や特定の記号を付すこと等）とし（Q&A289頁）、その具体的な表示の方法につ
いては、法務省令に委任されている。　　　　　　　　　　　　　　　　　　　[木村貴裕]

79
登記官の職権による住所等変更登記

Case

(1) 自然人Aは甲不動産の所有権の登記名義人となった。甲不動産登記管轄法務局の登記官Bは、Aが住所を変更したことを知った。Bは、甲不動産登記に職権でAの所有権登記名義人住所変更登記申請をすることができるか。

(2) 株式会社であるCは、乙不動産の登記名義人となった。乙不動産登記管轄法務局の登記官Fは、Cが商号をDに変更したことを知った。Fは、乙不動産登記に職権でDの所有権登記名義人名称変更登記申請をすることができるか。

【Before】

改正前不登法では、所有権の登記名義人の氏名もしくは名称または住所について変更があっても、登記官が職権でその登記を申請できる規定はなかった。

【After】

改正後不登法では、登記官が、所有権の登記名義人の氏名もしくは名称または住所について変更があったと認めた場合、職権でその変更登記ができる規定が設けられた（不登新76条の6本文）。ただし、当該所有権の登記名義人が自然人であるときは、その者から申出があるときに限る（同条ただし書）。

改正後不登法76条の6の施行日は、公布の日（令和3年4月28日）から起算して5年を超えない範囲内において政令で定める日と規定されている。

改正後不登法76条の5で所有権の登記名義人について住所等の変更登記申請が義務付けられたが、住所等の変更については、一般に、これを登記に反映させておくインセンティブが働きにくいものであり、かつ、その手続の手間を軽減する必要があることから、登記官が住基ネットまたは商業・法人登記のシステムから所有権の登記名義人の住所等の変更の情報を取得し、これを職権で変更登記できることとした（Q&A292頁）。

具体的な規律の内容は法務省令に委任されている。これは、所有権の登記名義人が外国に居住するケース等においては、このような住基ネットを通じた情報取得ができないこと等もふまえると、登記官が職権的に所有権の登記名義人の氏名等の変更登記をする

ことができる具体的な場面については、法務省令で定めることとするのが相当であると考えられたからである（部会資料53・13頁）。

　登記官が、前述のとおり、住所等の変更の情報を住基ネットや商業・法人登記のシステムから取得するための具体的な仕組みについては、法務省令等で定められる予定である。現在、想定されているものは、以下の2つである。

　　①自然人である所有権の登記名義人は、登記官に対し、自らが所有権の登記名義人として記録されている不動産について、氏名および住所の情報に加えて、生年月日等の情報（検索用情報）を提供するものとする。この場合において、検索用情報は登記記録上に公示せず、登記所内部において保有するデータとして扱うものとする（部会資料53・14頁）。

　　②法人である所有権の登記名義人は、改正後不登法で、その会社法人等番号が登記事項とすることとされており（→Case86）、これを検索用情報として利用する。

　自然人が所有権の登記名義人であるときは、当該登記名義人から申出があるときに限って職権による住所等の変更登記をすることとした。これは、住民基本台帳を閲覧することができる事由を限定している住民基本台帳制度の趣旨や、ＤＶ被害者等であって最新の住所を公示することに支障がある者も存在しうることなどをふまえると、登記官が所有権の登記名義人の住所等が変更されたという情報を取得したとしても、これを直ちに登記記録上に公示することは相当でないと考えられるからである。そこで、自然人である所有権の登記名義人の変更後の住所等を登記官が職権で登記するにあたっては、登記官が当該登記名義人に対して登記の対象となる不動産およびその変更情報等についての登記の変更に係る意思の確認を行うこととした（Q&A294頁）。

　法人については、中間試案のパブリック・コメントでは法人に対して同様の確認を行うべきであるという意見もあったが、当該変更後の住所等は商業・法人登記においてすでに公示されていることからすると、改めて法人の意思を確認する必要性は高くなく、かえってこのような確認を行うこととすると事務が煩雑になり、不必要なコストを要することになるものと考えられ、申出は不要とされた（Q&A295頁）。

　Case(1)の場合、Bは、Aからの申出がある場合に限り、職権で甲不動産登記に、Aの所有権登記名義人住所変更登記申請ができる。

　Case(2)の場合、Fは、職権で乙不動産登記に、Dの所有権登記名義人名称変更登記申請ができる。　　　　　　　　　　　　　　　　　　　　　　　　　　　［木村貴裕］

80
他の公的機関から情報を取得する仕組み

Case

登記官は、関係地方公共団体の長その他の者に対して、職権による登記等（相続の発生の公示や住所等変更登記など）をするための必要な限度において、不動産の所有者等に関する情報の提供を求めることができるか。

【Before】

改正前不登法では、登記官が職権で登記等をするための、その対象となる不動産の所有者等に関する情報を、関係地方公共団体の長その他の者に対して、情報の提供を求める規定はなかった。

【After】

改正後不登法では、登記官が、職権による登記申請や不登法 14 条 1 項の地図を作成するために必要な限度で、関係地方公共団体の長その他の者に対し、その対象となる不動産の所有者等に関する情報の提供を求めることができるとする規定が設けられた（不登新 151 条）。

Case では、これにより登記官は、関係地方公共団体の長その他の者に対して、情報の提供を求めることができる。

所有者不明土地の発生を抑制するためには、まずは登記の申請人となるべき者からの登記申請を促すための方策をとることが考えられるが、このような方策をとってもなお登記がされないケースは引き続き生じてしまうものと考えられる。

また、不動産登記の公示機能をより良く発揮させ、不動産取引の円滑化を図るといった観点からも、基本情報である不動産登記の情報ができるだけ最新で正確なものとなることが重要であるとの指摘もある。

そこで、申請人となるべき者からの申請を待たずとも、登記所において登記事項に関する情報を取得し、これを不動産登記簿に反映させることで、所有者不明土地の発生の抑制につなげる方策についても検討する必要があるとして、中間試案において、次のような提案がなされていた。

①相続の発生を不動産登記に反映させるための仕組みとしては、次の 2 つの方策が

提案された。1つは、「登記所における他の公的機関からの死亡情報の入手及び活用」で、内容は、住所、氏名と生年月日等の登記記録上に公示しない情報を検索キーとして、連携先システムに定期的に照会を行い登記名義人の死亡の事実を把握すること。もう1つは、「登記所が死亡情報を不動産登記に反映させるための仕組み」で、内容は、当該登記名義人の最後の住所宛てに相続登記を促す旨の通知を送付するものとすることや相続開始の事実を登記記録上に公示することである（中間試案30頁）。

②登記名義人の氏名または名称および住所の情報の更新を図るための仕組みとしては、次の方策が提案された。「登記所が他の公的機関から氏名又は名称及び住所の変更情報を入手し、不動産登記に反映させるための仕組み」で、内容は、自然人の場合は、前記の情報を同様に検索キーとして、連携先システムに定期的に照会を行い登記名義人の住所等の変更の事実を把握し、登記官が、当該登記名義人に対して変更後の情報に基づき住所等の変更の登記を行うことについて確認をとるなどした上で、当該変更登記を行うこと。法人の場合は、会社法人等番号を有する法人であるときは、当該法人の会社法人等番号を新たな登記事項として公示し、登記官は、商業・法人登記のシステムから法人の名称等の情報の変更があったことの通知を受けた場合には、変更された情報に基づき、名称等の変更の登記を職権で行うことができるものとする（中間試案34頁）。

①については、改正後不登法76条の4（→ Case 78）として、②については改正後不登法76条の6（→ Case 79）として規定が設けられたが、この制度を実現するために登記官が他の公的機関から情報を入手する仕組みとして改正後不登法151条（情報提供の定め）が規定された。　　　　　　　　　　　　　　　　　　　［木村貴裕］

81
相続人に対する遺贈による登記手続の簡略化

Case

甲土地の所有権登記名義人Aには、配偶者Bと子Cがいる。Aは、その所有する甲土地をCに遺贈する旨の遺言書を作成した後、死亡した。

この場合、相続人かつ受遺者であるCは、遺贈を受けた甲土地につき、どのような手続によって、自己名義への所有権移転登記をすることができるか。

【Before】

遺贈を原因とする所有権移転登記については、登記義務者である共同相続人全員（または遺言執行者）と、登記権利者である受遺者との共同申請により、所有権移転登記手続をしなければならない。

不登法では、権利に関する登記は、法令に別段の定めがある場合を除き、登記権利者および登記義務者が共同して手続しなければならない（不登60条）。

不登法において、このような共同申請の原則が採用されているのは、利害の対立する当事者に共同申請させることにより、登記の真正を担保する趣旨である。

そこで、遺贈を原因とする所有権移転登記については、共同申請の原則に従い、登記義務者である共同相続人全員（または遺言執行者）と、登記権利者である受遺者との共同申請にて登記手続を行う必要がある。

【After】

遺贈を原因とする所有権移転登記については、相続人に対するものに限り、登記権利者（受遺者）のみによる単独申請をすることができる（不登新63条3項）。

不登法63条2項は、共同申請の例外として相続を原因とする所有権移転登記については、登記権利者による単独申請によって手続をすることを改正前も認めている。

また、直接的な相続が原因でなくとも、法定相続登記前の遺産分割協議による場合や、特定財産承継遺言の場合にも、相続を原因として登記権利者（当該不動産を取得した相続人）による単独申請で、所有権移転登記手続をすることが認められていた。

一方、相続人に対する遺贈は、遺言の内容に基づいて被相続人から相続人に対して権利の移転が生ずるという点では特定財産承継遺言と同様の機能を有するものであり、特

定財産承継遺言に基づいて相続による所有権の移転の登記の申請がされる場合と同様に登記原因証明情報として遺言書が提供されるのであれば、遺贈による所有権の移転の登記の真正は特定財産承継遺言に基づく相続人よる所有権の移転の登記と同程度に担保されるということができる（Q&A303頁）。

　また、改正後不登法では、遺贈により所有権を取得した相続人に対して所有権の移転の登記の申請義務が課されているところ、その申請を促進し、所有者不明土地不動産が発生することを予防する観点からは、その登記手続の合理化・簡略化を図ることが有益であると考えられる（Q&A303頁）。

　そこで、相続人に対する遺贈を原因とする所有権移転登記については、登記権利者（受遺者）による単独申請を可能としたものである。

　Caseでは、Cの単独申請により、C名義への所有権移転登記手続ができる。

　なお、改正前不登法どおりの登記権利者と登記義務者との共同申請による登記手続も変わらず可能であり、この手続が排除されたわけではない。

　また、相続人以外の第三者に対する遺贈については、改正後不登法63条3項の適用対象外とされ、改正前不登法と同様に、登記義務者全員（または遺言執行者）と登記権利者（受遺者）による共同申請によらなければならない点に注意が必要である。

　改正後不登法63条3項については、令和5年4月1日以後にされる登記申請に適用される旨の経過措置が設けられている（不登新附則5条1項）。登記申請時を基準に判断されるため、令和5年4月1日前にされた相続人に対する遺贈を原因とするものであっても、登記申請が同日以後になされる場合は、改正後不登法が適用されることになる。

［岩谷幸祐］

82
法定相続分での相続登記があった後の登記手続の簡略化

Case

甲不動産の所有権登記名義人Aには、配偶者Bと子Cがいる。

Aが死亡したので、Bは法定相続人全員を名義人とする法定相続登記をした。

その後に、下記の各状況が発生した場合、Bが、B単独所有の登記名義にするためには、どのような手続を行えばよいか。

(1) Cが被相続人Aの相続について相続放棄の手続をした。

(2) BとCが遺産分割協議を行い、甲不動産はBが相続するとの合意をした。

(3) Aが甲をBに相続させる旨の遺言書（特定財産承継遺言）が発見された。

(4) Aが甲をBに遺贈する旨の遺言書が発見された。

【Before】

改正前不登法下の登記実務においては、法定相続分による相続登記前であれば、遺産分割や相続放棄、特定財産承継遺言の内容に基づいて、登記権利者が単独で相続による所有権移転登記を申請することができる（不登旧63条2項）。一転して、**Case**のように先に法定相続分での相続登記がされると、その後に前記相続放棄・遺産分割・特定財産承継遺言に基づく持分移転登記をする場合には、原則どおりに共同申請によらなければならない。そのため、登記申請手続が煩雑となり、かつ、遺産分割の場合は持分移転登記についての再度の登録免許税（登録免許税法9条・別表第1第1号(2)イ）の納付が負担になっているとの指摘があった。（中間試案補足説明186頁参照）なお、遺産分割以外の場合は、更正登記によることとされていた。

【After】

法定相続分での相続登記後、相続放棄・遺産分割・特定財産承継遺言・相続人に対する遺贈による登記申請をする場合、登記権利者が単独で、所有権の更正登記申請ができる。

これは、相続登記の促進を図るという観点、および相続登記が義務化され、国民の負担が少なからず増加するという事実から、可能な限り、相続登記手続の合理化・簡略化を図ることが望ましいため、より簡易・簡便に実体を登記に反映させるべく、創設された。

　ただ、法定相続分での相続登記については、現在の権利関係を公示する手法としての妥当性に疑問の声もあり、この改正の内容を不登法の改正で行うと、あたかも法定相続分による相続登記を積極的に活用すべきとのメッセージと受け取られるおそれがあるため（部会資料53・10頁）、通達による実務運用の変更に委ねられた。

　Case(1)〜(4)では、Bは、法定相続登記がなされた登記記録を、自己単独名義の登記記録にするために、更正登記手続を単独申請で行うことができる。

　登記手続としては、**Case**(1)では相続放棄をなしたことを証する公的証明書（相続放棄申述受理証明書など）、**Case**(2)では遺産分割協議書（申請人以外の法定相続人全員の印鑑証明書付き）、**Case**(3)では相続させる旨の当該遺言書（特定財産承継遺言）を、**Case**(4)では遺贈する旨の当該遺言書を、登記原因証明情報として登記所に提出させることにより、更正登記の真正を担保する予定である。

　また、更正登記の登記原因は、「錯誤」とすることが登記実務上一般的であったが、公示をより明確にする観点から、より具体的な「遺産分割」といった形で記録されることが想定されている（Q&A338頁）。

　Case(3)(4)については、遺言の有効性に争いがある場合の想定や、持分名義を喪失する相続人の保護の観点から、そのような更正登記が申請された場合には、持分を失う相続人に対し、登記官から、当該登記が申請されたことを通知する手続がとられる（不登則新183条4項）（Q&A338頁）。

　なお、従前どおり、持分喪失者（登記義務者）と持分取得者（登記権利者）との共同申請により、登記手続をすることは可能であり、この手法が排除されたわけではない（Q&A338頁注1）。ただし、遺産分割による持分移転登記の場合は、登録免許税は課税標準（不動産の価額）に1000分の4の税率を乗じた額であったところ、本改正での遺産分割による更正登記の場合では、登録免許税が不動産の個数×1,000円になるため、より負担軽減につながると思われる。

　上記のとおり、本改正は通達による実務運用の変更で対応されるため、運用の変更日は通達の発出による点に注意を要する（令和5年2月時点では通達は未発出）。［岩谷幸祐］

83
形骸化した登記の抹消手続の簡略化①──登記義務者の所在が知れない場合

Case

A所有の甲不動産の登記記録には、Bを地上権者とする地上権設定登記がされており、その地上権には、30年の存続期間の登記がされている。

地上権設定時より30年が経過したが、その登記が抹消されることなく、放置されていた。

地上権設定登記を抹消しようとしたところ、Bが所在不明のため、協力が得られなかった。

この場合、Aはどのような手段によって、地上権の登記の抹消手続をすることができるか。

【Before】

本来的な手続として、登記義務者の所在が知れない場合に登記を抹消するには、抹消登記手続請求訴訟を提起し、公示送達手続を経て（民訴110条）、勝訴判決を得た上で、その判決により登記権利者が単独で登記申請をすることになる（不登旧63条1項）。しかし、訴訟手続には時間と費用と労力を要する。

そこで、登記権利者が、登記義務者と共同して権利に関する登記の抹消を申請することができないときは、非訟法99条の公示催告の申立てを行い、除権決定を得て、登記権利者が単独で、当該登記の抹消を申請することができる旨の規定が置かれていた（不登旧70条1項・2項）。

しかし、この規定による登記の抹消手続は、当該権利が消滅したこと、および登記義務者の所在が知れないことについて疎明では足りず、その要件の認定には公示送達（民訴110条）に準じた形で審査されるところ、実務的には、登記義務者が自然人である場合については住所地の近隣者からの聴取結果等を含めた調査報告書等の提出が必要など、必ずしも容易とはいえない負担があった。また、公示催告手続自体に一定の時間がかかるため、訴訟を利用した登記の抹消に比べて手続負担が特段に軽いわけではなく、この規定は必ずしも活用されてこなかった（Q&A338頁）。

【After】

　登記記録上、存続期間（買戻しの特約については買戻期間）が満了しており、法務省令で定める方法により相当な調査を行ってもなお、共同して登記の抹消の申請をすべき者の所在が判明しないときは、公示催告を申し立てることができるようになり、除権決定を得て、登記権利者が単独でそれらの登記の抹消を申請することが可能となった（不登新70条1項・2項）。

　今回の改正で、公示催告申立てのための所在が知れないとの要件が簡易化された。これは、存続期間等が満了しているなどの事情があれば、その権利の消滅が強く推認される上に、登記が抹消されても既判力が生じるわけではないため、改正前不登法上のような過度に厳格な立証を求める必要はなく、より簡便な方法で十分であると考えられたためである。具体的には、以前のような現地調査等までは必要なく、登記義務者が自然人の場合には住民票や戸籍の附票の提出、それらが存在しない場合には不在住・不在籍証明書の提出、その他登記記録上の住所地等に配達証明付き郵便が不到達であったことを証する書面を提出すること、法人の場合には閉鎖登記簿を提出したり、それすらない場合には本店所在地宛ての配達証明付き郵便物が不到達であった証明を出したり、登記上の代表者の存否、生死等、登記義務者が自然人の場合に準じた調査確認を行うこととされている（不登則新152条の2）。

　なお、改正後不登法70条1項では、登記義務者よりも広く、共同して登記の抹消の申請をすべき者との文言に改められた。これは、共同申請による登記義務者となるべき者の所在が知れない場合のほか、登記義務者の相続人の所在が判明しない場合にも同様に適用されるべきものであると考えられたからである（Q&A310頁、部会資料53・16頁）。

　この規定の対象となる権利は、具体的には、存続期間の定めがあり、その登記されている期間が満了している、地上権、永小作権、質権、賃借権および採石権であり、その他、買戻期間が経過している買戻特約登記が対象となる（買戻特約の場合は→Case84）。なお、抵当権および根抵当権はその対象となっていない。

　Caseでは、Aは、B（またはその相続人について）の所在を、法務省令で定められる方法により調査しその所在が判明しない場合で、公示催告申立てをして除権決定を得た上で、単独で地上権の登記の抹消手続することができる。

　改正後不登法70条1項・2項は、令和5年4月1日以後にされる公示催告申立てに係る事件に適用される旨の経過措置が設けられている（不登新附則5条2項）。施行日前に存続期間満了等の要件を具備していても、施行日以後に公示催告の申立てをするのであれば、改正後不登法が適用されることになる。　　　　　　　　［岩谷幸祐］

84
形骸化した登記の抹消手続の簡略化②——買戻特約登記

Case

A所有の甲不動産の登記記録には、買戻権者をBとする買戻特約が登記されており、その買戻特約登記には、売買契約の日から10年間の期間の登記がなされていた。

売買契約時より10年が経過したため、買戻特約は実体的に消滅したが、その登記は抹消手続をされることなく、放置されていた。

買戻特約を抹消しようとしたところ、Bが所在不明のため、協力が得られなかった。

この場合、Aはどのような手段によって、買戻特約登記の抹消手続をすることができるか。

【Before】

登記権利者である所有権登記名義人は、登記義務者である買戻権者とともに、共同申請によって、買戻特約登記の抹消を申請する必要がある。

不登法では、権利に関する登記は、法令に別段の定めがある場合を除き、登記権利者および登記義務者が共同して手続をしなければならない（不登60条）。

なお、買戻権が実行されたら、買戻権者が売買代金や諸費用等を返還することにより、その不動産の所有権は買戻権者（元の売主）に戻ることになる。その点にかんがみて、このような効力をもつ買戻特約の抹消登記の手続については、所有権登記名義人が登記義務者となる場合に準じて、登記義務者＝買戻権者の実印の押印と印鑑証明書の添付を求められており、この点も手続の負担を大きくしているといえる。また、年数経過が進めば、買戻権者自身の連絡先が変わったり、そもそも所在が不明になったりするなど、登記義務者として手続に関わらせるための連絡先や所在の調査等の負担も少なくなかった。

【After】

買戻特約登記については、その特約がなされた売買契約の日から10年を経過したときは、登記権利者である所有権登記名義人が、単独で（登記義務者である買戻権者の関与

なしに)、この買戻特約登記の抹消手続を申請することができる（不登新69条の2）。この場合、Case 83 のように、公示催告等の手続を経る必要はない。 買戻特約は、売買契約と同時にされなければならず（民579条）、その期間は上限が 10 年と法定されており、しかもこれを伸長することができない（民580条1項）。

また、買戻特約の期間内に買戻しを実行したら、対抗力具備のために、その旨の登記をなすのが通常である。一方で、買戻権を実行したが、その旨の登記だけがなされていなかった場合もあり得なくはないが、そのような事例は現実的には少ないと考えられる。であれば、売買契約から 10 年が経過し、未だ買戻権行使の登記がされていないならば、その買戻権は消滅していると強く推認される。

このように、消滅が強く推認される権利について、その登記の抹消手続は、登記義務者を関与させずとも、登記権利者のみによって完遂できた方が合理的である。

そこで、このような場合には、登記権利者のみの関与により、単独で抹消登記の申請ができるように改正がなされた（不登新69条の2）。

Case では、A は、単独で、当該買戻特約登記の抹消手続をすることができる。

なお、本改正について、登記義務者の所在不明を要件とすべきとの意見もあった（部会資料35・6頁）。しかし、このような要件を課すと、登記義務者の所在調査のため、住民票や戸籍等の収集をすることになるが、すでに実在しない蓋然性が高い権利の登記の抹消する手続としては、過度の負担を課すことになる。

一方で、登記記録上、権利の消滅が強く推認できるとはいえ、登記義務者（買戻権者）の保護を図る必要もある。そこで、この規定による買戻特約登記の抹消手続については、登記義務者に対して、登記官から、抹消登記が申請された旨の通知がされる（不登則新183条1項3号）（Q&A306頁注3）。

また、改正後不登法 69 条の 2 は、あくまで買戻特約が 10 年を超えた場合の規定であり、買戻期間が 10 年未満である場合は、適用対象とはならない。その場合には、改正後不登法 70 条 2 項の規定による抹消手続をすることになる（→ Case 83）。

改正後不登法 69 条の 2 については、令和 5 年 4 月 1 日以後にされる登記申請に適用される旨の経過措置が設けられている（不登新附則 5 条 1 項）。この経過措置は、登記申請時を基準に判断されるため、施行日前に買戻特約の 10 年の期間が満了していても、その買戻特約登記の抹消の登記申請が同日以後になされる場合は、改正後不登法が適用されることになる。

[岩谷幸祐]

85
形骸化した登記の抹消手続の簡略化③──解散した法人の担保権に関する登記

Case

　Ａ所有の甲不動産の登記記録には、債務者をＡ、抵当権者を株式会社Ｂとする抵当権設定登記がなされている。

　Ａは被担保債務につき全額の弁済をＢに行ったため、抵当権は実体上消滅したが、その抵当権設定登記は抹消手続をされることなく、放置されていた。

　Ｂは弁済を受けた後、株主総会にて解散を決定し、清算人にＣを選任して、解散し、その旨の登記もなした。

　その後30年が経過し、Ａは抵当権設定登記を抹消したいが、Ｃの所在が不明のため、協力が得られなかった。

　この場合、Ａはどのような手段によって、抵当権設定登記の抹消手続をすることができるか。

【Before】

　登記義務者の所在が知れない場合に、登記権利者が単独で、担保権の抹消登記申請をするには、以下の3つの方法がある。

　1つ目は、公示催告の申立てを行い除権決定を得てする方法（不登旧70条1項・2項）であるが、これは実務上あまり利用されてこなかった（→ Case 83【Before】）。

　2つ目は、先取特権、質権および抵当権につき、被担保債権が消滅したこと、および登記義務者の所在が知れないことを証明してする方法（不登旧70条3項前段）であるが、古い担保権において完全に弁済をなしたことを証する書面等を用意するのは現実的ではなく利用されてこなかった。

　3つ目は、同じく先取特権、質権および抵当権につき、被担保債権の弁済期から20年を経過し、かつ、その期間を経過した後に当該被担保債権、利息および債務不履行により生じた損害の全額に相当する金銭を供託してする方法がある（不登旧70条3項後段）。しかし、この方法だと、供託額の金銭的負担が大きくなる場合がある。また、登記義務者である法人の所在が知れないとの要件は、法人の登記簿が閉鎖され、その閉鎖登記簿も20年の保存期間が経過して保存されていない場合がこれに該当すると解されている（昭和63年7月1日付け民三第3499号民事局第三課長依命通知）。そのため、改正

前不登法70条3項後段が利用できる場面は、限られたものになっているとの指摘があった（部会資料9・15頁）。

【After】

Case のような担保権の登記を抹消するにあたり、①共同して登記の抹消を申請すべき法人が解散している、②改正後不登法70条2項に規定されている方法により調査を行ってもなおその法人の清算人の所在が判明しない、③被担保債権の弁済期から30年を経過している、④その法人の解散の日から30年が経過している、との各要件を全て充たした場合は、供託や公示催告の手続を要することなく、登記権利者が単独で、当該登記の抹消登記申請をすることができる（不登新70条の2）。

①の要件については、通常の解散手続による場合のほか、休眠会社・法人とみなされたことにより登記簿が閉鎖される、いわゆるみなし解散（会472条1項、一般社団法人及び一般財団法人に関する法律149条1項・203条1項）の場合や、法人に関する根拠法の廃止等に伴い解散することとなった場合も、対象に含まれる（Q&A313頁注1）。

②の要件は、具体的には、商業登記記録上の清算人の住所における住民票や戸籍の附票の有無を調査等することになるが、現地での聴き取り調査までは不要と考えられている（部会資料35・8頁）。

③が要件とされたのは、それだけの期間が経過していると、万が一、被担保債権が存在していたところで、債務者からの消滅時効の援用により、被担保債権も消滅する蓋然性が非常に高い。であれば、より簡易な手続で担保権の登記を抹消できたとしても、担保権者にとって非常に不利益とはいえないと考えられたからである（Q&A314頁注4）。

④が要件とされたのは、法人は、通常の清算手続に要する期間を超えて長期間経過後も未だ解散状態にある場合には、その法人としての実質はもはや存在しないと積極的に推認でき、その担保権を行使する意思ももはやないものと推認できるため、その登記による保護の必要性が相当程度に減少していると考えられるからである（Q&A313頁注2）。

Case では、Aは、Cの所在の調査を行った上で、B単独で、当該抵当権の登記の抹消手続をすることができる。

改正後不登法70条の2は、令和5年4月1日以後になされる登記申請に適用される旨の経過措置が設けられている（不登新附則5条1項）。この経過措置は、登記申請時を基準に判断されるため、施行日前に上記①〜④を充たしていたとしても、その抹消の登記申請が同日以後になされる場合は、改正後不登法が適用されることになる。

［岩谷幸祐］

86
会社法人等番号等の登記事項化

Case

　株式会社Ａは、平成30年に不動産を購入し同時に自身への所有権移転の登記をした。その後、商号を株式会社Ｂに変更した。しかし、不動産の登記名義人の表示は変更されていない。所有権登記名義人として登記されているＡと、商号変更した現在のＢとが同一の法人であるかどうかを確認する方法はあるか。

【Before】

　Case では、現在のＢが、当該不動産の管轄登記所へＡからＢへの所有権登記名義人名称変更登記を申請しない限り、ＡとＢが同一かどうかを一見して確認する方法はなく、それ以外には、Ｂの現在の商業登記簿で、登記事項である商号の欄でＡからＢに商号変更をしている旨およびその変更年月日を確認するという方法しかない。

　たとえば、法人の同一性の特定が困難な事例として指摘されていたのは、Ａが所有権の登記後、Ｂに商号変更し、さらにその後、本店所在地を同じくする株式会社Ａが別法人として設立された場合などである。

　不動産登記簿には、登記事項として登記名義人等の氏名、名称および住所が記録されることとされており（不登旧59条4号）、法人の場合は、商号または名称と、本店または主たる事務所が登記事項である。申請情報には、原則、会社法人等番号を併せて提供しなければならないが（不登令7条1項1号イ）、登記事項ではない。

　そこで、不動産登記簿から登記名義人等の特定をより正確に行うとの観点から、そのための情報として、氏名または名称および住所に加えて、新たな情報を登記事項とすることが検討された。

【After】

　所有権の登記名義人が法人であるときは、会社法人等番号その他の特定の法人を識別するために必要な事項として法務省令で定めるものが登記事項とされた（不登新73条の2第1項1号）。

　商業・法人登記の会社法人等番号は、登記されている法人等の識別のため唯一無二の

ものとして付され、そもそも商業登記記録上一般に公開されているものであることから、新たに不動産の登記事項に追加することは相当であると考えられ、従来の登記事項に加え、それを登記事項とした。

「その他の特定の法人を識別するために必要な事項として法務省令で定めるもの」とは、会社法その他の法令の規定により設立の登記をした法人等には、会社法人等番号が付されているが、健康保険組合や認可地縁団体等のように登記されず会社法人等番号のない法人もあり、そのような法人等についての登記事項とするためである。

施行日にすでに法人が所有権登記名義人として記録されている不動産については、登記官が職権的に会社法人等番号を登記事項に追加する旨の登記を可能とする経過措置が設けられた（不登新附則5条5項）。今後法務省令で定められるが、当該法人から簡易な申出手続に基づいて、職権的な登記を行うことが想定されている（Q&A316頁）。

また、住所等の変更登記の申請義務化（不登新76条の5）に伴い、登記官は、所有権の登記名義人の氏名もしくは名称または住所について変更があったと認めるべき場合として法務省令で定める場合には、法務省令で定めるところにより、職権で、氏名等もしくは名称または住所についての変更の登記をすることができることとなり（不登新76条の6）、その検索を行う際の検索キーとして会社法人等番号が用いられることが想定されている。

Case では、会社法人等番号が前述の登記官による職権的に登記事項として追加されている場合には、それが同一性を確認する方法となる。登記官による職権的変更登記が未だなされていない場合に、従来どおりB自身が当該不動産の管轄登記所へ所有権登記名義人名称変更登記を申請することにより、変更した商号と併せて会社法人等番号も登記事項となるので、以後それが同一性の確認方法となる。

改正後不登法73条の2第1項1号は、令和6年4月1日から施行される。施行日にすでに登記名義人として記録されている不動産については、登記官が職権的に追加する旨の経過措置については前述のとおりである。　　　　　　　　　　　　　　　　［植木克明］

87
在外所有権登記名義人の所在把握

Case

　不動産の所有者が海外に住所を置いている次の場合に、現在の所在や連絡先を確認する方法はあるか。

(1)　海外に住所を置く在外邦人Ａ

(2)　海外に住所を置く外国人Ｂ

【Before】

　登記名義人は、氏名または名称および住所が登記事項である（不登旧59条4号）。

　Case では、いずれもその登記されている情報のみを頼りに探索することとなる。

　なお、在外邦人の登記申請の際の住所証明情報は、当該邦人の住む国の日本大使館または領事館が発行する在留証明書が用いられている。

　一方、海外に住所を置く外国人の場合の添付情報としては、外国政府等の発行した住所証明情報のほか、当該外国の公証人等作成の宣誓供述書が用いられることが多い。これは、日本のような住所証明制度がない国が存在するためである。これらは登記先例による実務上の取扱いにとどまり、実際にどのような書面が必要であるか、またその正確性がどの程度のものであるかについては必ずしも明確でない部分があり、運用上の幅が広くなっているとの指摘もあった（Q&A341頁）。登記名義人の住所の把握に関しては、近時の国際化の進展の下で、在外邦人を含め我が国において不動産を所有しているものの国外に居住している者が増加していることや、日本の不動産を投資等の目的で外国に居住する外国人が購入するケースが増えていることなどに起因して、登記名義人が国外に居住するケースが増えてきており、そのようなケースについては、その所在の把握に困難を伴うことがあるとの指摘もされている。

　所有者不明土地等対策の推進に関する基本方針（令和元年6月14日所有者不明土地等対策の推進のための関係閣僚会議）においては、「多様な土地所有者の情報を円滑に把握する仕組み」として、「国際化の進展を踏まえ、国内外を問わず土地所有者の所在地を的確に把握できるような仕組みの在り方についても検討する」とされていた（部会資料9・7頁）。

【After】

　所有権の登記名義人が国内に住所を有しないときは、その国内における連絡先となる者の氏名または名称および住所その他の国内における連絡先に関する事項として法務省令で定めるものを登記事項とすることとされた（不登新73条の2第1項2号）。

　連絡先として第三者の氏名等を登記する場合には、当該第三者の承諾があることとし、また、当該第三者は国内に住所を有するものであることを要件とする。連絡先となる者は、自然人か法人かを問わない。制度が定着するまでは国内連絡先がない旨の登記も許容される予定である。

　連絡先となる者の氏名等の登記事項に変更があった場合には、所有権の登記名義人のほか、連絡先として登記されている当該第三者が単独で変更の登記の申請をすることができるものとする。

　併せて、住所証明情報の見直しを行い、外国に住所を有する外国人（法人を含む）が所有権の登記名義人となろうとする場合については、次の①または②のいずれかとすることで実務上の運用が見直される。

　　①外国政府等の発行した住所証明情報
　　②住所を証明する公証人の作成に係る書面（外国政府等の発行した本人確認書類の写しが添付されたものに限る）

　これは、正確な住所を登記するとともに虚無人名義の登記を防止するために、必要となる住所証明情報について、限定を付すことと考えられたためである（Q&A340頁）。

　Caseでは、AおよびBが当該法令の適用される日以降に登記名義人となる場合は、その海外の住所と氏名に加えて、国内における連絡先となる者も登記することとなるので、登記された本人の住所氏名に加え、国内における連絡先も登記名義人の現在の所在や連絡先を確認する手がかりとなる。

　改正後不登法73条の2は、令和6年4月1日から施行される。外国に住所を有する外国人の住所証明情報の見直しは、法律ではなく法令適用の際の運用によって実現する予定である（Q&A341頁）。　　　　　　　　　　　　　　　　　　　　　［植木克明］

88
所有不動産記録証明制度

Case

　(1)　Aは、遺言をするために、その所有する不動産を網羅的に確認したいと考えている。Aは自らが所有権の登記名義人として記録されている不動産を登記所で確認することはできるか。

　(2)　Aが死亡した。相続人の1人であるBは、相続登記のために被相続人であるA（以下「亡A」という）が所有権の登記名義人として記録されている不動産がどこに所在するかを確認したいと考えている。Bが亡Aの所有する不動産を登記所で確認することはできるか。

【Before】

　Case(1)では、Aは、所有する不動産の登記情報を閲覧したり登記事項証明書を取得するか、所持する所有権の登記済証または登記識別情報通知から、所有する不動産を確認して取りまとめることが考えられる。

　Case(2)では、Bは、**Case**(1)と同様に、亡Aの所有権の登記済証または登記識別情報通知を探し、そこに記録された不動産を確認して取りまとめることが考えられる。

　いずれも、これらの書面がない、もしくは見つけられない場合は、実務的には、所有不動産が所在する市町村役場から送られてくる固定資産税の納税通知書等の情報や、そのような端緒となる情報のあった市町村役場に対して本人または相続人としていわゆる名寄帳の閲覧を請求して確認をしている。

　いずれの **Case** でも、登記所で網羅的に確認できる方法はなく、特に相続人の場合は、そもそも被相続人が所有する不動産の所在すらわからないときは、調査する方法も相当限定されるのが現状である。

　登記記録は、権利に関する登記について1筆の土地または1個の建物ごとに電磁的記録として作成される（不登2条5号）。よって現状では、全国の不動産から、Aという個人が所有権の登記名義人となっているものを網羅的に抽出するということはできず、このような情報を公開する仕組みとはなっていない。そのため、被相続人の死亡により相続が開始し、相続人が相続に関わる各種手続を行おうとする場合に、被相続人が所有していた不動産を把握しきれず、結局相続登記がされないまま放置されてしまうケースが

ありうるとの指摘があった。

　そこで、相続登記の手続的負担を軽減して相続登記の促進を図り、所有者不明土地問題の発生を抑制するなどの観点から、所有権の登記名義人について相続が開始した場合のその相続人は、被相続人が所有権の登記名義人である不動産の登記記録の一覧を知ることができるものとする新たな制度の創設について検討する必要があると考えられた。

【After】

　今般の改正により、自然人および法人を対象とする所有不動産記録証明制度が新設された（不登新119条の2）。

　この制度は、人（法人を含む）を単位として、所有権の登記名義人となっているものを網羅的に抽出するものである。

　何人も、自らが所有権の登記名義人（これに準ずる者として法務省令で定めるものを含む）として記録されている不動産に係る登記記録に記録されている事項のうち法務省令で定めるもの（記録がないときは、その旨）を証明した書面（以下「所有不動産記録証明書」という）の交付を請求することができる（不登新119条の2第1項）。

　また、所有権の登記名義人について相続その他の一般承継があったときは、その相続人等は、同様に、所有不動産記録証明書の交付を請求することができる（不登新119条の2第2項）。

　いずれも交付の請求は、法務大臣の指定する登記所の登記官に対し、法務省令で定めるところにより、手数料を納付して行い（不登新119条の2第3項・4項）、代理人による交付請求も許容することを前提としている。

　Case(1)の場合はA、**Case**(2)の場合はBが指定登記所へ赴き、Aの所有不動産記録証明書の交付を請求することになる。

　課題として、現在の登記記録に記録されている所有権の登記名義人の氏名または名称および住所は過去の一定時点のものであり、必ずしもその情報が更新されているものではないことである。交付請求された登記名義人の氏名等の情報に基づいてシステム検索を行った結果を証明するこの制度は、あくまで、これらの情報に一致したものを一覧的に証明するものであり、不動産の網羅性等に関しては技術的な限界があることが考えられる。本制度を利用しようとする場合、その過去の一定時点の氏名や住所を、証明の取得にあたってどのように利用者から提供を受け、登記所はどこまで情報を検索することとなるのかを注視したい。

　改正後不登法119条の2は、公布の日（令和3年4月28日）から起算して5年を超えない範囲内において政令で定める日に施行される（不登新附則1条3号）。　　　[植木克明]

89
登記簿の附属書類の閲覧制度の見直し

Case

（1）　甲土地が、被相続人Ａから相続人Ｂへ相続登記がされた。他の相続人Ｃは、その相続登記の内容に疑義があると考えている。Ｃは登記記録のほかに調べる方法があるか。

（2）　上記相続人Ｃから指摘を受けた相続人Ｂは、相続登記に係る所有権の登記済証を所持しているが、申請当時の資料は見当たらない。Ｂは登記記録のほかに調べる方法があるか。

【Before】

　登記簿の附属書類（これには登記申請情報やその添付情報が含まれる）は、何人も手数料を納付してその閲覧を請求することができる。ただし、図面以外のものについては、請求人が利害関係を有する部分に限る（不登旧121条２項）。

　Case ではＢＣのいずれも、登記記録以外に、利害関係を有する部分に限られるが、手数料を納付して、附属書類である登記申請時の申請情報ほか添付情報の閲覧を請求し、調査する方法がある。

　登記記録等を公開するにあたっては、その参考となる資料についても広く公開することが望ましいとの考えに基づき、公示機能を補完する観点から附属書類についても公開制度が設けられ、登記記録と附属書類とは一体のものとして公示制度を支えているものと考えられる。

　ただ前記のとおり、附属書類のうち図面以外のものの閲覧の請求をするときは、利害関係を有する理由を提示しなければならない（不登則旧193条２項４号・３項）。

　この「利害関係」が具体的にどのような範囲のものを指すのかについては、法律の趣旨目的をふまえた解釈に委ねられており、実務では、事例ごとに登記官が個別に判断することとなっている。

　確かに、閲覧の対象となる附属書類には、所有者探索のための端緒が見つかることがありうるが、戸籍や住民票の写し等個人情報が悪用される可能性のあるものも否定できないことから、様々な考慮要素があり、閲覧には慎重判断が求められると考えられる。

　閲覧の範囲を画する基準として、「利害関係を有する部分」との規律を維持するのか、

たとえば、「閲覧する正当な理由がある部分」などの規律とすることの方がむしろこれまでの解釈や近時の社会的要請にも応えられるものと考えられるのではないか等、併せて、閲覧の請求人や附属書類の類型を考慮要素として、規律を見直すことが検討された（部会資料9・32頁）。

【After】

今般の改正により、登記簿の附属書類の閲覧制度に関し、閲覧の可否の基準を合理化する観点等から、次のとおり規定された（不登新121条1項〜5項）。

まず何人も、登記官に対し、手数料を納付して、自己を申請人とする登記記録に係る登記簿の附属書類の閲覧を請求することができる（不登新121条2項）。自己が登記の申請人である登記については、附属書類を閲覧に供したとしても個人情報保護の趣旨に反することはなく、閲覧できる附属書類の範囲を限定しないことが適切と考えられるためである（中間試案補足説明215頁）。

次に、登記簿の附属書類の閲覧につき正当な理由があると認められる者は、登記官に対し、法務省令で定めるところにより、手数料を納付して、その全部または一部（その正当な理由があると認められる部分に限る）の閲覧を請求することができる（不登新121条3項）。請求人は、少なくとも当該不動産について何らかの関係を有し、そのために当該不動産の登記簿の附属書類を閲覧することに正当な理由があると考えるのが自然だからである。

正当な理由については、たとえば、**Case** のほか、①当該不動産の隣地の所有者が、過去に行われた分筆の登記の際の境界標や筆界の確認の方法を確認する場合や、②当該不動産を購入しようとしている者が附属書類の閲覧につき登記名義人から承諾を得た上で、過去の所有権の移転の経緯などを確認する場合が想定されており（中間試案補足説明216頁）、通達等で明らかにされる予定である。

なお、図面については、従前どおり、何人も、登記官に対し、手数料を納付して請求することができる（不登新121条1項）。

Case (1)の相続人Cは、登記簿の附属書類の閲覧につき正当な理由があると認められた場合、登記官に対し、手数料を納付して、その全部または一部の閲覧を請求することができる。閲覧できる部分は、その正当な理由があると認められる部分に限られる。

Case (2)の相続人Bは、登記官に対し、手数料を納付して、自己を申請人とする登記記録に係る登記簿の附属書類の閲覧を請求することができる。請求に特段の制約はない。

改正後不登法121条は、令和5年4月1日以後にされる閲覧請求に対して適用される（不登新附則5条3項）。　　　　　　　　　　　　　　　　　　　　　[植木克明]

90
ＤＶ被害者保護のための情報公開の見直し

Case

Ａは、ある者からの不当な加害から逃れるために、不動産を購入し、そこへ転居して住所を移したが、登記簿には現在の住所を記載する必要があると聞いた。Ａは転居先の住所を公開したくないが方法はあるか。

【Before】

Ｃase では、Ａは所有権の登記名義人であるが、ＤＶ被害者等の被支援措置者である場合、その保護の観点から、所有権の登記名義人となる時は、前住所または前々住所を登記権利者の住所として申請することができる措置がある。

また、その後Ａが所有権移転登記の登記義務者となるとき、同様の理由から現住所への登記名義人住所変更登記は不要とされる措置も設けられている。

所有権を含めその登記記録には、登記名義人等の氏名および住所が記録されることとされている（不登旧59条4号等）。そして、何人も、登記官に対し、登記記録に記録されている事項を証明した書類（登記事項証明書等）の交付請求をすることによりこれらの情報を知ることができる（不登旧119条1項）。また、改正前不登法では、何人も、登記官に対し申請情報およびその添付情報その他の登記簿の附属書類（不登令21条1項で定める図面を除く）についても、請求人が利害関係を有する部分に限って閲覧を請求することができる（不登旧121条2項）。

不動産に関する権利を公示することにより、国民の権利の保全を図り、もって取引の安全と円滑に資するという不動産登記制度（不登1条参照）の目的からすると、自然人の住所情報を非公開とすることは相当ではないと考えられる。

しかし個別的に、たとえば、登記名義人等がＤＶ被害者等の被支援措置者であるときには、被支援措置者の保護の観点から、現住所を秘匿する必要性が高いことに配慮して、現在の登記実務では、一定の場合に、現住所への住所の変更の登記を不要とする取扱い（平成25年12月12日付け民二第809号民事第二課長通知）や、前住所または前々住所を登記権利者の住所として申請することを許容する取扱い（平成27年3月31日付け民二第196号民事局民事第二課長通知）、および、登記申請書等に記載されている被支援措置者の住所の閲覧制限の取扱い（同日付け民二第198号民事局民事第二課長通知）を行ってい

る。

　しかし、これらの特例的な取扱いは運用上のものにとどまることから、これらに根拠規定を設けるとともに、近時の国民の個人情報に対する意識が高まる中で、自然人の住所情報を広く公開していることへの批判もふまえ、必要に応じてその内容を見直すことが検討された（部会資料9・25頁）。

【After】

　今般の改正により、以下の概要で対象者や住所に関して規定を置くこととした。

　登記官は、登記事項証明書の交付に関する改正後不登法119条1項および2項の規定にかかわらず、登記名義人（自然人であるものに限る）である対象者の住所が明らかにされることにより、人の生命もしくは身体に危害を及ぼすおそれがある場合またはこれに準ずる程度に心身に有害な影響を及ぼすおそれがあるものとして法務省令で定める場合において、その者からの申出があったときは、法務省令で定めるところにより、登記事項証明書に当該住所に代わるものとして法務省令で定める事項を記載しなければならない（不登新119条6項）。

　対象者は、①いわゆるDV防止法1条2項に規定する被害者、②ストーカー行為等の規制等に関する法律6条に規定するストーカー行為等をされた相手方、③児童虐待の防止等に関する法律2条に規定する児童虐待を受けた児童等のほか、これらに限らず、犯罪被害者であり、現住所を第三者に知られると加害者等から報復のおそれがある場合も含め、法務省令で定めることとされている。

　住所に代わるものとしては、①登記名義人の親族・知人等の住所（当該人の承諾を要件とする）、②委任を受けた弁護士の所属する法律事務所や被害者支援団体等の住所、③法務局等の住所など、対象者から申請がされた場所が想定されている。

　秘匿する期間としては、申出がされてから一定期間（たとえば1年）とし、対象者から申出がない限り継続するが、定期的に法務局から対象者に確認することなどが想定されている。併せて、対象者の住所情報が公開されない場合に、対象者を被告とする登記関係訴訟の提起等が困難になることがないよう、裁判所からの調査嘱託に回答する運用が予定される。

　申出書等にも登記名義人の現住所等の情報があるため、その閲覧については、附属書類の閲覧制度の見直し（不登新121条3項等→ Case 89）と併せて検討される。

　Case では、以上から、Aは、申出をすることにより登記事項証明書にその住所に代わるものが表示される方法をとることができる。

　改正後不登法119条6項は、令和6年4月1日から施行される。　　　　［植木克明］

91
相続土地国庫帰属制度とは

Case

　Pが死亡した。相続人は、子Aである。Pの遺産には、Pが単独で所有していた甲土地と乙土地とがあった。相続により甲土地と乙土地との単独の所有者となったAは、甲土地については、管理の負担が重いため、その所有権を手放したいと考えている。甲土地は、これを売却等したり、国等に寄附したりすることが難しいものであった。

【Before】

　Case では、Aは、相続により取得した甲土地の管理の負担を重く感じている。甲土地は、売却等することなどが難しく、これを利用するニーズなども低いようである。Aが甲土地の所有権を手放すことができなければ、将来、Aが死亡して相続が発生したときに、甲土地は、放置されるおそれが大きい。この意味において、甲土地は、「所有者不明土地のいわば予備軍」（中間試案補足説明148頁）であるといえる。

　Aが甲土地の所有権を手放すためには、Aは、甲土地の所有権を放棄することが考えられる。これが認められると、甲土地は、無主の不動産となる。この場合には、甲土地の所有権は、国庫に帰属する（民239条2項）。もっとも、土地の所有権の放棄が認められるかどうか、認められるとしても、それがどのようなときかは、明らかでなかった（→ Case 92）。また、Aは、相続の放棄（民938条）をすることも考えられる。もっとも、Aが相続の放棄をしたときは、Aは、甲土地のみならず乙土地も、相続によりこれを取得することができなくなる（民939条）。

【After】

　相続土地国庫帰属制度は、【Before】で述べたような状況をふまえ、一定の原因により土地の所有権または共有持分を取得した者が法務大臣に対し、その土地の所有権の国庫への帰属についての承認を申請し、法務大臣の承認を受けることによってその土地の所有権を国庫に帰属させることができる制度として創設されたものである。

　同制度の創設にあたっては、①同制度の目的である「所有者不明土地の発生の抑制を図る」（国庫1条）という観点に加え、②土地の所有者がその土地の所有権を国庫に帰

属させることは、自らが負担すべき管理の負担を国民に転嫁することとなるという観点（土地の所有者から国民への管理の負担の転嫁）や、③土地の所有者がその土地の所有権を国庫に帰属させることができるとすると、その土地の管理を適切にしなくなるモラルハザードが生ずるおそれがあるという観点（土地の適切な管理についてのモラルハザードの防止）が考慮された（Q&A344〜345頁を参照）。

　同制度のポイントは、次のとおりである（項目について、Q&A345頁）。

1　承認申請権者：承認申請は、①および②の観点から、相続または相続人に対する遺贈により土地の所有権または共有持分を取得した者等に限り、これをすることができるものとされている（国庫2条1項・2項）（→ Case 93・94）。**Case** では、Aは、相続により甲土地の所有権を取得した者として、承認申請をすることができる。

2　国庫帰属が認められる土地：国庫帰属が認められる土地の要件は、①の観点からは、緩やかなものとされ、②や③の観点からは、厳しいものとされることとなる。相続土地国庫帰属制度は、後者に重点を置いて、国庫帰属が認められる土地の要件を限定している。すなわち、通常の管理または処分をするにあたり過分の費用または労力を要する土地として法定される類型に当たる土地は、国庫帰属が認められない（Q&A356頁・363頁）。

　Case では、ⓐその事由があれば直ちに費用・労力の過分性を充たすものと扱われる土地の類型（国庫2条3項各号〔却下事由〕）に甲土地が当たるとき（→ Case 95〜97）は、法務大臣は、承認申請を却下しなければならない（国庫4条1項2号）。また、ⓑ費用・労力の過分性を充たすことが個別具体的に判断される土地の類型（国庫5条1項各号〔不承認事由〕に甲土地が当たる（→ Case 98〜100）ときは、法務大臣は、不承認をする。これに対し、ⓐおよびⓑの類型に甲土地が当たらないときは、法務大臣は、甲土地の所有権の国庫への帰属を承認しなければならない（同項柱書）。

3　承認申請に係る審査：法務大臣は、承認申請に係る審査をするため、必要があると認めるときは、その職員に事実の調査をさせることができる（国庫6条1項→ Case 103）。

4　負担金の納付：②の観点からは、土地の所有権の国庫への帰属を認めるためには、承認を受けた者が負担金を納付しなければならないものとすべきである一方、①の観点からは、その負担金の額を抑えることが求められる。そこで、甲土地の所有権の国庫への帰属は、承認を受けた者が一定の負担金、つまり承認された土地につき、国有地の種目ごとにその管理に要する10年分の標準的な費用の額を考慮して政令で定めるところにより算定した額を納付した時に生ずるものとされている（国庫10条1項・11条1項→ Case 106）。**Case** では、甲土地の所有権の国庫への帰属は、承認を受けたAが一定の負担金を納付した時に生ずる。

　相続土地国庫帰属法の施行日は、令和5年4月27日である。関連法令である相続土地国庫帰属令および相続土地国庫帰属規則も、同法の施行日から施行される。[水津太郎]

92
土地所有権の放棄

Case

　Ｐが死亡した。相続人は、子Ａである。Ｐの遺産には、Ｐが単独で所有していた甲土地があった。甲土地は、その境界が明らかでなかった。相続により甲土地の単独の所有者となったＡは、甲土地の所有権を放棄しようと考えている。

【Before】

　権利の放棄とは、権利の消滅を内容とする単独行為をいう。所有権の放棄が認められるかどうかについては、民法上、明文の規定がない。

　所有権の放棄のうち、土地の所有権の放棄について、学説は、十分な議論をしていなかった。登記先例として、崩壊寸前の崖地について、「所問の場合は、所有権の放棄はできない」としたものがあった（民事局長回答昭和41年8月27日民事甲1953号先例集追Ⅳ833頁）一方、──土地の所有権の放棄が認められる場合があることを前提として──土地の所有権の放棄についての登記の申請は、放棄者の単独申請によってすることができないとしたものもあった（民事局第三課長回答昭和57年5月11日民三3292号先例集追Ⅵ1173頁）。裁判例のなかには、土地の所有権を放棄したと主張する者が国に対し、放棄を原因とする所有権移転登記手続を求めた事案について、その者がその土地に関する負担や責任を国に押しつけようとしたなどの事情をふまえて、「本件所有権放棄は権利濫用等に当たり無効」であるとしたもの（広島高松江支判平28・12・21訟月64-6-863）等があった。つまり、土地の所有権の放棄が認められるかどうか、認められるとしても、それがどのようなときかは、明らかでなかった。

　Case において、Ａが甲土地の所有権を放棄することが認められるかどうか等は、明らかでなかった。

【After】

　新法は、土地の所有者がその所有権を手放してこれを国庫に帰属させる方法として、土地所有権放棄制度ではなく、相続土地国庫帰属制度を創設することとした。Case において、土地所有権放棄制度によれば、Ａが甲土地の所有権を放棄すると、放棄という

単独行為に基づいて、甲土地が無主の不動産となる。この場合には、甲土地の所有権は、国庫に帰属する（民239条2項）。国の権利取得の性質は、原始取得である。他方で、相続土地国庫帰属制度によれば、Aが甲土地の所有権の国庫への帰属についての承認を申請した場合において、法務大臣がこれを承認したときは、承認処分という行政処分に基づいて（部会資料48・4頁）、甲土地の所有権がAから国へと移転して国庫に帰属する。国の権利取得の性質は、承継取得である（Q&A347頁注2）。

　法制審議会民法・不動産登記法部会においては、もともとは、「土地の所有権の放棄を認める制度」（中間試案28頁）の創設が検討されていたものの、第19回会議からは、相続土地国庫帰属制度の創設が検討されることとなった。その理由は、次のように整理されている（Q&A346～347頁のほか、部会資料48・4頁）。①土地の所有者がその所有権を手放してこれを国庫に帰属させることを認めるため、土地の所有者がその所有権を放棄してその土地を無主とした上で、国がその土地の所有権を原始取得するという法的構成をとるのは、迂遠である。②土地の所有権の放棄に関する規律を定めることとし、「不動産は、法令に特別の定めがある場合を除き、その所有権を放棄することができない」ものとする規定を民法に定める（部会資料36・1頁）ならば、動産の所有権の放棄に関する規律をどのように定めるのかが問題となる。しかし、動産は、その大きさや価値が様々であるため、適切な規律を定めるためには、慎重な検討が必要である。

　相続土地国庫帰属制度の創設は、土地の所有権の放棄に関するルールの解釈についてどのような影響を与えるか。今後は、土地の所有者が放棄という単独行為によりその所有権を手放してこれを国庫に帰属させることは、認められないとする解釈が「有力になるものと思われる」（Q&A347頁）などとされている。この問題については、次のように考えるべきであろう。新法は、土地所有権放棄制度ではなく、相続土地国庫帰属制度を創設することとした。もっとも、この選択がされたのは、前記のように、法的構成の巧拙（①）や他の問題への影響（②）を考慮したからにすぎない。新法は、土地の所有者がその所有権を手放してこれを国庫に帰属させることを認めるため、一定の評価（→Case 91）に基づいて要件や手続を定めている。そうである以上、今後は、土地の所有権の放棄は、相続土地国庫帰属制度に関するルールの基礎に据えられている評価と矛盾する限り、認められないものと考えられる。

　Case では、甲土地は、その境界が明らかでない。そのため、Aが法務大臣に対し、甲土地の所有権の国庫への帰属についての承認を申請しても、その承認申請は、却下される（国庫2条3項5号・4条1項2号）。Aが甲土地の所有権を単純に放棄することを認めることは、このルールの基礎に据えられている評価（→Case 91【After】2）と矛盾する。したがって、そのような放棄は、認められない。なお、国がAから甲土地の寄附を受けたときは、甲土地の所有権は、Aから国へと移転する。このことは、贈与契約に基づくものであって、放棄とは無関係である。　　　　　　　　[水津太郎]

93
承認申請権者①──土地が単独所有に属するとき

> **Case**
>
>　Aは、自己が単独で所有する甲土地の管理の負担が重いため、甲土地を手放したいと考えている。甲土地は、これを売却等したり、国等に寄附したりすることが難しいものであった。

【Before】

　Case では、Aは、甲土地の所有権を放棄することが考えられる。これが認められると、甲土地は、無主の不動産となる。この場合には、甲土地の所有権は、国庫に帰属する（民239条2項）。もっとも、土地の所有権の放棄が認められるかどうか、認められるとしても、それがどのようなときかは、明らかでなかった（→ Case 92）。

【After】

　相続土地国庫帰属法は、一定の原因により土地の所有権を取得した者に対し、その土地の所有権の国庫への帰属についての承認の申請を法務大臣にすることを認めている。まず、①同法は、所有者不明土地の発生の抑制を目的とするものである（国庫1条）。この観点からは、土地の所有者が死亡したことを契機としてその土地の所有権を取得した者について、承認申請を認めればよいものと考えられる。また、②土地の所有者がその土地の所有権を国庫に帰属させ、自らが負担すべき管理の負担を国民に転嫁するためには、その負担の転嫁を正当化する理由が必要である。この観点からは、やむを得ずに土地の管理の負担を引き受けていると評価することができる者に限り、承認申請を認めればよいものと考えられる。

　そこで、相続土地国庫帰属法は、土地の所有者が死亡したことを契機としてその土地の所有権を取得した者のうち（①の観点）、やむを得ずに土地の管理の負担を引き受けていると評価することができる者（②の観点）に承認申請権者を限定している。具体的には、承認申請権者は、相続または相続人に対する遺贈により所有権の全部または一部を取得した者である（国庫2条1項。土地が共有に属するときについては、→ Case 94）。Case に事情を付け加えて、説明を行う（Q&A352〜353頁を参照）。

1　相続により土地の所有権の全部を取得した者：甲土地を単独で所有していたPが死

亡したとする。この場合において、ⓐ子Aが単独で相続して、甲土地の単独の所有者となったとき、ⓑ子Aと子Bとが共同で相続し、遺産分割により、Aが甲土地の単独の所有者となったとき、ⓒ特定財産承継遺言により、子Aが甲土地の単独の所有者となったときは、Aは、承認申請をすることができる。

2　相続人に対する遺贈により土地の所有権の全部を取得した者：甲土地を単独で所有していたPが死亡し、遺贈により、相続人である子Aが甲土地の単独の所有者となったときは、Aは、遺贈の放棄（民986条）をしたとしても、相続の放棄（民938条）をしない限り、いずれにせよ甲土地の所有権を取得する。そのため、Aは、やむを得ずに土地の管理の負担を引き受けているものと評価される。したがって、Aの承認申請は、認められる。

3　相続により土地の所有権の一部を取得した者：甲土地を単独で所有するCから父Pと子Aとが共同して甲土地を買い受け、甲土地の共有者となった後、Pが死亡し、相続により、AがPの甲土地の共有持分の全部を取得し、甲土地の単独の所有者となった。この場合には、Aが売買により取得した甲土地の共有持分は、その意思に基づいて土地の管理の負担を引き受けているものの、Aが相続により取得した甲土地の共有持分は、やむを得ずに土地の管理の負担を引き受けているものと評価される。したがって、Aの承認申請は、認められる。

4　相続人に対する遺贈により土地の所有権の一部を取得した者：甲土地を単独で所有するCから父Pと子Aとが共同して甲土地を買い受け、甲土地の共有者となった後、Pが死亡し、遺贈により、相続人であるAがPの甲土地の共有持分の全部を取得し、甲土地の単独の所有者となったときは、2および3についてされた考慮が当てはまる。したがって、Aの承認申請は、認められる。

　以上に対し、土地の所有者が死亡したことを契機としてその土地の所有権を取得した者であっても、その原因が死因贈与や相続人以外の者に対する遺贈であるときは、その土地の所有者は、承認申請をすることができない。**Case**に事情を付け加えて、説明を行う（Q&A350〜351頁を参照）。

　(1)　死因贈与：PとAとの間で、Pが単独で所有する甲土地をAに死因贈与する旨の契約がされた後、Pが死亡し、Aがその単独の所有者となったときは、Aは、その意思に基づいて土地の管理の負担を引き受けているものと評価される。そのため、Aの承認申請は、認められない。

　(2)　相続人以外の者に対する遺贈：甲土地を単独で所有していたPが死亡し、遺贈により、相続人以外の者であるAがその単独の所有者となったときは、Aは、遺贈の放棄をすれば、甲土地の所有権を取得しないで済む。そこで、Aが遺贈の放棄をしないで甲土地の所有権を取得したときは、Aは、その意思に基づいて土地の管理の負担を引き受けているものと評価される。そのため、Aの承認申請は、認められない。　　［水津太郎］

94
承認申請権者②——土地が共有に属するとき

　甲土地は、AとBとの共有に属している。Aは、相続または相続人に対する遺贈によりその共有持分の全部または一部を取得していた。Aは、甲土地の管理の負担が重いため、その負担を免れたいと考えている。甲土地およびその共有持分は、これを売却等したり、国等に寄附したりすることが難しいものであった。Aには、相続の放棄をするつもりはない。

【Before】

　Case では、Aは、甲土地の共有持分の全部を放棄することが考えられる。この場合には、BがAの甲土地の共有持分の全部を取得する（民255条）。もっとも、AがBに一方的に管理の負担を押し付ける目的を有していたときは、その放棄は、権利濫用（民1条3項）に当たるのが通常であるとされる（部会資料48・17頁）。また、Aは、Bの同意を得て、甲土地の所有権を放棄することが考えられる。もっとも、土地の所有権の放棄が認められるかどうか、認められるとしても、それがどのようなときかは、明らかでなかった（→ Case 92）。

【After】

　相続土地国庫帰属法によれば、相続または相続人に対する遺贈（以下「相続等」という）により所有権の全部または一部を取得した者は、法務大臣に対し、土地の所有権の国庫への帰属についての承認を申請することができるとされる（国庫2条1項）（→ Case 93）。この規定によれば、Case において、相続等により甲土地の共有持分の全部または一部を取得したAは、その共有持分の全部または一部について承認申請をすることができそうである。しかし、土地の共有持分のみを国庫に帰属させると、国が共有者の1人となるため、その土地の通常の管理または処分をするにあたり、過分の費用または労力を要することとなる（Q&A353頁）。そこで、相続土地国庫帰属法は、土地が共有に属するときは、承認申請は、共有者の全員が共同してこれをしなければならないものとしている（同条2項）。

　相続土地国庫帰属法2条2項前段の規定によれば、①相続等により土地の共有持分の

全部を取得した共有者や、②相続等により土地の共有持分の一部を取得した共有者により土地が共有されているときは、共有者の全員で共同して承認申請をすることができる。**Case** に事情を付け加えて、説明を行う（Q&A354〜355頁を参照）。

　ⓐ甲土地を単独で所有していた父Ｐが死亡し、相続等により、子Ａと子Ｂとが甲土地の共有者になったときは、ＡとＢとは、いずれも①に当たる者として、ＡとＢとで共同して承認申請をすることができる。ⓑ父Ｐに子Ａと子Ｂとがあった場合において、甲土地を単独で所有していたＣからＰとＡとが共同して甲土地を買い受け、甲土地の共有者となった後、Ｐが死亡し、相続等により、ＡとＢとがＰの甲土地の共有持分の全部を取得したときは、Ａは、②に当たる者として、Ｂは、①に当たる者として、ＡとＢとで共同して承認申請をすることができる。

　では、③相続等以外の原因により土地の共有持分の全部を取得した共有者（法人である共有者を含む）と、①や②に当たる者とにより土地が共有されているときは、どうか。この場合において、共有者の全員で共同しても承認申請をすることができないとすると、①や②に当たる者は、相続等により土地の共有持分の全部または一部を取得した共有者として、その共有持分の全部または一部について、やむを得ずに土地の管理の負担を引き受けているものと評価されるにもかかわらず、承認申請をすることができなくなってしまう（Q&A355頁）。そこで、相続土地国庫帰属法２条２項後段の規定は、この場合において、③に当たる者を承認申請権者に含め、③に当たる者と、①または②に当たる者との全員で共同して承認申請をすることができるものとしている。**Case** に事情を付け加えて、説明を行う。

　ⓒ父Ｐに子Ａがあった場合において、甲土地を単独で所有していたＣからＰとＢとが共同して甲土地を買い受け、甲土地の共有者となった後、Ｐが死亡し、相続等により、ＡがＰの甲土地の共有持分の全部を取得し、ＡとＢとが甲土地の共有者となったときは、Ａは、①に当たる者として、Ｂは、③に当たる者として、ＡとＢとで共同して承認申請をすることができる。

　このように、土地が共有に属するときは、③に当たる者と、①または②に当たる者との全員で共同して承認申請をすることができる。このことを考慮すれば、承認申請権者は、相続等により土地の所有権または共有持分を取得した者に限定されない。相続土地国庫帰属法１条において、相続土地国庫帰属制度は、相続等により土地の所有権または共有持分を取得した者「等」がその土地の所有権を国庫に帰属させることができる制度であると規定されているのは、そのためである。　　　　　　　　　　　　　［水津太郎］

95
承認申請が却下される土地①──建物の存する土地

Case

　Aは甲乙2筆の土地を所有していたが、死亡し、相続人は子Bである。乙地上には建物が存在する。Bは甲乙の売却・贈与を試みたが、取得希望者は現れず、甲乙が所在するC市に寄附を申し入れたが、断られた。BはC市から約500km離れた場所に居住しており、今後、甲乙を継続的に管理していくことは、負担が重すぎると考えている。Bはどのような措置をとることができるか。

【Before】

　Bは、甲土地・乙土地の売却・贈与等の処分ができない場合、Bが甲乙の管理負担を免れるためには、相続放棄をすることが考えられる。その場合、Bは初めから相続人とならなかったものとみなされることから（民939条）、Aの他の財産を相続することもできなくなり、相続財産法人による清算が行われることになる（民951条〜959条）。

【After】

　土地所有者は、売却・贈与等によって所有権を移転することができない土地でも、相続土地国庫帰属法に従い、国庫に帰属させることができる。同法は、国として利用する予定がない土地でも、要件を充たしている場合は国庫帰属を承認しなければならない（Q&A356頁）。また、国庫帰属が認められる土地の地目は限定されておらず、農用地や森林も、国庫帰属の対象となりうる（Q&A356頁・366頁）。

　その際には、土地を自ら利用・管理することが困難な所有者の救済と、そうした土地を管理・処分する国の負担（それは実質的に国民の負担となる）の増大を合理的範囲に抑える要請との調整を図る必要がある。そこで、相続土地国庫帰属法は、国庫帰属が承認されるための土地の要件を2段階に分けて規定した。第1段階は、国庫帰属の承認を申請するために、土地が充たしていなければならない要件（承認申請要件）である。同法は承認申請要件を、それに該当すれば直ちに承認申請自体が却下（国庫4条1項2号）される事由（承認申請却下事由）を列挙する形で定めている（国庫2条3項1号〜5号）。これらは、土地の通常の管理・処分に過分の費用・労力を要する（国庫5条1項5号参

照）と直ちに判断される類型を定めたものである（Q&A356頁・363頁）。第2段階は、承認申請が受理された上で、個々の土地の具体的な実質審査を経て、法務大臣が国庫帰属を承認するための要件（承認要件）である。承認要件は、それに該当しなければ法務大臣が国庫帰属を承認しなければならない事由（不承認事由）を列挙する形で定められている（同項1号〜5号→Case 98〜100）。これは、通常の管理・処分に過分の費用・労力を要するか否かが定型的に判断できず、個々の土地について実質的審査が必要な事由である（Q&A363頁参照）。もっとも、第1段階の承認申請却下事由がないかどうかの判断に際しても、承認申請書の記載だけでなく、事実の調査（国庫6条）や資料の提供要求等（国庫7条）が行われうる（Q&A364頁参照）ことに留意する必要がある。

　承認申請却下事由の第1は、建物が存在する土地である（国庫2条3項1号）。承認申請書（国庫3条1項）の記載、事実の調査（国庫6条）等により、承認申請された土地上に建物が存在することが判明すれば、その時点で承認申請は却下される（国庫4条1項2号）。建物の存在が承認申請却下事由とされた理由は、①建物は管理費用が比較的高額であること（土地以上に費用を要しうる）、②建物は次第に老朽化し、それに連れて管理の費用・労力が増加すること、③最終的に、建物は建替えまたは取壊しが必要になる場合も少なくないことである（Q&A357頁）。なお、土地所有権を手放す制度の創設とともに、建物所有権を手放す制度の導入も検討されたが、①建物は土地以上に管理コストがかかること、②建物は土地と異なり物理的に滅失させることができること、③建物所有者は土地工作物責任を負うことから、当初から認めない方向が確認された（部会資料2・13〜14頁）。

　もっとも、相続土地国庫帰属制度の創設が必要となった人口減少等の背景事情は、所有者自らが管理できなくなった土地だけでなく同様の建物も生じさせており、相続土地国庫帰属制度と一体的な制度対応が必要といえる（解説394頁〔野村裕＝遠藤啓之〕参照）。

　なお、所有者不明土地特措法2条2項は、令和4年改正により、公共事業のための不明裁決手続の簡略化および地域福利増進事業の対象となる「特定所有者不明土地」の要件として、建築物が存在する土地を除外しつつ、例外的に存在が許容される簡易建築物等の要件を緩和した。これは、公共事業者および地域福利増進事業者による特定所有者不明土地の「利用」が考えられるからであり、国による「管理又は処分」が問題になる相続土地国庫帰属法の対象土地は、特定所有者不明土地とは建物に関する要件を異にするものと考えられる。

　Case では、Bは、甲土地についてのみ国庫帰属の承認を申請するか（国庫5条2項）、乙土地上の建物を除却した上で、甲乙それぞれについて国庫帰属の承認を申請することができる。

〔松尾　弘〕

96
承認申請が却下される土地②——担保権等が設定されている土地等

Case

　Aは甲乙2筆の土地を所有していたが、死亡し、相続人は子Bである。乙地には、C所有の丙地（要役地）のための通行地役権（未登記）が存在する。Bは甲乙の売却等を試みたが、取得希望者は現れず、甲乙が所在するD市への寄附も断られた。BはD市から約500km離れた場所に居住しており、今後、甲乙を継続的に管理することは、負担が重すぎると考えている。Bはどのような措置をとることができるか。

【Before】

　Bは、甲土地・乙土地の売却・贈与等の処分ができない場合、Bが甲乙の管理負担を免れるためには、相続放棄をすることが考えられる。その場合、Bは初めから相続人とならなかったものとみなされることから（民939条）、Aの他の財産を相続することもできなくなり、相続財産法人による清算が行われることになる（民951条～959条）。

【After】

　（1）　相続土地国庫帰属法が定める承認申請の却下事由の第2（第1の事由→ Case 95）は、担保権または使用・収益権が設定されている土地（国庫2条3項2号）である。承認申請の対象土地に抵当権、質権等の担保権が設定されている場合、国庫帰属を認めると、担保権が実行されて国が土地所有権を失う可能性があり、土地の管理・処分の計画を立てることが困難になる。それを回避するために担保権を消滅させるには、別途出捐が必要になる。また、土地に地上権、永小作権、賃借権、使用借権等の使用・収益権が設定されている場合も、これらの権利者と合意できなければ、土地の利用・管理ができず、交渉費用をはじめ、過分の費用または労力を要することが当初から想定される。そこで、担保権または使用・収益権が設定された土地は、国庫帰属の承認を申請することができないものとされた。

　なお、承認申請の却下事由である「担保権」には、譲渡担保権も含まれると解される。その実行によって所有権が失われる可能性がある等、土地の管理・処分に支障を来し、過分の費用・労力を要する可能性が高いからである（Q&A357頁）。買戻特約（民579

条）が付された土地も、担保権に準じて、却下事由に当たると解される（部会資料48・11頁、荒井224頁参照）。

　また、担保権が設定されていることが判明した場合、それが登記等の対抗要件を具備していないとしても、それをめぐって紛争になり、過分の費用・労力を要する可能性があることから、未登記でも承認申請の却下事由になると解される（Q&A357頁）。もっとも、承認申請の対象土地に未登記抵当権が存在することが判明しないまま承認申請が受理されても、国庫帰属を原因とする所有権移転登記が行われれば、未登記抵当権者は国に対抗できない（民177条）。国は抵当権者との紛争等によって支出を余儀なくされた費用等につき、国庫帰属の承認を受けた者が抵当権の存在を知りながら告げなかったときは、その者に損害賠償を請求することができる（国庫14条→ Case 101）。

　さらに、承認申請の対象土地に地役権が設定されている場合も、対象土地（承役地）の使用・収益を内容としないにしても、管理・処分に際して地役権者との紛争や交渉等により、過分の費用・労力を要することも予想され、申請却下事由に当たると解される。

　(2)　申請却下事由の第3は、「通路その他の他人による使用が予定されている土地」を含む場合である（国庫2条3項3号）。この場合も、対象土地が国庫に帰属すれば、通路等の使用者（相当多数にのぼることもある）と紛争になったり、調整を要するときは、通常の管理・処分に過分の費用・労力が必要になることもある。そこで、「政令で定めるもの」に絞り、「通路その他の他人による使用が予定されている土地」を含む場合も、承認申請の却下事由とした。

　「政令で定めるもの」として、①現に通路の用に供されている土地、②墓地、埋葬等に関する法律（昭和23年法律48号）2条5項が規定する墓地内の土地、③宗教法人法（昭和26年法律126号）3条が規定する境内地、および④現に水道用地、用悪水路またはため池の用に供されている土地が挙げられている（国庫令2条1号〜4号）。

　このうち、①「現に通路の用に供されている土地」としては私道が考えられる（Q&A357頁）。道路法（昭和27年法律180号）上の道路のほか、囲繞地通行権（民210条）の対象となっている囲繞地も含まれるものと解される（なお、「現に」囲繞地通行権（同条）による通行が妨げられている袋地が、国庫帰属の不承認事由となることにつき、国庫令3条2項1号参照→ Case 100）。

　承認申請の対象土地に、これらの他人による使用が予定されている土地が含まれるか否かは、土地登記簿の記載（地目等）から判断することが困難であり、現地の調査（国庫6条）が必要になるものと考えられる。

　Case では、Bは、甲土地についてのみ国庫帰属の承認を申請するか（国庫5条2項）、乙土地の通路部分をCに分筆・譲渡する等してCの地役権を消滅させた上で、甲乙それぞれについて国庫帰属の承認を申請することができる。　　　　　　　　　　［松尾　弘］

97
承認申請が却下される土地③──汚染されている土地等

Case

　Aは甲乙2筆の土地を所有していたが、死亡し、相続人は子Bである。生前Aは乙地上でクリーニング店を経営していたが、現在店舗は取り壊され、更地になっている。Bは甲乙の売却等を試みたが、取得希望者は現れず、甲乙が所在するC市に寄付を申し入れたが、断られた。BはC市から約500km離れた場所に居住し、甲乙の継続的管理は負担が重すぎると考えている。Bはどのような措置をとることができるか。

【Before】

　Bは、甲土地・乙土地の売却・贈与等の処分ができない場合、Bが甲乙の管理負担を免れるためには、相続放棄をすることが考えられる。その場合、Bは初めから相続人とならなかったものとみなされることから（民939条）、Aの他の財産を相続することもできなくなり、相続財産法人による清算が行われることになる（民951条～959条）。

【After】

　(1)　相続土地国庫帰属法は、承認申請の却下事由の第4（第1→Case95、第2・3→Case96）として、土壌汚染対策法（平成14年法律53号）2条1項に規定する特定有害物質（法務省令〔国庫則14条〕で定める基準を超えるものに限る）によって汚染されている土地を挙げている（国庫2条3項4号）。土地に土壌汚染が存在する場合、土壌汚染対策法は直ちに浄化措置等を求めるものではないが（解説395頁〔野村裕＝遠藤啓之〕参照）、土地の管理・処分の方法が制限されたり、汚染物質やその濃度によっては汚染対策が必要になったり、さらには、隣地に汚染が拡大し、またはそのおそれが生じることから対策費用が必要になる等の問題が生じうる。その結果、土壌汚染が存在する土地が国庫に帰属するとすれば、その管理・処分のために費用・労力を要することが予想される。その一方で、地中には、多かれ少なかれ様々な経緯で人工物が存在し、一定の量や濃度を超える場合に、利用方法によっては、人の健康等に有害となることも珍しくない。したがって、わずかでも土壌汚染が存在すれば国庫帰属を認めないとすると、相続土地国庫帰属制度の運用にも支障が生じる。そこで、相続土地国庫帰属法は、土地が土

壌汚染対策法 2 条 1 項が定める特定有害物質（「法務省令で定める基準を超えるもの」に限る）によって汚染されている場合にのみ、承認申請の却下事由に当たるものとした（国庫 2 条 3 項 4 号）。そして、「法務省令で定める基準」を、土壌汚染対策法が「環境省令で定める基準」としている同法施行規則（平成 14 年環境省令 29 号）31 条 1 項・2 項とリンクさせることにより（国庫則 14 条）、土壌汚染対策法令の変更に迅速に対応可能にしている（Q&A358 頁、荒井 225 頁）。

　もっとも、こうした基準を超える土壌汚染の有無について土壌汚染状況の調査をするには、相当の費用が必要となる。そこで、承認申請地の過去の用途履歴につき、承認申請者の認識、地方公共団体が保有する情報等に基づき、土壌汚染が疑われる事情が認められなければ、それ以上の詳細な調査をすることなく、承認申請を受理することが可能であると解されている（Q&A365 頁）。反対に、過去の用途履歴の調査等により、土壌汚染の可能性が認められるときは、承認申請者に土壌汚染調査の結果を提出させ、その有無を判断することが想定される。なお、国庫帰属の承認後に、前記の基準を超える土壌汚染の存在が明らかになったときは、承認の取消事由（国庫 5 条 1 項）または損害賠償責任の発生事由（国庫 14 条）となりうる。

　(2)　国庫帰属承認申請の却下事由の第 5 は、境界が明らかでない土地、その他の所有権の存否、帰属または範囲について争いがある土地がある（国庫 2 条 3 項 5 号。なお、相続税法施行令 18 条 1 号ハ、同法施行規則 21 条 3 項 1 号参照）。境界が明らかでない土地、その他の所有権の存否、帰属または範囲について争いがある土地について国庫帰属を認めると、土地の所有権の境界、その存否、帰属または範囲をめぐり、他人との間に紛争が生じ、その解決のための交渉や訴訟に相当の費用がかかることが容易に予想される。また、国が管理・処分すべき土地の範囲も不明確となる。それにより、土地の管理・処分のために過分の費用・労力を要することは明らかである。さらに、そうした紛争やその原因を解決しようとしないモラルハザードも生じさせる。そこで、それらの土地の国庫帰属承認申請も却下される。なお、ここでいう「境界」は所有権の境界（所有権界）を意味する（Q&A359 頁）。したがって、筆界が特定されていないことは、承認申請の却下事由とはならない（部会資料 36・12 頁）。他方、境界が明らかでない場合は、承認申請の時点で隣地所有者との間に紛争がなくとも、承認申請は認められない。所有権界が明確であることの確認は、不登法 14 条所定の地積図等、地積測量図、現況測量図等のほか、現地調査、必要に応じて、周辺住民からの聴取調査によって行われる（荒井 226 頁、解説 396～397 頁〔野村裕＝遠藤啓之〕参照）。

　Case では、B は、乙土地について、また、実質的に甲土地と乙土地が一体利用されていた場合は甲土地についても、土壌汚染調査を実施し、その結果を提出して、甲乙それぞれについて国庫帰属の承認を申請することができる（国庫 5 条 2 項）。　　　〔松尾　弘〕

98
承認されない土地① ── 崖がある土地

Case

　Aは甲乙2筆の土地を所有していたが、死亡し、相続人は子Bである。乙地の東端は崖になっている。Bは甲乙の売却等を試みたが、取得希望者は現れず、甲乙が所在するC市に寄附を申し入れたが、断られた。BはC市から約500km離れた場所に居住し、甲乙の継続的管理は負担が重すぎると考えている。Bはどのような措置をとることができるか。

【Before】

　Bは、甲土地・乙土地の売却・贈与等の処分ができない場合、Bが甲乙の管理負担を免れるためには、相続放棄をすることが考えられる。その場合、Bは初めから相続人とならなかったものとみなされることから（民939条）、Aの他の財産を相続することもできなくなり、相続財産法人による清算が行われることになる（民951条～959条）。

【After】

　国庫帰属の承認申請の対象土地に、申請却下事由（→ Case 95～97）が存在せず、申請が受理された場合、第2段階として、法務大臣が国庫帰属を承認するための要件（承認要件）を充たしているかどうかが審査される。相続土地国庫帰属法は、この承認要件として、それに当たらなければ法務大臣が国庫帰属を承認しなければならない事由（不承認事由）を列挙する形で定めている（国庫5条1項1号～5号）。不承認事由が存在するかどうかは、事実の調査（国庫6条）、資料の提供要求等（国庫7条）により、当該土地が通常の管理・処分に当たり過分の費用・労力を要するかどうかを実質的かつ具体的に審査して判断される。

　不承認事由の第1は、「崖（勾配、高さその他の事項について政令で定める基準に該当するものに限る。）がある土地のうち、その通常の管理に当たり過分の費用又は労力を要するもの」（国庫5条1項1号）である。つまり、(i)政令で定める基準に該当する勾配、高さの崖が存在するというだけでなく、(ii)「通常の管理」に当たり、過分の費用・労力を要する土地である場合に不承認事由となる。なぜなら、(i)に該当する崖が存在する場合は、他人に危険を及ぼさないよう安全対策をする等、(ii)のように通常の管理に過分の費

用・労力を要する可能性が高く、国庫に帰属するときは財政負担が過大になりうる。しかし、仮に崖崩れが発生しても、周囲に人家が存在せず、損害を及ぼす可能性が低い土地の場合は、管理コストが過大にならないこともある（Q&A361〜362頁）。そのような場合、(i)の要件を充たしても、(ii)の要件は充たさず、国庫帰属の承認が可能である。

（i）勾配、高さに関して「政令で定める基準」とは、①勾配（傾斜がある部分の上端と下端を含む面の水平面に対する角度）が30度以上、②高さ（傾斜がある部分の上端と下端の垂直距離）が5m以上である（国庫令3条1項）。

（ii）過分の費用・労力を要するか否かは、「通常の管理又は処分」について（国庫5条1項2号〜5号）ではなく、「通常の管理」について（国庫5条1項1号）判断されることに留意する必要がある。これは、崖がある土地は処分が困難で、あえて処分するには過分な費用・労力を要するために、崖がある土地の国庫帰属が不可能になってしまうことから、「処分」に当たって過分の費用・労力を要するか否かは不承認事由として考慮しないものとしたことを意味する（Q&A360頁）。

他方、崖地に崩壊を予防すべく擁壁等が設置されている場合（人口崖）は、崩壊自体のおそれは減少しているとしても、そうした擁壁の維持・修補等の通常の管理には相当の費用を要すると考えられることから、不承認事由に当たると解される（荒井228頁、解説397頁〔野村裕＝遠藤啓之〕）。

なお、以上に確認した不承認事由に該当する崖のある土地は、国庫帰属の承認は得られない。しかし、このことは、そうした土地を国が放置することを直ちに意味しない。たとえば、人の生命や身体に対して潜在的な危険性をもつ崖に対しては、急傾斜地の崩壊による災害の防止に関する法律（昭和44年法律57号）、土砂災害警戒区域等における土砂災害防止対策の推進に関する法律（平成12年法律57号）等が、一定の行政的な措置を定めている（Q&A360頁参照）。

Caseでは、Bは、乙土地にある崖が、①勾配が30度以上、②高さが5m以上であるが、通常の管理に過分の費用・労力を要しないと認めうるときは、甲乙それぞれについて国庫帰属の承認を得ることができると考えられる。そうでない場合、甲土地についてのみ国庫帰属が承認されることも考えられる（国庫5条2項）。もっとも、甲乙両土地の一体的管理・処分を考えることにより、乙土地の崖はひとまず放置しても、周囲に十分なスペースがあり、他人を害する危険がなく、通常の管理に過分の費用・労力を要しないときは、あえて合筆手続を経なくとも、甲乙それぞれについて国庫帰属を承認する余地があるものと解される。

[松尾　弘]

99
承認されない土地②──管理・処分を阻害する有体物が地上に存する土地等

Case

A は甲乙 2 筆の土地を所有していたが、死亡し、相続人は子 B である。乙地上には樹木が生育し、また、地中にはコンクリート製の配水管が敷設されている。B は甲乙の売却等を試みたが、取得希望者は現れず、甲乙が所在する C 市に寄附を申し入れたが、断られた。B は、C 市から約 500km 離れた場所に居住し、甲乙の継続的管理は負担が重すぎると考えている。B はどのような措置をとることができるか。

【Before】

B は、甲土地・乙土地の売却・贈与等の処分ができない場合、B が甲乙の管理負担を免れるためには、相続放棄をすることが考えられる。その場合、B は初めから相続人とならなかったものとみなされることから（民 939 条）、A の他の財産を相続することもできなくなり、相続財産法人による清算が行われることになる（民 951 条～959 条）。

【After】

(1) 国庫帰属の承認申請が受理されても、実質審査によって不承認となる事由の第 2（第 1 → Case 98）は、「土地の通常の管理又は処分を阻害する工作物、車両又は樹木その他の有体物が地上に存する土地」（国庫 5 条 1 項 2 号）である。工作物、車両、樹木等の有体物が地上に存在する場合、土地の管理・処分に際し、それら有体物の移動、除去、処分等の措置が必要になるときがあり、それらが存在しないときに比べて余計な費用・労力が必要になる。

もっとも、各土地の性質・形状等の具体的状況に応じ、樹木、柵、その他有体物が存在しても、土地の管理・処分に支障がない、あるいはかえって土地の管理・処分に資する有体物も考えられる。それらの有体物が地上に存在しても、土地の管理・処分に際して直ちに過分の費用・労力が必要になるわけではない（Q&A360 頁）。たとえば、林地の適切な管理にとって有用な樹木等、土地の管理・処分のために必要なものとして、存在を認めるべき地上物も考えられる（部会資料 36・13 頁、解説 398 頁〔野村裕＝遠藤啓之〕）。

したがって、工作物、車両、樹木、その他の有体物が地上に存在し、かつ、そのことによって土地の通常の管理・処分を阻害する場合にのみ、国庫帰属の承認をしないものとした。

　(2)　国庫帰属の不承認事由の第3は、「除去しなければ土地の通常の管理又は処分をすることができない有体物が地下に存する土地」（国庫5条1項3号）である。そうした有体物が地下に存在すると、国庫帰属が承認されない場合がある。なぜなら、たとえば、地中にコンクリートがら、ブロック等の地中障害物、その他の埋設物が存在する場合、土地の管理・処分に際しては、それらの撤去が必要となるときがあり、その際には多額の費用・労力を要することが考えられるからである。

　ただし、各土地の性質・形状等の具体的状況に応じ、地中埋設物が存在しても、土地の管理・処分に支障がない、あるいは土地の管理・処分に資する埋設物が存在する場合も考えられる。そのような場合、それらを除去する必要がないこともありうる。たとえば、広大な土地の片隅に存在する配管等が挙げられている（Q&A361頁）。

　したがって、除去しなければ土地の通常の管理・処分ができないような有体物が地下に存在する場合に限り、土地の国庫帰属の承認を否定すべきものとされた。

　なお、こうした地下有体物の有無についてボーリング調査等をするには相当の費用が必要となる。そこで、承認申請が受理された土地の過去の利用履歴につき、承認申請者の認識、地方公共団体が保有する情報等に基づき、地下有体物の存在が疑われる事情が認められなければ、それ以上の詳細な調査をすることなく、国庫帰属を承認することが可能であると解されている（Q&A365頁）。反対に、過去の利用履歴の調査等により、地下有体物が存在する可能性が認められるときは、承認申請者にボーリング調査等の結果を提出させ、その有無を判断することが想定されている。

　また、国庫帰属の承認後に地下有体物の存在が明らかになったときは、承認の取消事由（国庫13条）または損害賠償責任の発生事由（国庫14条）となりうる（Q&A365頁・380頁・383頁、解説398頁〔野村裕＝遠藤啓之〕参照）。

　Case では、Bは、乙土地上にある樹木が、乙土地の保水力を維持し、土砂崩れを防ぐ等の有用な意味をもち、あるいは林地としての乙土地の価値を高めるものである場合、甲乙それぞれについて国庫帰属の承認を得る余地があるものと解される。そうでない場合は、甲土地についてのみ国庫帰属が承認されることも考えられる（国庫5条2項）。また、乙土地の地下にある配水管が、乙土地の排水に有用で、維持・管理に過分の費用も要しない場合、甲乙それぞれについて国庫帰属の承認を得る余地があるものと解される。そうでない場合、甲土地についてのみ国庫帰属が承認されることも考えられる。

［松尾　弘］

100
承認されない土地③──隣接土地所有者等との争訟を要する土地等

Case

　Aは甲乙2筆の土地を所有していたが、死亡し、相続人は子Bである。乙土地の一部は、Aの生前から、Cが無断で使用している。また、乙土地の一部には過去の地震の際に陥没した部分がある。Bは、甲乙の売却等を試みても、取得希望者は現れず、甲乙が所在するD市に寄附を申し入れたが、断られた。BはD市から約500km離れた場所に居住し、甲乙の継続的管理は負担が重すぎると考えている。Bはどのような措置をとることができるか。

【Before】

　Bは、甲土地・乙土地の売却・贈与等の処分ができない場合、Bが甲乙の管理負担を免れるためには、相続放棄をすることが考えられる。その場合、Bは初めから相続人とならなかったものとみなされることから（民939条）、Aの他の財産を相続することもできなくなり、相続財産法人による清算が行われることになる（民951条～959条）。

【After】

　(1)　国庫帰属の不承認事由の第4（第1→Case 98、第2・3→Case 99）は、隣接する土地の所有者その他の者との争訟によらなければ通常の管理・処分ができない土地として、政令で定めるものである（国庫5条1項4号。なお、相続税法施行令18条1号ニ参照）。政令は、まず、①袋地（民210条1項）または準袋地（同条2項）であって、囲繞地通行権（民210条）に基づく通行が「現に」妨げられている土地（国庫令3条2項1号）を挙げる。次に、②①のほか、所有権に基づく使用・収益が「現に」妨害されている土地（同項2号）である。ただし、使用・収益の妨害の程度が軽微で、土地の通常の管理・処分を阻害しないと認められる場合は、不承認事由とならない（同号かっこ書）。②の例としては、承認申請された土地に不法占拠者がいるような場合が想定されている（Q&A361頁）。

　なお、隣地所有者との争訟がある土地としては、境界や所有権の存否・帰属・範囲について争いがある土地も考えられるが、このような場合は承認申請要件を充たさない土地として、承認申請自体の却下事由となる（国庫2条3項5号→Case 97）。

(2)　国庫帰属の不承認事由の第5は、すでにみた4つの不承認事由に当たる土地（国庫5条1項1号～4号）のほか、「通常の管理又は処分をするに当たり過分の費用又は労力を要する土地」として、政令で定めるものである。政令は、通常の管理・処分に過分の費用・労力を要する土地として、以下の5つの場合を挙げている（国庫令3条3項1号～5号）。すなわち、①土砂の崩壊、地割れ、陥没、水または汚液の漏出、その他の土地の状況に起因する災害が発生し、または発生するおそれがある土地であって、その災害により当該土地またはその周辺の土地に存する人の生命、身体または財産に被害が生じ、または生ずるおそれがあり、その被害の拡大または発生を防止するために、当該土地の現状に変更を加える措置（軽微なものを除く）を講ずる必要があるもの、②鳥獣、病害虫、その他の動物が生息する土地であって、当該動物により当該土地またはその周辺の土地に存する人の生命もしくは身体、農産物または樹木に被害が生じ、または生ずるおそれがあるもの（その程度が軽微で土地の通常の管理または処分を阻害しないと認められるものを除く）、③主に森林（森林法〔昭和26年法律249号〕2条1項に規定する森林）として利用されている土地のうち、その土地が存する市町村の区域に係る市町村森林整備計画（森林法10条の5第1項）に定められた「造林樹種、造林の標準的な方法その他造林に関する事項」および「間伐を実施すべき標準的な林齢、間伐及び保育の標準的な方法その他間伐及び保育の基準」（同条2項3号・4号）に掲げる事項に適合していないことにより、当該事項に適合させるために追加的に造林、間伐または保育を実施する必要があると認められるもの、④所有権が国庫に帰属（国庫11条1項）した後に、法令の規定に基づく処分により、国が通常の管理に要する費用以外の費用に係る金銭債務を負担することが確実と認められる土地、⑤法令の規定に基づく処分により、承認申請者が所有者として金銭債務を負担する土地であって、所有権が国庫に帰属（同項）したことに伴い、国が法令の規定により当該金銭債務を承継することとなるものである。このうち、⑤の例としては、共益費等の支払を要する土地などが考えられる（Q&A361頁参照）。

　Case では、Cによる乙土地の無権原での使用・収益の程度が軽微で、通常の管理・処分を阻害しないと認められる場合、不承認事由とならない。また、乙土地の陥没部分が周辺住民の生命・身体・財産に被害を生じさせるおそれがなく、被害の防止のために乙地の現状に変更を加える措置を講ずる必要がないか、軽微な措置で足りる場合も、不承認事由とはならない。これらの場合、Bは甲乙それぞれについて国庫帰属の承認を取得しうる。

［松尾　弘］

101
承認を受けた者の損害賠償責任

Case

　Aは甲乙2筆の土地を所有していたが、死亡し、相続人は子Bである。生前Aは乙地上でクリーニング店を経営していたが、現在、店舗は取り壊され、更地になっている。Bは甲乙の売却等を試みたが、取得希望者は現れず、甲乙が所在するC市に寄附を申し入れたが、断られた。Bは、C市から約500km離れた場所に居住し、甲乙の継続的管理は負担が重すぎると考えている。Bはどのような措置をとることができるか。

【Before】

　Bは、甲土地・乙土地の譲渡ができない場合、甲乙の管理負担を免れるためには、相続放棄をすることが考えられる。その場合、Bは初めから相続人とならなかったものとみなされるから（民939条）、Aの他の財産を相続することもできなくなり、相続財産法人による清算が行われる（民951条～959条）。また、Bが相続財産管理人に甲乙を引き渡すまでの間に、乙土地に法令基準を超える土壌汚染が存在することを知りながら、または過失によって知らずに、相続管理人に告げなかったため、乙土地の隣にDが所有する丙土地に汚染物質が浸入し、損害が生じた場合、DはBの不法行為責任（民709条）を追及する余地がある。

【After】

　国庫帰属の「承認の時」に、承認申請の却下事由（国庫2条3項→Case95～97）、または不承認事由（国庫5条1項→Case98～100）があったことにより、国に損害が生じた場合において、当該承認を受けた者が当該事由を「知りながら告げずに」承認を受けたときは、その者は国に対して損害賠償責任を負う（国庫14条）。相続土地国庫帰属法14条は、国庫帰属の承認を得た者と国との間には売買等の契約関係がなく、国は債務不履行責任や契約不適合責任を追及できないことから、承認申請者に法定の担保責任を課したものである（部会資料20・9～10頁、中間試案補足説明161頁）。加えて、同条は、「民法709条等の不法行為責任の特則」でもあると解されている（Q&A383頁）。

　Caseでは、国は国庫帰属の承認の時に、乙土地に法令基準を超える土壌汚染（国庫2

条3項4号）が存在することにつき、Bに過失があっても善意であれば、損害賠償請求できないことになる。この点、①当初は、「過失なく要件を満たしていないことを知らなかったとき」は賠償責任を負わないとする提案がされた（部会資料36・2頁・19頁）。しかし、善意かつ無過失の立証責任の負担が大きいとされ、②「善意で、かつ重大な過失がなかったとき」は賠償責任を負わないことに軽減する提案がされた（部会資料48・3頁・13～14頁）。しかし、法務大臣が事実の調査等を経て行う判断の誤りのリスクを国庫帰属の承認を受けた者に負わせるべきでないこと、負担金等の納付も受けて行う行政処分への信頼を覆すべきでないことから、③承認申請者が承認の認められない土地であることを認識しながら告げなかった場合へと責任要件が限定された（部会資料54・2頁・9頁）。なお、Bが善意だが重過失の場合、悪意と同視されて損害賠償責任を認められる余地があるとの見解もある（解説405頁〔野村裕＝遠藤啓之〕）。しかし、善意でも重過失の場合は責任を負うとした②に対し、③があえて要件を絞った経緯に鑑みると、責任の拡大解釈には否定的であると解される。

　他方、Bが、乙土地の国庫帰属の承認前に法令基準を超える土壌汚染の存在を知っており、または過失によって知らなかったことが原因で、Dが損害を被った場合、DがBに損害賠償請求することの可否は、「必ずしも判然としない」（部会資料2・15頁）とされる。この場合は、Bの過失、Bの行為（不作為）とDの損害との因果関係等の問題であり、民法709条の適用可能性は否定されていないと解される（部会資料2・16頁参照）。

　また、国庫帰属が承認された乙土地に起因してD所有の丙土地に損害が発生した場合、ⓐ国は所有者として損害賠償責任（民709条・717条1項・2項）を負い、Dに損害賠償した上で、国庫帰属の承認を受けたBに求償請求すること（民717条3項）も考えられる。さらに、ⓑ国庫帰属の承認を受けたBと国との共同不法行為（民719条1項）が成立する場合（部会資料2・16頁参照）、Dに損害賠償した国が、Bに対して求償請求すること（民442条1項）も考えられる。しかし、相続土地国庫帰属法14条が不法行為責任の特則であるとすれば、これら ⓐ ⓑ の請求も認められないことになると解される。

　損害賠償責任の期間制限は、当初、ⅰ所有権放棄の認可時から5年以内との提案がされた（部会資料36・2頁・19～20頁）。これは、金銭給付を目的とする国の権利は権利行使可能時から5年間の不行使で時効消滅する旨の会計法30条を考慮し、かつ起算点を客観的に明確な放棄認可時としたものである（部会資料36・19～20頁）。しかし、起算点が認可時に固定され、期間が短すぎる問題が指摘され、ⅱ国庫帰属の認定処分時から10年間の不行使で時効消滅する旨の修正提案がされた（部会資料48・3頁・14～15頁）。しかし、損害賠償責任の要件自体が前述のように悪意で告げなかった場合に限定されたことから、会計法の特則を設けてまで悪意者を保護する必要はないとして、ⅲ会計法30条の一般規定（国の権利行使可能時から5年間）に委ねることとされた（部会資料54・補足説明9～10頁）。

〔松尾　弘〕

102
承認申請書、権限の委任、申請却下事由・却下通知等

Case

　Aが死亡し、相続が開始した。Aの相続財産は、2筆の土地（甲土地および乙土地）のみであり、相続人は、Aの子BおよびCの2名である。なお、Aは遺言書を作成していなかった。

　甲は、α県β市内の繁華街の一角にある更地である。また、乙は、同じくβ市内の山林であるが、Aの先代が、乙で営んでいた林業を約20年前に廃業して以来、ほぼ手入れがされず、荒れるがままとなっている。

　遺産分割協議の結果、相続人BおよびCは、両方の土地について法定相続分どおり共同で相続するが、転売可能性も各自にとっての利用価値も乏しい乙については、国庫帰属の承認申請を行うことにした。

　BおよびCはどのような手続を行えばよいか。

【Before】

　相続土地国庫帰属法の制定前は、国庫への土地の帰属を認める制度はなかった。もっとも、相続による土地取得者が負担を免れる手段としては相続放棄（民915条以下）があり、また土地所有権の放棄（放棄された所有権は、民239条2項により最終的に国庫に帰属）を認めるべきとの議論はあったが（→ Case 92）、現実的な選択肢ではなかった。

【After】

　相続土地国庫帰属法に基づく承認申請を行うことができる者（承認申請者〔国庫3条1項柱書〕）の要件は、同法2条1項および2項に定められ（→ Case 93・94）、また土地が共有物である場合は、共有者全員が共同で申請を行う必要がある（国庫2条2項前段→ Case 94）。Case の相続人BおよびCは、いずれの要件も充足する。

　承認申請者は、まず、相続土地国庫帰属法3条1項各号所定の事項（承認申請者の氏名等、承認申請に係る土地の所在、地番、地目および地積）および相続土地国庫帰属規則2条所定の事項を記載し、「物価の状況、承認申請に対する審査に要する実費その他一切の事情を考慮して政令で定める額の手数料」分の収入印紙を貼付した（国庫3条2項、国庫則5条1項）承認申請書を、相続土地国庫帰属規則3条所定の添付文書（承認申請者

の資格を証する書面、土地の位置および範囲を明らかにする図面等）とともに、管轄の法務局または地方法務局の長宛てに提出する（国庫則1条・22条1号）。この申請は承認がされる前であれば取下げ可能であり（国庫則7条）、また負担金納付前であれば、当該土地の所有権を取得した他の承認申請権者が、承認申請者の地位を承継することができる（国庫則12条1項）。

なお、承認の取消し（国庫13条1項）以外の法務大臣の権限は、法務局または地方法務局の長に委任されているが（国庫15条1項、国庫則22条柱書本文）、申請却下・承認・不承認等一部の権限は、法務大臣が自ら行うことを妨げない（国庫則22条柱書ただし書）。

承認申請がされた場合、法務局または地方法務局の長（あるいは法務大臣）は、相続土地国庫帰属法4条1項各号の事由（申請却下事由）がある場合は承認申請を却下しなければならないが（国庫4条1項柱書、国庫則22条2号）、それらの事由がない場合は、申請に係る土地が相続土地国庫帰属法5条1項各号（不承認事由）のいずれかに該当しない限り、「承認をしなければならない」（国庫5条1項、国庫則22条4号）。つまり、法務大臣（および権限委任先の法務局または地方法務局の長）には、崖がある土地が相続土地国庫帰属法5条1項1号の不承認事由に該当するかどうかといった、法律上の要件該当性についての裁量（要件裁量）は認められうるが、申請却下事由がある場合に承認をする、申請却下事由も不承認事由もない場合に承認をしないといった裁量（効果裁量）はない。

申請却下事由は、①承認申請者に申請権限がない場合（国庫4条1項1号）、②承認申請に係る土地が、相続土地国庫帰属法2条3項各号に定める承認申請ができない土地（→ Case 95〜97）に該当する場合または承認申請が承認申請書および手数料の納付の規定（国庫3条）に反する場合（国庫4条1項2号）、③承認申請者が、事実の調査（国庫6条→ Case 103）に正当な理由なく応じない場合（国庫4条1項3号）である。

Caseで問題となるのは、土地に係る要件（上記②）である。たとえば、担保権または使用収益権が設定されている場合、承認申請が却下されるため（国庫2条3項2号→ Case 96）、BおよびCとしては、乙土地に関する契約書や登記情報などを確認し、設定がある場合は、登記抹消手続等を行った上で、承認申請を行うのが適切であろう。

承認申請が却下された場合、法務局または地方法務局の長は、その旨を承認申請者に遅滞なく通知する（国庫4条2項、国庫則22条3号）。この場合、承認申請者は、行政不服審査法上の審査請求や行政事件訴訟法上の抗告訴訟などにより、当該処分を争いうると考えられる（Q&A370頁）。

なお、他の土地政策との連携や地域での土地の有効活用などの観点から、承認申請がされた場合に地方公共団体等に通知すること等が制定過程で議論されたものの、結局それらの規定は設けられなかった。しかし、申請を受け付けた法務局から国や地方公共団体の関係機関への情報提供が予定されており（Q&A369頁）、今後、承認申請を契機として、行政機関が連携し土地問題の解決を図っていくことが望まれる。　　［小林知子］

103
事実の調査、資料の提供要求等

Case

BおよびCは、亡Aから共同相続した土地のうち、β市内に所在する荒廃した山林である乙土地について、同土地を管轄するα県法務局に対し、国庫帰属の承認申請を行った。

その後、Bが審査状況を問い合わせたところ、α県法務局からは、審査のために事実の調査を行うことを検討しており、その際は協力してほしいとの返答があった。

実は、BおよびCは、乙の地下に昔の倉庫のコンクリート基礎が複数残置されているとの事実を、生前のAから聞いて知っており、この事実が判明すれば承認が下りないのではないかと思い、協力をためらっている。

α県法務局による事実の調査とは、いかなる根拠に基づき、どのように行われるのか。また、BやCはこれに協力しなければならないのか。

【Before】

相続土地国庫帰属法の制定前は、土地を手放す手段として相続放棄があり、所有権放棄を認める見解も一応存在したが、国庫への土地帰属を認める制度はなかった。

【After】

相続土地国庫帰属法の定める承認申請の却下事由（国庫2条3項各号→ Case 95〜97）および不承認事由（国庫5条1項各号→ Case 98〜100）の中には、承認申請の対象とされた土地に実際に赴いて、当該土地自体やその周辺の実地調査を行うことにより、各事由に関する事実の有無や詳細等が判明する可能性があるものがあり、また、承認申請者はもちろん、土地の周辺住民等に事情を聴くことも有益なことが多いと思われる。

そこで、法務局または地方法務局の長は、承認申請に係る審査のため必要があると認めるときは、その職員に事実の調査をさせることができる（国庫6条1項、国庫則22条6号）。事実の調査を行う職員は、①承認申請に係る土地またはその周辺の地域に所在する土地の実地調査、②承認申請者その他の関係者への事実聴取や資料提出の要求、③その他必要な調査をすることができる（国庫6条2項）。

さらに、事実の調査をする職員は、法務局または地方法務局の長が必要と認めるときは、土地の実地調査の際、他人（＝承認申請者以外の者）の土地に立ち入ることができる（国庫6条3項、国庫則22条7号）。ただし、「必要があると認めるとき」に、「その必要の限度において」立ち入ることができるにとどまるほか（国庫6条3項）、次のような規定が設けられている。すなわち、ⓐ予め、立入りを行うことならびに立入りの日時および場所を、土地の占有者に通知する（同条4項）。ⓑ宅地または垣・柵等で囲まれた他人の占有する土地に立ち入ろうとする職員は、立入りの際、その旨を土地の占有者に告げるとともに（同条5項）、日出前および日没後は、その者の承諾がない限り立入りができない（同条6項）。ⓒ立入りの際、職員は身分証明書を携帯し、関係者の請求があれば提示する（同条7項）。ⓓ立入りにより損失を受けた者には、通常生ずべき損失が補償される（同条8項）。本来無関係であり受益者でもない第三者に負担を課すものであるため、これらの規定は妥当であろう。

　また、事実の調査について必要があると認めるときは、法務局または地方法務局の長（国庫則22条9号。ただし、法務大臣が自ら行うことも可〔同条柱書ただし書〕）は、「関係行政機関の長、関係地方公共団体の長、関係のある公私の団体その他の関係者」に対して、「資料の提供、説明、事実の調査の援助その他必要な協力」を求めることができる（国庫7条）。たとえば、実地調査の際に専門的知見を補充するため、関係省庁の職員に同行等の協力を求める運用等が想定されている（Q&A370頁）。

　もっとも、事実調査の権限は「できる」規定（裁量規定）であり、実際の運用は事例の集積を待つ必要があるが、たとえば、土壌汚染（国庫2条3項4号）や地下の有体物（国庫5条1項3号）等については、過去の用途の履歴についての承認申請者の認識や地方公共団体が保有している情報等を調査して蓋然性の有無を確認し、特に疑わしい事情がなければそれらの事由がないものとして承認が可能、との見解が示されている（Q&A365頁）。乙土地についても、まずは相続人BおよびCへのヒアリングや、登記や公図の確認等が行われることになろう。

　ところで、乙の地下のコンクリート基礎は、不承認事由となる地下の有体物（国庫5条1項3号）と評価される可能性があり、確かに承認申請者には不都合な事実である。しかし、ここで留意すべきなのは、ⓘ承認申請者が正当な理由なく事実の調査に応じないときは申請が却下され（国庫4条1項3号）、ⓘⓘ承認申請者が「偽りその他不正の手段により……承認を受けたことが判明したとき」は承認が取り消される可能性があり（国庫13条1項→Case 105）、また、ⓘⓘⓘ申請却下事由や不承認事由の存在を承認時に知りながら告げずに承認を受けた承認申請者は、損害賠償責任（国庫14条）を追及される可能性がある（→Case 101）ことである。BおよびCとしては、事実の調査に対し、できるだけ誠実に協力することが望ましいといえよう。

[小林知子]

104
承認に関する意見聴取と通知等

Case

　Aは、森林である甲土地および預金500万円を相続したが、Aには甲土地を利用する予定はなく賃貸や売却も困難であったため、甲土地の国庫帰属の承認申請をした。要件の審査を経た後、この申請を承認するにあたり、法務大臣はどのような手続を行う必要があるか。

【Before】

　相続土地国庫帰属法は制定されていないから、同法により土地を国庫に帰属させることはできなかった。甲土地が国庫に帰属するのは、Aが相続を放棄したことによって相続人不存在となり、相続財産管理人による清算等を経ても甲土地が処分されなかった場合等があるが（民951条、民旧957条、民959条等）、Aは相続放棄により、甲土地だけではなく預金も含めた全ての相続財産を承継しないこととなる。

　民法959条により国庫に帰属した土地は、国有財産（普通財産）として財務大臣が管理することとなる（国有財産法6条）。この管理費用は国民の負担となることをふまえ、財務局長は相続財産である土地の引受けの前に、相続財産管理人との間で事前協議等を行い（財務省理財局国有財産業務課通達令和2年12月14日財理第3992号第1・第3）、また、財務局は「管理または処分に不適当な財産の引受けには極めて慎重である」とされる（野田愛子＝梶村太市総編集『新家族法実務大系第3巻』（新日本法規出版・2008）435頁〔平田厚〕）。もっとも、予め他省庁の長に意見を聴くことは法令上求められていない。これは、前述のとおり、国庫に帰属した土地は財務大臣が管理し、他省庁の長が管理するわけではないので、意見聴取の必要性が低いためであろう。

【After】

　Aは、相続土地国庫帰属法により甲土地の国庫帰属の承認申請をすることができ、この場合は相続放棄と異なり、預金500万円を手元に残すことができる。

　国庫帰属後に土地の性質に応じた効率的な管理を可能にするため、国庫帰属地は、原則として国有財産（普通財産）として財務大臣が管理するが（国有財産法6条）、例外的に、主に農用地または森林として利用されている土地は農林水産大臣が管理または処

分する（国庫12条1項）。そこで、法務大臣は、国庫帰属の承認申請を受けて書面審査および実地調査（国庫6条）を行った上で、国庫帰属の承認をするときには、予め、その土地の管理について、財務大臣および農林水産大臣の意見を聴く必要がある（国庫8条本文）。ただし、当該土地が主に農用地または森林として利用されている土地ではないと明らかに認められるときは、意見聴取の必要はない（同条ただし書）。意見の聴取は、各大臣の意見およびその理由を記載した書面の提出を受けることにより行う（国庫則18条）。

　この意見聴取は、承認申請された土地をどの機関において管理するか法務大臣が決定するために行うものである（Q&A371頁）。たとえば、承認申請対象の土地が、農用地としての利用部分と宅地としての利用部分を含んでいるようなケースでは、法務大臣は財務大臣と農林水産大臣のいずれが管理し処分すべきであるかを直ちに決定できるわけではないので、法務大臣が承認予定地の種目について判断するものの、その判断の適正を確保するため、国庫帰属の承認にあたり、土地の種目についての意見を財務大臣および農林水産大臣の双方から聴くこととなる（衆議院法務委員会議録7号29頁〔小出邦夫法務省民事局長〕）。

　なお、地域における土地の有効活用の機会を確保するため、国庫帰属の承認申請がされた場合、法務局はその旨を国や地方公共団体等の関係機関（承認申請地に所在するもの）に情報提供する運用が予定されている（Q&A369頁）。

　法務大臣は、国庫帰属の承認をしたときまたは承認しないこととしたときは、その旨を記載した書面を承認申請者に交付して通知しなければならない（国庫9条、国庫則17条1項・3項・4項・6項）。また、承認の通知と併せて負担金の額を記載した書面を承認申請者に交付して通知しなければならない（国庫10条2項、国庫則17条2項）。国庫帰属の承認の「申請」に対しては、行政庁が諾否の応答をすべきであるところ（行政手続法2条3号）、法務大臣は通知によって、承認（申請認可処分）または不承認（申請拒否処分）を申請者に知らせることとなる。行政庁は、申請拒否処分をする場合には、原則として、申請者に対してその理由を示さなければならない（行政手続法8条1項本文）。また、不承認処分に対しては審査請求（行政不服審査法2条）や抗告訴訟（行政事件訴訟法3条1項）によって争いうると考えられる（Q&A370頁）。

　以上より、法務大臣は森林である甲土地の国庫帰属の承認をするにあたり、財務大臣および農林水産大臣の意見を聴く必要がある。また、承認をしたときは、その旨をAに通知しなければならない。

［稗田さやか］

105
承認の取消し等

Case

　Aは、相続により、Aの居住する建物の存する甲土地および遠隔地にある乙土地（宅地）の所有権を取得した。Aには乙土地を利用する予定はなく、賃貸や売却も困難であったことから、乙土地の国庫帰属の承認申請をした。乙土地は過去に工場として使用された時期があったが、Aは土壌汚染が判明すると承認されないと考え、工場として使用された事実をことさらに秘匿して申請したところ、土壌汚染調査がされずにこの申請は承認され、乙土地は国庫に帰属した。その4年後、国が管理を続ける乙土地が特定有害物質により汚染されていることが判明した。国は、乙土地の国庫帰属の承認を取り消すことができるか。

【Before】

　相続土地国庫帰属法は制定されていないから、同法により土地を国庫に帰属させることはできなかった。乙土地が国庫に帰属するのは、Aが相続を放棄したことによって相続人不存在となり、相続財産管理人による清算等を経ても乙土地が処分されなかった場合等があるが（民951条、民旧957条、民959条等）、Aは相続放棄により、乙土地だけではなく甲土地も含めた全ての相続財産を承継しないこととなる。相続人不存在等による国庫帰属では、民法上の要件を充たす場合、国は、土地に一定の事由があることを理由に国庫帰属を拒むことはできず、したがって、国庫帰属後に乙土地の土壌汚染が判明しても乙土地の国庫帰属を取り消すことはできない。

【After】

　Aは、相続土地国庫帰属法により乙土地の国庫帰属の承認申請をすることができ、この場合は相続放棄と異なり、甲土地の所有権を維持することができる。

　国庫帰属の承認申請をしても、却下事由や不承認事由がある場合には申請は承認されない（国庫2条3項・4条1項・5条1項→ Case95〜100・102）。しかし、承認後に却下事由や不承認事由の存在が判明する場合もあり、本来は国庫帰属が承認されない土地を国が国民の負担で管理し続けるのは不適当である一方、土地が適法に国庫に帰属した

との承認申請者の認識を保護する必要もあり、承認の取消しを無限定に認めるべきではない。そこで、法務大臣は、承認申請者が偽りその他不正の手段により国庫帰属の承認を受けたことが判明したときは、その承認を取り消すことができる（国庫13条1項）。

　承認は、土地の所有権を国に移転させる行政処分であり、「要件が満たされている場合に土地の所有権の移転の効果を発生させる形成的行為であると考えられるが、認可、特許等の特徴を併有している」（部会資料48・4～5頁）。そして、行政処分は法律行為である行政行為のみならず一定の事実行為も含むものである（宇賀克也『行政法概説Ⅰ行政法総論〔第7版〕』（有斐閣・2020）347頁）。行政行為の取消しは、その行政行為に当初から瑕疵がある場合に、行政庁がその効力を失わせ、遡ってその行為が行われなかったのと同様の状態にするものであると解されている（Q&A381頁）。国庫帰属の承認が取り消された場合も、行政行為の取消しの一般法理に従い、取消しの効果が遡及し、土地は初めから国に帰属していなかったこととなる。

　「偽りその他の不正の手段」とは、承認申請者が故意をもって行う不正行為の一切をいい、たとえば、承認を受けた者が承認申請書に虚偽を記載して承認要件が具備されているかのように装い、その結果、法務大臣を錯誤に陥らせることにより国庫帰属の承認を受けた場合はこれに当たるであろう（Q&A381頁）。また、「かなり悪性の高い行為を前提にしている」（衆議院法務委員会会議録7号27頁〔小出邦夫法務省民事局長〕）とされる。

　不承認事由である特定有害物質による土壌汚染（国庫2条3項4号）の有無の判断は、土地の過去の用途の履歴の調査等を行って、さらに詳細な調査の要否を判断するとされる（Q&A365頁）。**Case**では、承認申請の際にAが土地の使用履歴をことさらに秘匿して申請したことにより、土壌汚染調査は不要と判断して承認がされたのであるから、Aは、「偽りその他の不正の手段」により国庫帰属の承認を受けたということができる。

　法務大臣は、承認の取消しをするときは、予め、当該国庫帰属地を所管する各省各庁の長の意見を聴く必要がある（国庫13条2項）。また、当該国庫帰属地の所有権を取得した者または所有権以外の権利の設定をした者があるときは、これらの者の同意を得なければならない（同条3項）。法務大臣は、承認を取り消したときは、取消しの決定書を承認を受けた者に交付して通知する（国庫13条4項、国庫則21条）。したがって、法務大臣は乙土地を管理する財務大臣の意見を聴いた上で、承認を取り消すことができ、承認を取り消したときは、その旨をAに通知する。

　なお、不正な手段により国庫帰属の承認を受けた者を保護する必要がないことから（部会資料54・10頁）、承認の取消しには、期間制限は設けられていない。もっとも、承認から相当長期間が経過した場合は、取消しは権利濫用等を理由に制限されることもありうる（部会第23回会議議事録8～9頁〔大谷太幹事〕）。**Case**では、承認から4年後で、取消しが権利濫用に当たるほど長期間が経過しているとはいえないから、承認の取消しは制限されないであろう。

［稗田さやか］

106
負担金の納付、国庫帰属の時期

Case

　Aは、甲土地（森林1000m²）および500万円の預金を相続したが、Aには甲土地を利用する予定はなく賃貸や売却も困難であったため、甲土地の国庫帰属の承認申請をした。この申請が承認された場合、甲土地を国庫に帰属させるためには、Aはどのような手続を行う必要があるか。

【Before】

　相続土地国庫帰属法は制定されていないから、同法により土地を国庫に帰属させることはできなかった。甲土地が国庫に帰属するのは、Aが相続を放棄したことによって相続人不存在となり、相続財産管理人による清算等を経ても甲土地が処分されなかった場合等があるが（民951条、民旧957条、民959条等）、Aは相続放棄により、甲土地だけではなく500万円の預金も含めた全ての相続財産を承継しないこととなる。Aは相続放棄をする場合、相続放棄の申述をすれば足り（費用は収入印紙800円と郵便切手代）、相続財産を国庫に帰属させるために負担金を納付する必要はない。相続財産が国庫に帰属するのは、相続財産管理人が残余相続財産を国庫に引き継いだ時である（最判昭50・10・24民集29-9-1483）。

【After】

　Aは、相続土地国庫帰属法により甲土地の国庫帰属の承認申請をすることができ、この場合は相続放棄と異なり、相続した500万円の預金を手元に残すことができる。

　国庫帰属の承認申請者は、国庫帰属の承認があったときは、負担金を納付しなければならない（国庫10条1項）。負担金の納付義務があることにより、国庫帰属制度の利用者としては、「土地を所有していることによって将来発生する費用の見込み」（見回りのためにかかる費用や労力、固定資産税等）と国庫帰属「制度の利用によって生ずる費用……等の見込み」（負担金の納付、要件を充たすための措置の費用等）を比較検討した上、「主として経済的な面を考慮して制度を利用するかどうかを決定するもの」と考えられるので、ある程度の経済的インセンティブが働くものと思われる（衆議院法務委員会会議録8号3頁〔小出邦夫法務省民事局長〕）。

負担金の額は、承認の通知と併せて通知され（国庫 10 条 2 項）、通知を受けた日から 30 日以内に負担金を納付しないときは、国庫帰属の承認は効力を失う（同条 3 項）。負担金の額は、国有地の種目ごとにその管理に要する 10 年分の標準的な費用の額を考慮して算定され（同条 1 項）、具体的には、都市計画法の市街化区域内等の宅地、農地および森林等は面積に応じて算定し（国庫令 5 条 1 項 1 号～3 号）、これら以外の土地は面積にかかわらず 20 万円である（同項 4 号）。たとえば、都市計画法の市街化区域内等の宅地は、50m² 超 100m² 以下の場合は、地積 × 2,720 円 + 27 万 6,000 円（したがって、たとえば 100m² の場合は 54 万 8,000 円となる）、都市計画法の市街化区域内等の農地は 250m² 超 500m² 以下の場合は、地積 × 850 円 + 29 万 8,000 円と定められている（国庫令 5 条 1 項 1 号・2 号）。また、**Case** にある森林 1000m² の場合は 26 万 1,000 円（= 1000m² × 24 円 + 23 万 7,000 円）となる（同項 3 号）。

　相続土地国庫帰属制度は、利用の需要のない土地の所有により生ずる管理コストを国が税金で負担する一方で、承認を受けた者は土地の管理費用の負担を免れることになることから、実質的公平を図るために、承認申請者に負担金を課すこととしたものである。また、相続放棄が価値のある財産を含めて全ての相続財産を承継しないこととなるのに対し、相続土地国庫帰属制度は、価値のある財産を手元に残し、価値のない財産のみを国庫に帰属させることができるため、所有者が将来的に土地を国庫に帰属させるつもりで土地を適切に管理しなくなる事態が生ずるおそれもあるところ、負担金を課すことにより、このようなモラルハザードを抑止する効果も期待される。

　なお、国庫帰属後 10 年以内に国が当該土地を売却することができた場合でも、承認を受けた者に負担金の一部は返金されない（Q&A378 頁）。

　承認申請者が負担金を納付したときは、その納付の時に、国庫帰属の承認に係る土地の所有権は国庫に帰属する（国庫 11 条 1 項）。法務大臣は、国庫帰属の承認に係る土地の所有権が国庫に帰属したときは、直ちに、その旨を財務大臣（その土地が主に農用地または森林として利用されていると認められるときは、農林水産大臣）に通知しなければならない（同条 2 項）。

　所有権が国庫に帰属する時期について、行政処分の効果の発生時期の一般的な考え方に従えば、処分の通知が申請者に到達した時に効力が生ずることとなるが、そうすると、処分の効力が発生した時期を国が確知することが必ずしも容易でないことから、承認申請者が負担金を納付した時に効力が発生することとした（部会資料 54・9 頁）。

　以上より、A は、承認および負担金の額の通知を受けた日から 30 日以内に負担金を納付する必要があり、A が負担金を納付した時に、甲土地の所有権が国庫に帰属する。

〔稗田さやか〕

107
国庫帰属地の管理の機関、罰則

Case

　Aは、妻Bと東京で暮らしており、父から相続した農地である甲土地には関心がなく一度も訪れたこともないまま放置していた。Aが死亡したことを契機として適法に甲土地の所有権が国庫に帰属した場合に、甲土地の管理は、どのように行われるか。

【Before】

　Case において、Aの死亡を契機として甲土地が国庫に帰属するのは、Bが相続を放棄したことによって相続人不存在となった場合等がある。相続土地国庫帰属法は制定されていないから、同法による国庫帰属地になることはなかった。

　国有財産は、行政財産と普通財産とに分類される。行政財産とは、①公用財産、②公共用財産、③皇室用財産、④森林経営用財産であり、普通財産とは、行政財産以外の一切の国有財産である（国有財産法3条）。「行政主体が所有している有体物であっても直接に公の目的に供されていないものは公物ではない。たとえば、納税のために物納された土地を売却するまでの間、国・地方公共団体が更地として所有しており直接公の目的に供していない場合には、当該土地は公物ではない。かかる土地は普通財産と呼ばれる」（宇賀克也『行政法概説Ⅲ〔第5版〕』（有斐閣・2019）550頁）。

　Case の甲土地は、普通財産であるから、財務大臣が管理し、または処分しなければならないのが原則である（国有財産法6条・8条）。農地であるだけでは例外とならないことは、「政令で定める特別会計に属するもの及び引き継ぐことを適当としないものとして政令で定めるもの以外は、財務大臣が管理及び処分をする」（部会資料61・3頁）と説明された。

　財務局が管理している土地のうち、その性質上直ちに利用・処分できないものについては、周囲の環境など個々の財産の状況をふまえた管理・処分として、たとえば、①市街地周辺等で定期的に草刈り・巡回等を実施しているもの、②災害等の対応などで必要が生じた場合において随時対応するのみとなっているもの等がある（参議院法務委員会会議録7号15頁〔井口裕之財務省理財局次長〕）。

【After】

　Case において、Aの死亡を契機として甲土地が国庫に帰属する場合としては、Bが相続を放棄したことによって相続人不存在となった場合等に加えて、相続土地国庫帰属法によることがある。

　相続土地国庫帰属法11条1項により国庫に帰属した土地（国庫帰属地）のうち、主に農用地または森林として利用されている土地は、原則として、農林水産大臣が管理し、または処分する（国庫12条1項）。したがって、Case において、同法によるときは、甲土地（農地）は、農林水産大臣が管理し、または処分することが原則となる。これは国有財産法の特例であり、①「専門的知見に基づいて管理されることが望ましい」（Q&A379頁）、②「主に農用地又は森林として利用されている土地については、その性質に応じた効率的な土地の管理を可能にするため、その管理処分の技術、知見、経験等を有し、最も適正に管理処分を行うことができる農林水産大臣が管理及び処分を行うことが適当」（部会資料61・3頁）という理由による。

　農林水産大臣が管理する土地のうち主に農用地として利用されているものの管理および処分については、農地法49条等が準用される（国庫12条2項）。読み替えて準用される農地法49条1項は、「農林水産大臣は、相続等により取得した土地所有権の国庫への帰属に関する法律第12条第2項において準用する第46条第1項の規定による売払い又は同法第12条第2項において準用する第47条の規定による売払い、所管換若しくは所属替をするため必要があるときは、その職員に他人の土地又は工作物に立ち入つて調査させ、測量させ、又は調査若しくは測量の障害となる竹木その他の物を除去させ、若しくは移転させることができる」と規定する。この規定による「職員の調査、測量、除去又は移転」を、①拒み、②妨げ、または③忌避したときには罰則がある。①「拒み」とは、言語または動作で調査を承諾しないこと、②「妨げ」とは、調査に障害を与える行為、③「忌避」とは、積極的行動によらないで調査の対象から免れることである（衆議院法務委員会会議録8号15頁〔小出邦夫法務省民事局長〕）。これらの違反行為をした場合の罰則は、「その違反行為をした者は、6月以下の懲役又は30万円以下の罰金」（国庫17条1項）のほか、「法人の代表者」等に対する両罰規定（同条2項）もある。これは、「農地法の立入調査の規定を準用することに伴い、農林水産省の職員の測量等を拒んだ者や法人、その従業者等に対する罰則について、農地法に準じた罰則を定めるもの」（衆議院法務委員会会議録7号29頁〔小出邦夫法務省民事局長〕）であるから、農地以外の場合については罰則がない。

　　　　　　　　　　　　　　　　　　　　　　　　　　　　　　　　　　［中込一洋］

事項索引

判例索引

条文索引

【編著者】

潮見佳男　元京都大学大学院法学研究科教授

木村貴裕　司法書士

水津太郎　東京大学大学院法学政治学研究科教授

高須順一　弁護士・法政大学大学院法務研究科教授

赫　高規　弁護士

中込一洋　弁護士

松岡久和　立命館大学大学院法務研究科教授

Before/After 民法・不動産登記法改正

2023（令和5）年5月30日　初版1刷発行

編著者　潮見佳男・木村貴裕・水津太郎・高須順一
　　　　赫　高規・中込一洋・松岡久和
発行者　鯉渕　友南
発行所　株式会社　弘文堂　　101-0062 東京都千代田区神田駿河台1の7
　　　　　　　　　　　　　　TEL03（3294）4801　　振替00120-6-53909
　　　　　　　　　　　　　　https://www.koubundou.co.jp

装　丁　笠井亞子
印　刷　大盛印刷
製　本　井上製本所

© 2023 Yoshio Shiomi. et al. Printed in Japan.

JCOPY ＜（社）出版者著作権管理機構 委託出版物＞
本書の無断複写は著作権法上での例外を除き禁じられています。複写される場合は、
そのつど事前に、出版者著作権管理機構（電話 03-5244-5088、FAX 03-5244-5089、
e-mail : info@jcopy.or.jp）の許諾を得てください。
また、本書を代行業者等の第三者に依頼してスキャンやデジタル化することは、たと
え個人や家庭内での利用であっても一切認められておりません。

ISBN978-4-335-35930-9

好評発売中

Before/After 民法改正

2017年債権法改正　第2版

潮見佳男・北居功・高須順一・赫高規・中込一洋・松岡久和 ＝編著

改正の前後で、どのような違いが生じたのかを、シンプルな設例
（Case）をもとに、「旧法での処理はどうだったか」（Before）、
「新法での処理はどうなるか」（After）に分け、第一線で活躍する
民法学者および実務家が、見開き2頁で解説。根拠条文・要件効果
の違いがわかり、学習にも実務にも最適。施行後の理論の展開、
新たな論点等を盛り込んだ決定版。　A5判 504頁 本体3300円

Before/After 相続法改正

潮見佳男・窪田充見・中込一洋・増田勝久・水野紀子・山田攝子 ＝編著

2018（平成30）年改正の前後で、どのような違いが生じたのかを、
シンプルな設例（Case）をもとに、「旧法での処理はどうだったか」
（Before）、「新法での処理はどうなるか」（After）に分け、第一線
で活躍する民法学者および実務家が、見開き2頁で解説。実務に
おいても学習においても、まず、押さえておきたい基本を明示。
新しい相続法の理解が一気に深まる。　A5判 264頁 本体2200円

＊定価（税抜）は、2023年5月現在のものです。